D1695358

Feng Shui

práctico

FENG SHUI PRÁCTICO

Fotografías: Archivo Océano Ámbar, Becky Lawton
Ilustraciones: Xavier Bou, Kiku López
Edición: Pere Romanillos, Teo Gómez
Dirección de arte: Montse Vilarnau
Edición digital: Jose González

© Iona Purtí, 2007
© EDITORIAL OCEANO, S.L., 2007
Grupo Océano - Milanesat 21-23 – 08017 Barcelona
Tel: 93 280 20 20 — Fax: 93 203 17 91
www.oceano.com

ISBN: 978-84-7556-322-0
Depósito legal: B-42678-L
Impreso en España - Printed in Spain
9001518010807

Feng Shui

práctico

Iona Purtí

Feng Shui práctico

El **Feng Shui**

Si comprendemos las sutiles corrientes de energía que atraviesan nuestro cuerpo y el universo, podremos cargar nuestro hogar de energía positiva.

El Feng-Shui es un arte milenario de origen chino, que estudia la influencia del paisaje, las orientaciones, la distribución, forma y color de las construcciones sobre la vitalidad de sus ocupantes. Nació en China hace más de 4.000 años y actualmente se practica en todo el mundo hasta tal punto de que a casi todos nos resulta familiar la noción de que el «espíritu» o el «ambiente» de un lugar influyen en el bienestar de sus habitantes.

Pero el Feng Shui es mucho más que el simple conocimiento de las leyes que rigen la posición armoniosa en el espacio. Es una manera de ver el mundo basada en el principio de unidad y la observación del orden perfecto y eterno del universo. Según esta disciplina, todo lo que nos rodea, incluso el mueble más pequeño y el adorno más insignificante, influye en nuestras inquietudes. Sus principios se fundamentan en la teoría del yin y el yang, que encarnan los dos tipos de energía principales que conec-

風水

¿Qué significa?

«Feng» y «Shui» son dos caracteres chinos que significan viento y agua. Es el arte de la ubicación que sintoniza las fuerzas energéticas de la Tierra y el cosmos con la energía particular de cada persona. Entender la influencia de estos flujos energéticos es la base del Feng Shui para determinar una ubicación mucho más favorable donde todos confluyan armoniosamente.

tan a las personas con los lugares donde viven. Por otra parte, con los Cinco Elementos y las Ocho Direcciones, aprenderemos a utilizar el sistema de coordenadas que nos ayudará a entender cómo la energía circula a través del entorno y afecta las distintas áreas de nuestra vida. Sólo si logramos situarlas de la forma adecuada, de modo que las sutiles corrientes de energía que atraviesan nuestro cuerpo y el universo fluyan, podremos ordenar nuestro hogar y nuestro lugar de trabajo de manera que nos acerquen a nuestras metas.

El Feng Shui no puede resolver todos tus problemas, pues la energía se halla sujeta a otras influencias. Pero, si te planteas expectativas más realistas, tendrás éxito al utilizar este método.

Lo primero será identificar el problema. Si has vivido en el mismo lugar durante algún tiempo, evalúa cómo ha cambiado tu vida durante este periodo. A menudo, los lugares alteran nuestros hábitos. Haz una lista de las áreas en las que has tenido problemas, y elige las que quieras abordar. Luego, identifica la causa de tus dificultades.

Ordena tu hogar de modo que las corrientes de energía que atraviesan tu cuerpo fluyan sin problemas.

■ Diferentes sistemas

El Feng Shui ha sido reelaborado por grandes maestros, que han desarrollado sistemas diferentes. Las contradicciones entre ellos pueden resultar desconcertantes, por eso al principio es más recomendable estudiar uno solo.

En Occidente, se han difundido cuatro sistemas de Feng Shui:

1. MÉTODO DE LA BRÚJULA O LAS OCHO DIRECCIONES

Según este método, cada uno de los ocho puntos cardinales está relacionado con un tipo determinado de energía y determina estos puntos o direcciones dentro de una habitación o casa.

2. MÉTODO DE LA OCTAVA CASA

Las fachadas de la casa y su disposición respecto a la brújula permiten dividirla en ocho segmentos o «casas». Las cartas astrales de sus habitantes indican qué «casa» es la más adecuada para cada individuo, es decir, el lugar donde idealmente debería dormir, trabajar o pasar la mayor parte de su tiempo.

3. ESCUELA DE LA ESTRELLA FUGAZ

Esta escuela parte de la orientación de la fachada y traza la carta astral de la edificación desde la fecha de su construcción. Evalúa el efecto de los alrededores y los elementos del edificio, y anticipa los problemas.

4. ESCUELA DE LA FORMA O SECTA DEL SOMBRERO NEGRO

Toma como punto de partida la entrada a la edificación. Parte de la noción de que la energía de un edificio fluye según la ubicación de la entrada y la forma del paisaje que lo rodea. Una cuadrícula, denominada Bagua, establece cómo cada área del edificio puede afectar a sus habitantes.

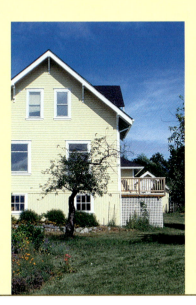

Todos estos sistemas recurren a la brújula para evaluar cómo circula la energía en una edificación y atribuyen una influencia crucial a los campos magnéticos de la Tierra y a la energía del sol y los planetas. Están vinculados al sistema astrológico de los Nueve Ki, que permite elegir el momento más adecuado para llevar a cabo una acción.

Principios básicos

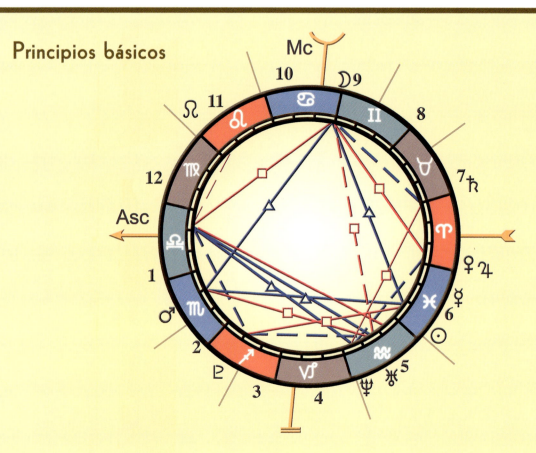

Las cuatro escuelas del Feng Shui comparten los principios básicos del yin y el yang, los Cinco Elementos y los Ocho Trigramas. Las diferencias entre ellas residen en la aplicación de estos principios. Las cartas astrales de los habitantes de la casa, como la mostrada arriba, también son importantes. Las explicaciones de este libro están basadas en el método de la brújula, junto con la astrología de los Nueve Ki.

Cómo usar este libro

■ **Capítulo I:**

Principios básicos del Feng Shui. Introducción a la astrología de los Nueve Ki, esencial para determinar los momentos más indicados y las direcciones más favorables a la hora de mudarse o hacer cambios en la casa.

■ **Capítulo II:**

La influencia de la arquitectura de tu casa y el paisaje de sus alrededores en el flujo de energía.

■ **Capítulo III:**

Los elementos básicos de una casa, como las puertas, las ventanas y las escaleras.

■ **Capítulo IV:**

Consejos acerca de dónde localizar cada habitación de la casa y cómo decorarla correctamente.

■ **Capítulo V:**

Remedios sencillos y prácticos de Feng Shui.

La energía que recibimos del entorno afecta nuestros estados de ánimo, las emociones, la energía física y la salud.

Cómo iniciarse en el **Feng Shui**

El yin y el yang, la energía chi, los Cinco Elementos y las Ocho Direcciones te permitirán hacer cambios en tu entorno y cambiar tu vida. Para elegir el momento adecuado, debes recurrir a los Nueve Ki.

LA ENERGÍA CHI

Uno de los pilares teóricos del Feng Shui es el estudio de la energía chi, un sutil flujo de corrientes electromagnéticas que recorren el universo. Ésta tiene diversos nombres: en China se llama chi; en Japón se denomina ki, y en la India prana.

Aunque en Occidente no hay palabras semejantes, la percepción de su existencia se refleja en expresiones cotidianas como «buen ambiente», «buenas vibraciones» o «fuerza vital».

El chi está presente en el cuerpo humano, las plantas y las edificaciones, pero parte de él fluye hacia el exterior o proviene de fuentes externas. A través de él, estamos conectados con nuestro entorno y con todo el universo; por eso algunas personas sensibles pueden anticipar información contactando con estas fuentes distantes, a través de fenómenos como las visiones, las premoniciones y la telepatía.

El flujo de la energía es la base del Feng Shui y su objetivo es aprovechar este flujo natural de energía para la realización de nuestras metas y sueños. En la naturaleza, el chi se traslada por el agua, el viento, la energía del sol, la luz y el sonido. Fluye dentro y fuera de las edificaciones, sobre todo a través de puertas y ventanas, pero también puede abrirse paso a través de las paredes. Por eso, la energía que recibimos del entorno afecta nuestro estado de ánimo, las emociones, y a la larga, la salud.

Una fuerza universal

La energía chi no sólo fluye a través del mundo, sino también del sistema solar y de toda la galaxia. El chi de la Tierra brota desde su interior y parece dispersarse en ciertas áreas y concentrarse en otras. Al mismo tiempo, los otros planetas generan también chi, que se expande y llega hasta la Tierra. Esta energía, que desciende hacia nosotros, se conoce como la Fuerza del Cielo. La energía chi del cielo, al llegar a la Tierra, se distribuye irregularmente. Su circulación sobre la superficie terrestre, en el hogar, e incluso en nuestro cuerpos, se ve alterada por la propia Tierra y por los cuerpos estelares. En cuanto cambia la posición del planeta, del Sol o de los demás pla-

Cómo iniciarse en el **Feng Shui**

netas, esta circulación también cambia y afecta nuestro flujo de chi. El Feng Shui aspira a comprender en profundidad estos vastos tránsitos de energía y predecir sus efectos en cada individuo.

El chi en casa

Las edificaciones alteran el flujo del chi, que se desplaza a través de las puertas, y con menos facilidad a través de las ventanas, mientras que la orientación del edificio con respecto al Sol y a los planetas determina el tipo de energía en concreto que fluye hacia el interior.

Los elementos del paisaje alrededor de la edificación, como por ejemplo los ríos o las carreteras, definen también el tipo de chi que circula a través de una edificación. El diseño y la decoración del interior potencian la energía que se abre paso hasta el interior, alentando sus anhelos y aspiraciones, y excluye o minimiza aquellos elementos que pueden estorbarles.

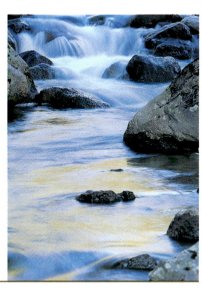

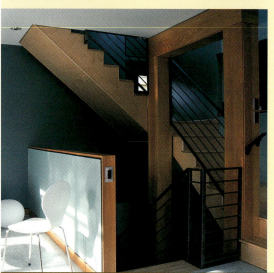

Cuidado: chi negativo

Ciertas situaciones pueden generar flujos de *chi* que acarrean dificultades a los que viven en esa casa:

■ **CHI NEGATIVO.** Generado por algunos materiales de construcción, mobiliario o decoración: las fibras sintéticas, la luz artificial, el aire acondicionado... afectan negativamente el chi de sus habitantes y pueden producir fatiga física y mental.

■ **CHI ESTANCADO.** Se encuentra en los rincones oscuros, las habitaciones recargadas y la humedad. Suele refrenar el chi del cuerpo humano y puede llegar a provocar enfermedades.

■ **CHI ACELERADO.** Está en los pasillos largos, los caminos rectilíneos y otros espacios dispuestos en línea recta. En estas zonas se desgasta el chi de sus habitantes, haciéndoles sentir inseguros.

■ **CHI CORTANTE.** Generado tanto dentro como fuera de las edificaciones, se crea cuando el chi tropieza con esquinas. También puede alterar el chi personal, y dar paso al desconcierto, la desorientación y, a largo plazo, a una salud deficiente.

Cómo iniciarse en el **Feng Shui**

Chi personal

Cada individuo lleva también consigo su propia energía chi. Los flujos de chi personal transportan nuestros pensamientos, ideas, emociones, anhelos...

La energía chi opera como un flujo de doble vía, en el que nuestros pensamientos afectan a los niveles energéticos y estos últimos afectan nuestros pensamientos. Este movimiento sigue un patrón similar al de la circulación sanguínea. A través del cuerpo, existen diversos centros donde se concentra la energía, igual que la sangre se concentra en los diferentes órganos. Son los siete chakras que irradian catorce ejes energéticos, conocidos como meridianos.

Estos ejes fluyen a través de brazos, piernas, torso y cabeza, y distribuyen el chi a través de canales cada vez más pequeños, igual que los vasos sanguíneos y los capilares. Cada célula del cuerpo recibe a la vez la sangre oxigenada y la energía del chi.

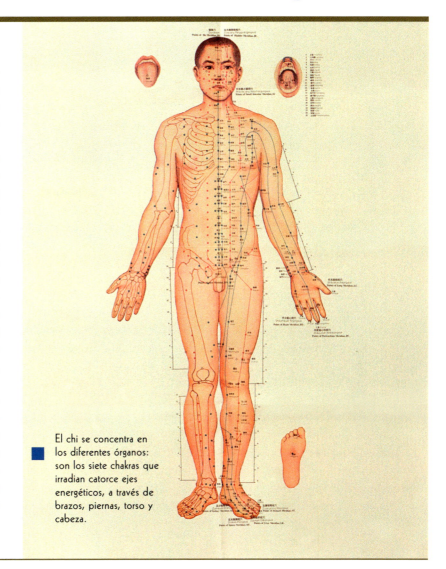

El chi se concentra en los diferentes órganos: son los siete chakras que irradian catorce ejes energéticos, a través de brazos, piernas, torso y cabeza.

■ Deja que el chi fluya

En nuestro hogar, es conveniente aplicar algunas medidas para que el chi fluya suavemente:

■ **PARA COMPROBAR SI EL CHI FLUYE** correctamente por toda la casa, dibuja el plano de la misma. Debe poderse trazar una línea de manera que, comenzando en la puerta principal, pase por todas las habitaciones y salga después por una puerta diferente. Asegúrate de que todas las puertas abren en la dirección del flujo (hacia adentro). Procura que no haya puertas ni ventanas enfrentadas, ni una escalera frente a la puerta principal.

■ **PROCURA NO BLOQUEAR EL FLUJO DEL CHI** con un exceso de obstáculos en forma de rincones con aristas, muebles que impidan su paso y zonas muertas. Los efectos de un bloqueo se suelen notar en las finanzas y las relaciones matrimoniales de las personas que ocupan la vivienda.

El entorno también afecta estos niveles. Cuando nos mudamos de una casa a otra, o nos desplazamos de una ciudad o de un país a otro, nuestro chi también cambia y con él cambian nuestras nociones y sentimientos sobre la vida. El chi de un lugar puede convertirse en una influencia benéfica si nos proporciona el tipo de energía que necesitamos para ser felices. Por desgracia, también es posible que tu hogar o tu lugar de trabajo generen tipos de chi que afecten negativamente tu bienestar. La comida, el

Cómo iniciarse en el **Feng Shui**

clima y las personas a nuestro alrededor, condicionan el chi externo.

EL YIN Y EL YANG

Todo lo que existe en el mundo puede entenderse en términos del yin y el yang, dos tipos de energía que representan lo activo y lo pasivo, y uno de los principios fundamentales en los que se basa el Feng Shui. Así, el hogar, la alimentación, el ejercicio, el trabajo y el ocio se rigen por esos principios. La clave consiste en aprovecharlos según nuestras necesidades.

¿Cómo te sientes?

Las posiciones del Sol, la Luna y las estaciones suelen hacernos sentir más yin o más yang.

■ **El día y la noche.** A lo largo de la mañana, el sol se eleva en el cielo y tendemos hacia el yang, hasta el momento en que alcanza el cénit. A medida que desciende, tendemos cada vez más hacia el yin, hasta que el propio sol alcanza su punto más yin, justo a medianoche.

■ **Las fases de la luna.** En los días que preceden la luna llena, la mayoría de las personas tendemos hacia el yang. Es el momento de estar más activos, pero también puede prestarse a accidentes.

■ **Las estaciones.** El otoño y el invierno son húmedos y fríos, y ambas cualidades son yin. Sentimos necesidad de calentarnos y comemos cocidos con cualidades yin para equilibrar nuestro cuerpo.

Inversamente, en primavera y en verano el aire es tibio y seco, que son cualidades yang. Y nos refrescamos con bebidas y alimentos más yang, como frutas y ensaladas.

Principios básicos

El yin y el yang están en todas las cosas, son términos relativos que sirven para comparar las cosas del universo. Éstas pueden ser más yin o más yang, dependiendo de aquello con lo que las comparemos.

■ **El equilibrio.** Las cosas particulares tienden a ser más yin o más yang, pero ninguna se halla en perfecto equilibrio, en la medida en que tiende hacia alguno de los dos principios.

■ **La atracción.** Los objetos más yin suelen atraer objetos más yang. A medida que en nuestra vida tendemos hacia el yang, ésta se llena de cosas más yin y viceversa.

■ **La totalidad.** Todas las cosas tienen algo de yin y algo de yang, ninguna es lo uno o lo otro por entero. En todas las situaciones negativas hay algo positivo, y en todas las positivas algo que deplorar.

■ **El cambio.** Las relaciones entre los objetos y los fenómenos están en perpetuo cambio. Una persona puede encontrarse en un estado más yang, como la frustración o la irritación, pero también en camino hacia un estado más yin, que le permita relajarse y recobrar la calma.

Paisajes yin o yang

Los paisajes, tanto rurales como urbanos, pueden apreciarse en términos del yin y el yang. Muchas personas suelen meditar en lo alto de las montañas. Las montañas participan de la fuerza del Cielo, que potencia la espiritualidad. Esta energía chi tiene su origen en el cielo, más yin, y se desplaza hacia el centro de la Tierra, haciéndose cada vez más yang.

El mar es otro lugar yin por excelencia, muy propicio para el descanso, la relajación y la curación de

Cómo iniciarse en el **Feng Shui**

heridas internas. La energía chi presente en él procede de la fuerza de la Tierra, que se eleva desde el centro de la misma y se halla presente con mayor intensidad al nivel del mar.

Curiosamente, muchas revelaciones espirituales han sido protagonizadas por personas que meditaban en lo alto de las montañas, como los profetas de las grandes religiones y los monjes budistas de Nepal y el Tíbet. Sin embargo, sus manifestaciones prácticas, como el propio Feng Shui o la astrología oriental, han surgido a orillas de los ríos, es decir, a nivel del mar.

Por otra parte, las tierras planas, por comparación, suelen ser más yang. La energía chi tiende a potenciar en ellas una vida activa y dinámica, y es allí donde han sido fundados la mayoría de los pueblos y las ciudades.

■ Las montañas y el mar son lugares yin, ya que participan de la energía chi procedente de la fuerza del Cielo y la Tierra, respectivamente.

El yin y el yang en el hogar

El recorrido del sol a través del cielo afecta el flujo del chi en el interior del hogar. A medida que el sol se desplaza hacia el mediodía, una energía de carácter más yang potenciará las habitaciones situadas al este, sureste y sur. En el hemisferio sur, este influjo afectará los costados este, nordeste y norte de la casa. Después de mediodía, cuando el Sol comienza a declinar, una energía más yin ocupará el oeste, noroeste y norte. El costado más soleado del hogar es

más apropiado para realizar actividades de carácter más yang. El más sombreado se prestará a aquellas más yin. Si tienes alguna tendencia muy marcada hacia uno u otro extremo, trata de pasar el mayor tiempo posible en lugares cargados de energía chi del signo contrario.

La forma, el material y los colores de muebles y adornos contribuyen a que la energía chi de tu casa sea más yin o más yang. A través de ellos, puedes alterar esta energía y conseguir que tu casa responda mejor a tus necesidades. El Feng Shui aconseja que, en general, procuremos crear ambientes armónicos equilibrando las cualidades yin y yang mediante la iluminación y los colores. Al igual que la luz, el color también influye en las cualidades yin o yang de la vivienda. De esta manera, son colores yin: el verde, azul y gris. Los colores yang son: el rojo, amarillo, púrpura y naranja.

Yin y yang personal

Nuestra personalidad tiende también hacia el yin o el yang. Por eso, su conocimiento puede ayudarte a aprovechar o corregir estas tendencias naturales.

Para establecer si tiendes demasiado hacia uno de los extremos, debes compararte con las personas que hay a tu alrededor. Si eres demasiado yin, probablemente te parecerán agresivas, irritables o impacientes. Si, por el contrario,

◼ Direcciones

Para identificar las direcciones que te permitirán mejorar el recorrido de la energía positiva en tu hogar, toma una brújula y sitúate en el centro de tu casa. Recorre varias habitaciones hasta obtener un registro consistente y recuerda que la aguja de la brújula indica siempre el norte.

Cómo iniciarse en el **Feng Shui**

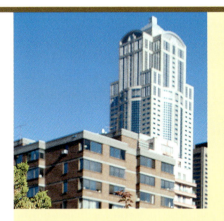

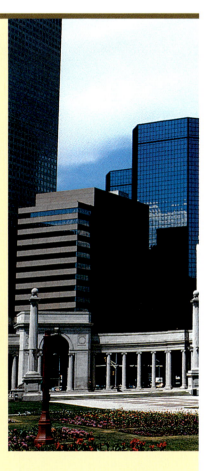

▲ La energía chi de una casa o un edificio depende de su forma. Las edificaciones verticales tienen una energía chi más yin, en tanto que las casas bajas son más yang.

▲ La última planta será más adecuada para discutir ideas generales, y la primera, el lugar ideal para hacerlas realidad.

▲ En lo alto de un edificio, la fuerza del cielo y la luz solar son los factores preponderantes, y en los pisos más bajos domina la fuerza de la Tierra.

Las dos fuerzas del universo

Son los dos principios cosmológicos fundamentales del Tao, que dan lugar a todas las cosas, y representan la polarización que se produjo al romperse la unidad de los orígenes. Cada uno pone de manifiesto una cualidad esencial:

■ La fuerza yin representa lo femenino, el polo negativo, una cualidad receptiva y pasiva, lo oscuro, la noche, la luna.

■ La fuerza yang representa lo masculino, la polaridad positiva, impulsiva y activa, la parte clara, el día, el sol.

De la constante interacción de estas dos fuerzas polares nacen todas las cosas; son las fuerzas constantes de la transformación de la energía.

eres demasiado yang, los demás te parecerán más bien lentos, callados e indecisos. Si estás percibiendo un desequilibrio en tu vida, trata de establecer primero si eres demasiado yin o demasiado yang. Piensa que todos somos una mezcla de rasgos yin y rasgos yang, y no siempre es fácil pronunciar una sentencia terminante sobre qué fuerza te afecta más. Otra manera de abordar el problema consiste en observar los cambios que te gustaría hacer y las situaciones que te crean mayores dificultades. Para recuperar el equilibrio, usa la tabla de influencias yin y yang. Encontrarás listas de comidas, ejercicios y actividades que participarán más de una u otra energía.

Cómo iniciarse en el **Feng Shui**

¿Eres yin o yang?

Nota: los ejemplos más yang aparecen en la parte superior y los más yin en la inferior.

MÁS YANG

RASGOS FÍSICOS	EMOCIONES	CUALIDADES INTELECTUALES	ESTADOS FÍSICOS
complexión gruesa	ira	rapidez de pensamiento	tensión
baja estatura	frustración	atención al detalle	tirantez
dedos cortos	irritabilidad	precisión	fuerza
ojos poco separados	competitividad	pensamiento lógico	rapidez
labios delgados	ambición	orden mental	reflejos rápidos
cabeza redondeada	entusiasmo	creatividad	flexibilidad
ojos pequeños	confianza en sí mismo	flexibilidad	agilidad
cuerpo proporcionado	despreocupación	amplitud de miras	soltura
poco vello corporal	sosiego	imaginación	suavidad
labios llenos	amabilidad	parsimonia	lentitud
dedos largos	susceptibilidad		fatiga
estatura alta	melancolía		desasosiego
contextura delgada	inseguridad		debilidad
	depresión		

MÁS YIN

Influencia personal del yin-yang

Nota: los ejemplos más yang aparecen en la parte superior, y los más yin en la inferior.

MÁS YANG

ALIMENTOS	EJERCICIOS	ACTIVIDADES FÍSICAS	ACTIVIDADES MENTALES
sal	boxeo	esquiar	hacer las cuentas
carne	kárate	hacer surf	estudiar
huevos	fútbol	montar a caballo	jugar al ajedrez
pescado	tenis	navegar	programar ordenadores
granos	aeróbicos	bailar	jugar a las cartas
tubérculos	correr	cuidar del jardín	pintar
verduras de hoja	caminar rápido	dar paseos	conversar
tofu	caminar despacio	darse masajes	escuchar música
ensaladas	natación	tomar el sol	leer
frutas	estiramientos	reposar	ver la televisión
líquidos	tai chi	dormir	
helado	yoga		
azúcar	meditación		

MÁS YIN

Cómo iniciarse en el **Feng Shui**

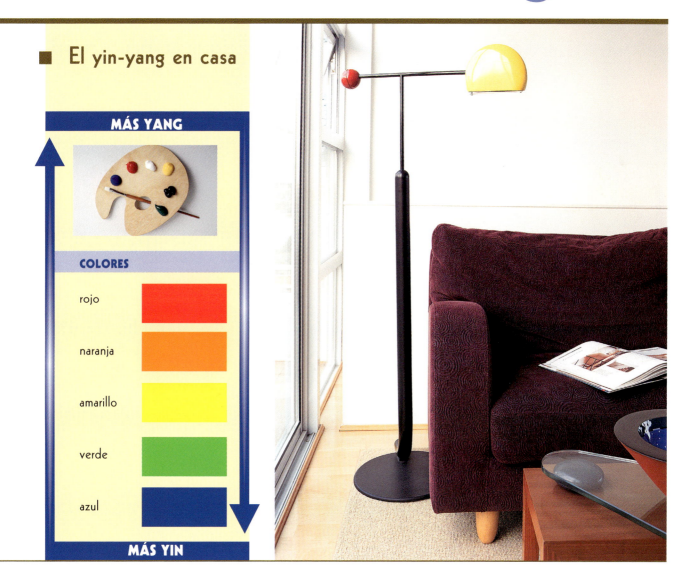

■ **El yin-yang en casa**

MÁS YANG

COLORES

rojo

naranja

amarillo

verde

azul

MÁS YIN

El yin-yang en casa

■ Nota: los ejemplos más yang aparecen en la parte superior, y los más yin en la inferior

MÁS YANG

MATERIALES	SUELOS	VENTANAS	MOBILIARIO
cristal	mármol	contraventanas	esculturas de piedra
mármol	piedra	persianas de metal	espejos
granito	parquet	persianas de madera	pinturas laqueadas
piedra pulida	maderas suaves	persianas de papel	muebles de metal
piedra sin pulir	esteras	persianas de tela	muebles de caoba
metal brillante	moquetas	cortinas	muebles de pino
metal opaco	alfombras	cortinas ligeras	biombos de papel
maderas duras pulidas		cortinas pesadas	muebles tapizados
maderas duras al natural			tapices
maderas suaves pulidas			cojines grandes
maderas suaves al natural			
mimbre			
tela			

MÁS YIN

Cómo iniciarse en el **Feng Shui**

LOS CINCO ELEMENTOS

El concepto de los Cinco Elementos es una reelaboración del principio del yin y el yang. En lugar de dos tipos de energía chi, ahora tenemos cinco: la madera, el fuego, la tierra, el metal y el agua.

Cada uno de los Cinco Elementos describe un tipo de energía chi y corresponde a una dirección particular, que se establece según la posición del Sol en las distintas épocas del año. El año chino se divide en cinco estaciones, a diferencia de las cuatro occidentales, y la estación adicional, entre el verano y el otoño, se conoce como otoño temprano o verano tardío.

En el hogar

Los Cinco Elementos están asociados con cinco coordenadas diferentes, que corresponden a distintos momentos del ciclo solar. Así, por la mañana, el sol se eleva por el este, colmando este costado de tu casa con la energía de la madera. Al paso de las horas, se desplaza hacia el sur e irradia esa área con la energía chi del fuego. Más tarde empieza a declinar, y el chi más sosegado de la tierra se asienta en el centro y en el suroeste. Al atardecer, el oeste se carga con la energía introspectiva del metal y, durante la noche, la energía chi del agua fluye en el norte.

Los Cinco Elementos también están presentes en el hogar en «estado puro». La energía de la madera se encuentra en los muebles, el papel y las plantas; el fuego arde en la cocina, la chimenea y las luces; la tierra se esconde en la porcela-

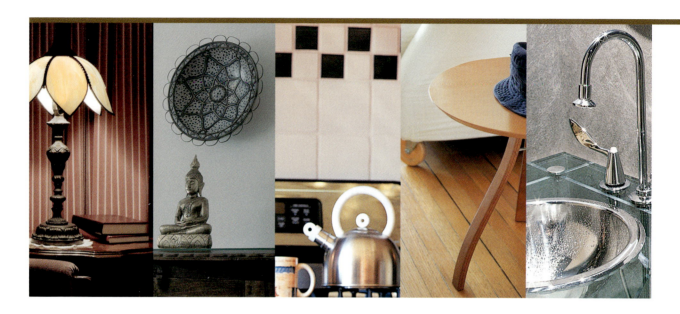

na, el barro cocido y el yeso, y el metal en los objetos de hierro, plata y acero inoxidable. El agua fluye a través de los lavabos, inodoros, acuarios y estanques.

Formas, colores y materiales

Los Cinco Elementos están asociados con distintas formas, colores y materiales que puedes usar al construir o decorar tu casa.

El papel con rayas verticales conjura la energía ascendente de la madera. Un grabado de una estrella puede hacer crepitar la energía chi del fuego en el dormitorio. Los diseños horizontales asientan el chi de la tierra, haciendo del cuarto de estar un lugar mucho más acogedor. Las formas redondeadas suelen potenciar la energía completa y plena del metal. Los diseños oscilantes o irregulares dejan fluir el agua y convierten tu hogar en un remanso de paz.

Las paredes, los techos, los suelos y el mobiliario pueden elegirse también por el color. El negro, el rojo y otros colores fuertes suelen crear efectos duraderos aunque apenas cubran una pequeña superficie, como en un pequeño jarrón de flores rojas. El material del que están hechos los muebles también afectará la energía de tu casa.

Cómo iniciarse en el **Feng Shui**

ELEMENTO		FORMAS	COLORES	MATERIALES	SIGNIFICADO
木	**MADERA** este/sureste	rectangulares, estiradas estrechas, verticales	verde	madera, mimbre paja, bambú, papel	vida, crecimiento vitalidad, actividad
火	**FUEGO** sur	puntiagudas, estrelladas aserradas, triangulares; la pirámide, el diamante, el zigzag	rojo	plástico	pasión, calidez excitación expresividad
土	**TIERRA** suroeste/centro noreste	achatadas, bajas, planas, anchas, a cuadros, horizontales	amarillo, marrón	yeso, porcelana, barro, cerámica, ladrillos, piedra caliza, fibras naturales (seda, algodón, lana...)	comodidad, seguridad, estabilidad, cautela
金	**METAL** oeste/ noroeste	redondeadas, abombadas, arqueadas, ovaladas, circulares, esféricas	blanco, dorado, plateado	acero inoxidable, latón, plata, bronce, cobre, hierro, oro, mármol, granito	riqueza, solidez, liderazgo, organización
水	**AGUA** norte	irregulares, curvadas caóticas, onduladas amorfas	negro	vidrio	profundidad, poder flexibilidad, sosiego

Relaciones entre los Cinco Elementos

Las relaciones entre los Cinco Elementos están gobernadas por dos flujos de energía chi: el ciclo de refuerzo y el ciclo de destrucción (pueden apreciarse en el gráfico adjunto), que podrían compararse con los ciclos anuales de la agricultura. Cada uno de estos cinco elementos está relacionado con una estación en particular.

■ **La madera refuerza el fuego,** pues éste se nutre de la leña. Pero si el fuego es débil, la madera puede destruir la tierra.

■ **El fuego refuerza la tierra,** igual que las cenizas enriquecen el subsuelo. Pero si la tierra es débil, el fuego puede destruir el metal.

■ **La tierra refuerza el metal,** y los minerales del subsuelo se asientan en vetas de oro y plata. Pero si el metal es débil, la tierra puede destruir el agua.

■ Ciclos de refuerzo y destrucción

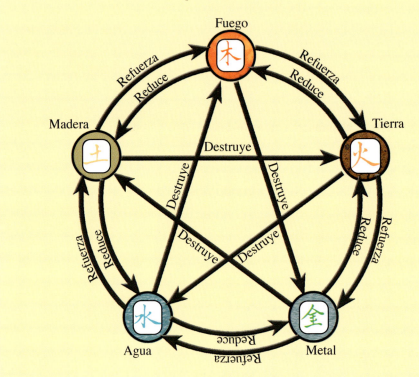

■ **El metal refuerza el agua,** pero si el agua es débil, el metal puede destruir la madera.

■ **El agua refuerza la madera,** pero si la madera es débil, el agua puede apagar el fuego.

Cómo iniciarse en el **Feng Shui**

Cómo usarlos

Las relaciones entre los Cinco Elementos ilustran la manera en que interactúan y son la base de muchos de los remedios del Feng Shui, en la medida en que permiten manipular la circulación de la energía en una casa o un edificio.

Según el problema que tengas, puedes aprovechar para potenciar la energía de uno de ellos, mitigar la de otro o equilibrarla. Lo único que tienes que hacer es colocar en el lugar adecuado un objeto asociado con los elementos en cuestión.

El ciclo de refuerzo puede emplearse tanto para mitigar como para potenciar una energía chi particular. Los Cinco Elementos pueden introducirse en una habitación en «estado puro», colocando plantas vivas, fuentes de fuego, tierra, metal o agua. También puede conjurarse su energía a través de objetos representativos. Los objetos más potentes son aquellos que combinan la forma, el color y el material asociados con el elemento en cuestión.

También puedes recurrir a los colores asociados con los puntos cardinales: pinta las paredes de rojo para potenciar el metal en el

costado oeste de tu casa, o coloca un triángulo de color violeta para encender el fuego en el sur.

■ **El agua.** Para potenciar el agua en una habitación, usa agua fresca, objetos de vidrio, de color negro o de contornos irregulares.

■ **La madera.** Coloca algunas plantas vivas, madera o papel, así como objetos de color verde, altos y alargados: por ejemplo, una maceta verde, un jarrón alto, una lámpara con la pantalla de papel o un marco verde.

■ **El fuego.** Trae el fuego a la habitación, usa adornos de color rojo o de forma puntiaguda.

■ **La tierra**. Coloca tierra o barro en la habitación, busca objetos rectangulares, de color marrón u amarillo.

■ **El metal.** Usa objetos de oro o plata de formas redondeadas o adornos de color blancos.

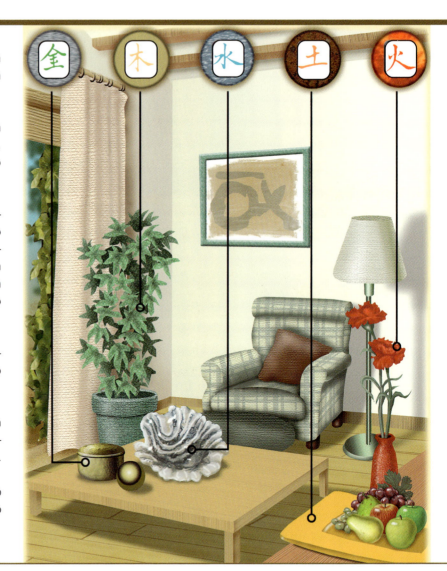

Cómo iniciarse en el **Feng Shui**

■ Armoniza los elementos

Según la visión china, todas las cosas del universo pertenecen a uno de los Cinco Elementos: madera, agua, fuego, metal o tierra, que simbolizan las Cinco Energías. El Feng Shui entiende que todas estas cosas, que muchas veces se ven como algo inanimado, estático o abstracto, poseen una cualidad energética determinada, son vibraciones de un tipo determinado de energía.

Estudia las interrelaciones de los elementos o energías del entorno y de las personas y procura armonizarlas para que fluyan al unísono.

Dime qué elemento tienes...

Cada uno de nosotros estamos compuestos de los Cinco Elementos, aunque solemos tener uno de ellos que es mucho más importante. Esos elementos importantes suelen cambiar con el paso de los años y se consideran yin o yang. Las características más significativas de cada uno de ellos son las siguientes:

■ **Fuego:** persona aventurera, que odia el aburrimiento. Debe evitar el calor.

■ **Agua:** persona pensadora, le encantan las actividades intelectuales y odia sentirse vulnerable. Debe evitar el frío.

■ **Madera:** persona exploradora, le encanta sentirse útil, odia perder y debe evitar los lugares con mucho viento.

■ **Tierra:** persona diplomática, le encanta la gente y a su vez le molesta que le ignoren. Debe evitar la humedad.

■ **Metal:** persona catalizadora, le encanta el control, odia el desorden y debe evitar la sequedad.

LAS OCHO DIRECCIONES

Las Ocho Direcciones suponen un paso adelante con respecto a los principios básicos del yin y el yang y los Cinco Elementos.

Identifican ocho tipos diferentes de energía chi. Cada uno de los ocho puntos cardinales está asociado con un tipo diferente de energía chi. Cada una de estas direcciones está vinculada con un trigrama del *I Ching*, un elemento, un símbolo del mundo natural, un miembro de la familia, un número de los Nueve Ki, un color, una hora del día y una estación del año.

El compendio de estos factores da cuenta del tipo de chi correspondiente a cada dirección particular. También el centro posee su energía característica, que es bastante poderosa.

■ **Trigramas.** Son símbolos de los diferentes tipos de energía. Fueron diseñados por el autor del *I Ching*

y cada uno consta de tres trazos rectos, continuos o entrecortados, que representan el yin y el yang.

■ **Los Cinco Elementos.** Cada dirección está asociada con uno o más de los Cinco Elementos. El sur y el norte tienen su elemento exclusivo, y las demás direcciones comparten los otros.

■ **Símbolos.** Cuando dos direcciones comparten un mismo elemento, cada uno está asociado a un símbolo particular.

■ **Miembros de la familia.** Cada dirección está asociada a un miembro de la familia. Las asociaciones están basadas en la familia tradicional oriental, y pueden parecer inadecuadas para nuestra época. Sin embargo, pueden interpretarse de la manera que uno mismo crea más significativa.

■ **Números de los Nueve Ki.** Son la base de la astrología japonesa,

corresponden a las características específicas que tenemos según nuestra fecha de nacimiento. Cada dirección que parte del centro está asociada con un número de los Nueve Ki.

■ **Colores.** Cada dirección y el centro están asociados con un color determinado. Estos colores también están asociados a los números de los Nueve Ki japoneses. Los colores del este, el sureste y el centro coinciden con los de los Cinco Elementos. Los demás son diferentes.

■ **Horas del día.** El momento en que el Sol ocupa cada punto cardinal, determina la hora del día asociada con ellos. A esa hora, la energía chi alcanza su máxima intensidad en esta dirección.

■ **Estaciones.** Cada dirección está asociada con una estación, en la que la energía chi alcanza sus máximas cotas.

Cómo iniciarse en el **Feng Shui**

■ Los trigramas del *I Ching*

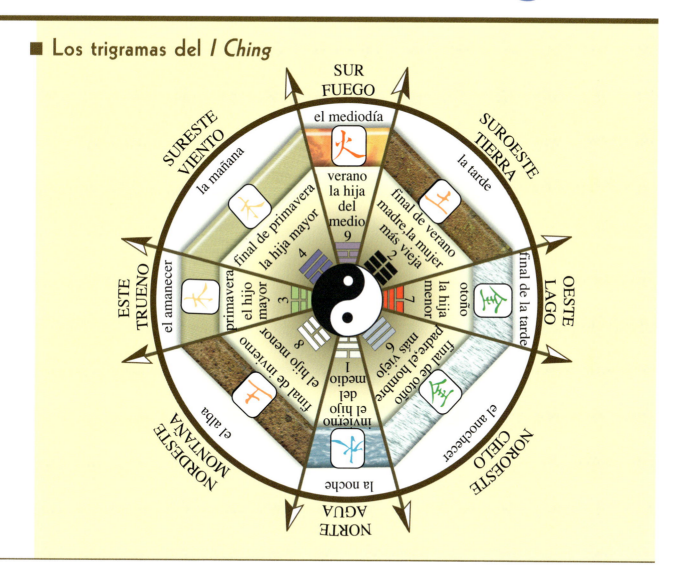

Ocho tipos de energía chi

DIRECCIÓN	ENERGÍA CHI
NORTE **TRIGRAMA** yin/yang/yin **ELEMENTO** agua **SÍMBOLO** agua **MIEMBRO DE LA FAMILIA** hijo del medio **NÚMERO DE LOS NUEVE KI** 1 **COLOR** blanco mate **HORA DEL DÍA** noche/oscuridad **ESTACIÓN** mitad del invierno	El norte representa la concepción y el comienzo de la vida. La energía chi del norte es sosegada y alcanza sus máximas cotas en medio de la noche y a mitad del invierno. Está relacionada con el sexo, con la espiritualidad y el aislamiento. Las líneas yin del trigrama sugieren una naturaleza flexible, pasiva en la superficie. La línea yang representa el poder y la fuerza interior. El blanco mate es un color casi translúcido.
NORESTE **TRIGRAMA** yang/yin/yin **ELEMENTO** tierra **SÍMBOLO** montaña **MIEMBRO DE LA FAMILIA** hijo menor **NÚMERO DE LOS NUEVE KI** 8 **COLOR** blanco brillante **HORA DEL DÍA** alba **ESTACIÓN** final del invierno/ comienzo de la primavera	En el noreste, el niño se desarrolla como individuo, compite para sobrevivir y se prepara para el futuro. El noreste hace parte de un mismo eje con el sureste, y ambas direcciones comparten el mismo elemento: la tierra. La energía chi puede desplazarse con gran rapidez y esto hace que ambas direcciones sean inestables. El chi del noreste es desgarrador y cambia de dirección con facilidad. El blanco brillante favorece un ambiente de ingenio y aspereza.

Cómo iniciarse en el **Feng Shui**

DIRECCIÓN		ENERGÍA CHI

ESTE

TRIGRAMA	yin/yin/yang
ELEMENTO	madera
SÍMBOLO	trueno
MIEMBRO DE LA FAMILIA	hijo
	mayor
NÚMERO DE LOS NUEVE KI	3
COLOR	verde
HORA DEL DÍA	amanecer/
	mañana
ESTACIÓN	primavera

El joven está listo para emprender su propio camino. Es un momento de ambiciones y nuevos comienzos. La energía chi se encuentra a punto, y alcanza su máxima intensidad al amanecer. El verde brillante del este estimula el crecimiento, la frescura y la vitalidad.

SURESTE

TRIGRAMA	yang/yang/yin
ELEMENTO	madera
SÍMBOLO	viento
MIEMBRO DE LA FAMILIA	hija
	mayor
NÚMERO DE LOS NUEVE KI	4
COLOR	verde oscuro/azul
HORA DEL DÍA	media mañana
ESTACIÓN	final de la primavera/
	comienzo del verano

La madurez da pie a un progreso más armonioso. Es el tiempo en que se formalizan las relaciones duraderas, los compromisos y las parejas. La energía chi es activa y dinámica, pero menos intensa que en el este. El trigrama presenta una línea yin debajo de dos líneas yang. El verde oscuro es un color más estable y más profundo, y simboliza un crecimiento mucho más maduro.

Ocho tipos de energía chi

DIRECCIÓN	ENERGÍA CHI

TRIGRAMA	yang/yin/yang
ELEMENTO	fuego
SÍMBOLO	fuego
MIEMBRO DE LA FAMILIA	hija del medio
NÚMERO DE LOS NUEVE KI	9
COLOR	violeta
HORA DEL DÍA	mediodía
ESTACIÓN	mitad del verano

SUR

Han llegado los buenos años, el tiempo de recoger los frutos del trabajo. La energía chi se despliega con fiereza y apasionamiento, y alcanza su mayor intensidad a mediodía y en mitad del verano, cuando el Sol alcanza el cenit. El color del sur es el púrpura, en concreto, el matiz de púrpura en la base de la llama.

TRIGRAMA	yin/yin/yin
ELEMENTO	tierra
SÍMBOLO	tierra
MIEMBRO DE LA FAMILIA	madre/ la mujer más vieja
NÚMERO DE LOS NUEVE KI	2
COLOR	negro
HORA DEL DÍA	tarde
ESTACIÓN	final del verano/ comienzo del otoño

SUROESTE

Con la mediana edad, llega la hora de pasar más tiempo en casa. La armonía familiar, la estabilidad, son los temas dominantes del suroeste. El ambiente se presta a consolidar logros y seguir avanzando con método, pero también con cautela. El trigrama del suroeste consta de tres líneas yin, que evocan una energía receptiva, tolerante y femenina. El negro es el color de los suelos fértiles y ricos en minerales, y estimula un ambiente de apoyo y solidaridad.

Cómo iniciarse en el **Feng Shui**

DIRECCIÓN		ENERGÍA CHI

OESTE

TRIGRAMA	yin/yang/yang
ELEMENTO	metal
SÍMBOLO	lago
MIEMBRO DE LA FAMILIA	hija menor
NÚMERO DE LOS NUEVE KI	7
COLOR	rojo
HORA DEL DÍA	final de la tarde/ atardecer
ESTACIÓN	otoño

Llega el comienzo de la vejez, se acerca la jubilación. La calma de la superficie se apoya en esta fuerza yang, dando juego a la circulación del chi. El lago invita a la reflexión profunda y el metal atrae el dinero, al menos de acuerdo con algunas escuelas de Feng Shui. El color del oeste es el rojo que brilla en el majestuoso atardecer.

NOROESTE

TRIGRAMA	yang/yang/yang
ELEMENTO	metal
SÍMBOLO	cielo
MIEMBRO DE LA FAMILIA	padre/el hombre más viejo
NÚMERO DE LOS NUEVE KI	6
COLOR	blanco plateado
HORA DEL DÍA	final de la tarde/ anochecer
ESTACIÓN	final del otoño/invierno

El ciclo de la vida llega a su final con la vejez. Las experiencias acumuladas han dado paso a la sabiduría. Las tres líneas yang del trigrama evocan una poderosa energía masculina. El noroeste es una coordenada particularmente significativa para el miembro de la familia que sostiene a los demás, sea hombre o mujer.

El plano diagrama de las Ocho Direcciones

El diagrama de las Ocho Direcciones incluye la posición del norte magnético. Cópialo en una lámina de acetato o sobre un papel transparente, o dibújalo empleando una regla y un compás a partir de otro ya hecho, y recorta aproximadamente la silueta.

Para delimitar correctamente el área a tratar, necesitas una buena brújula. Es importante invertir en un modelo preciso y de buena calidad, ya que será un instrumento imprescindible en casi todas las aplicaciones del Feng Shui. Una vez identificadas sobre el plano las Ocho Direcciones, le asignaremos una aspiración a cada una.

Comprobarás en todos los diagramas del libro que se ha representado el norte en la parte inferior del dibujo, y el sur en la parte superior. Simplemente, es debido a que en la tradición oriental, los puntos cardinales se representan invertidos.

■ El chi del centro

Constituye un noveno tipo de energía. Se trata de la energía más potente y, por lo tanto, entraña mayores posibilidades pero también mayores riesgos. Su carácter es variable y oscila entre la productividad y la destrucción. Está asociada al elemento tierra, al número 5 y al color amarillo, pero no está vinculada a ningún trigrama, símbolo, miembro de la familia, hora del día o estación. En el momento de organizar una casa, lo más aconsejable es mantener su centro y el centro de las habitaciones tan despejado como sea posible.

Cómo iniciarse en el **Feng Shui**

■ Diagrama de las Ocho Direcciones

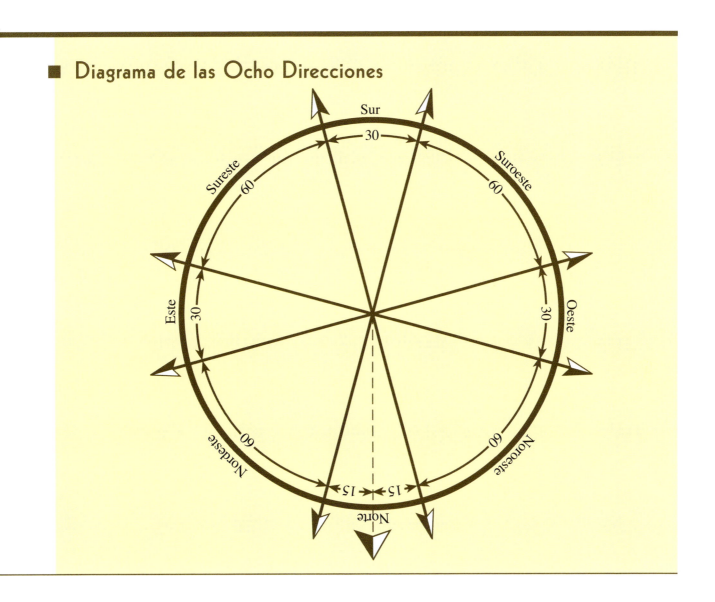

Traza las Ocho Direcciones

Emplea el diagrama para situar las Ocho Direcciones en tu hogar, junto con sus correspondientes energías chi. Colócalo sobre el plano de tu casa, alineándolo con ayuda de una brújula.

Las instalaciones eléctricas, las vigas de metal, los tanques de agua, los conductos del agua o del gas y los objetos de hierro o acero pueden distorsionar los registros de la brújula. Da una vuelta por tu casa hasta que la aguja señale hacia la misma dirección en distintos puntos de la habitación. Usa esta habitación para situar el norte en tu plano.

Coloca tu plano sobre una superficie plana, de modo que las paredes del plano coincidan con las paredes de la habitación donde te encuentras. Coloca luego la brújula sobre el plano, de modo que el centro coincida con el de éste último. Haz girar la brújula hasta que la aguja coincida con una de las líneas del papel. Marca este punto y traza luego una línea hasta el centro. Emplea este mismo método para situar las Ocho Direcciones en cada habitación.

Coloca un diagrama transparente de las direcciones sobre el plano, haciendo coincidir los centros de ambos. Clava un alfiler en los dos folios y gira el diagrama hasta que la línea que indica el norte coincida con el norte magnético del plano.

Las Ocho Direcciones aparecerán situadas en el plano gracias al diagrama transparente. Si quieres trazarlos de forma permanente, marca las coordenadas correspondientes con un lápiz y traza líneas rectas entre ellas y el centro.

Cómo iniciarse en el **Feng Shui**

■ Marca las direcciones de tu hogar

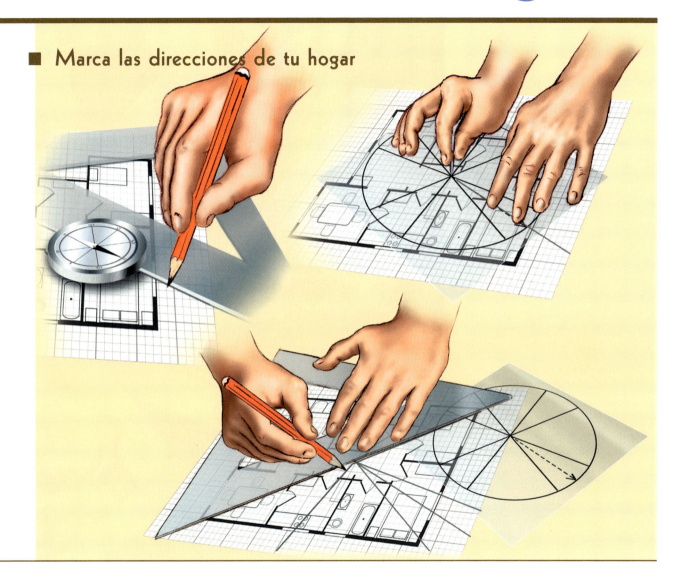

LOS NUEVE KI

Para todo en la vida hay momentos más favorables y desfavorables. Para no equivocarse, es necesario tener en cuenta el «cuándo», además del «cómo».

Por ejemplo, a menudo nuestras vidas cambian al mudarnos, siendo tan importante el momento como el lugar. El destino y el momento de la mudanza determinarán si tu chi personal puede combinarse con el del nuevo lugar. Igual ocurre cuando cambias una planta de sitio: hay que desenterrarla y transportarla sin que sufra daños y volver a plantarla en el terreno más adecuado, pero en el momento indicado del año para que florezca.

Y con las personas ocurre algo similar. Vivas donde vivas, tu energía chi se mezcla con la energía del entorno. Cuando cambias de casa, literalmente arrancas del suelo tus raíces. El destino y el momento de la mudanza determinarán si tu chi puede combinarse con el del nuevo lugar. Si la energía chi de este últi-

Cómo iniciarse en el **Feng Shui**

■ ¿Cuál es tu número Ki?

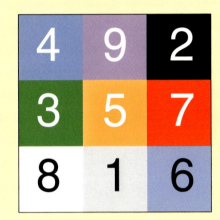

4	9	2
3	5	7
8	1	6

El Cuadrado Mágico es la base de la astrología de los Nueve Ki y del Feng Shui. ◄

Fu Hsi, el padre del Tai Chi, lo descubrió al observar el dibujo que formaban las gotas de agua en el caparazón de una tortuga. ►

mo es favorable, probablemente llegarás a sentirte a gusto. Pero si no, puedes tener problemas.

El Cuadrado Mágico

El Cuadrado Mágico es un itinerario de las variaciones de la energía chi a través de cada año, cada mes y cada día. Los practicantes del Feng Shui establecen con su ayuda el momento ideal para llevar a cabo las mudanzas, la localización de la nueva casa y la época más indicada para reorganizar el hogar, según el Feng Shui. El Cuadrado también puede emplearse para elegir el día y dirección de un viaje decisivo.

Según la tradición, Fu Hsi descubrió el Cuadrado Mágico a orillas del río Lo. Una tortuga (animal sagrado para los chinos) salió del río, y Fu Hsi se quedó asombrado al ver que las gotas de agua formaban un diseño en su caparazón. Tras sumirse en la meditación, comprendió que este diseño representaba el movimiento de la energía a través del universo. Las gotas estaban distribuidas en nueve secciones del caparazón: en la del medio había 5 y en los ocho restantes, entre 1 y 9 gotas, mientras que la suma de los dígitos de las secciones siempre daba 15 en todas direcciones. En el Feng Shui, estas cifras corresponden a nueve tipos diferentes de energía chi.

Tu número Ki

En Japón, la astrología del Feng Shui se conoce como los Nueve Ki. El 9 corresponde a las nueve cifras del Cuadrado Mágico; «ki», en japonés, es el término para la energía chi. La distribución de las cifras en el Cuadrado Mágico, con el 5 en el Centro, representa el patrón dominante de esta energía en ciertos años. En otros, este patrón cambia y se representa con un diagrama diferente de los Nueve Ki.

Existen nueve diagramas básicos que se repiten cada nueve años. Al comienzo de cada año, un número diferente se coloca en el centro y los demás se reordenan alrededor.

Tu número personal dentro de los Nueve Ki determina tu relación con las energías de otras personas y lugares.

Cada año, se resta 1 de la cifra del centro: así, en 1997 esta cifra era 3, en 1998 era 2, etc.

Empleando estos datos, puedes descubrir el número de los Nueve Ki (el del centro del cuadrado) correspondiente al año de tu nacimiento. Éste será también tu número personal dentro de los Nueve Ki y representa la energía chi dominante en ese año. Asimismo, determina cómo te relacionas con personas y lugares que tienen otros tipos de energía chi, y te permite evaluar los factores que te pueden benefi-

ciar o perjudicar. Una carta astral rigurosa se basa en el año, mes y día del nacimiento, pero estos cálculos sólo pueden ser hechos por un experto en la astrología de los Nueve Ki. En este libro usaremos las tablas anuales.

Cuadrados de los Nueve Ki

Los nueve diagramas anuales diferentes representan los nueve patrones posibles de la energía chi. Establece la posición de tu número en cada uno de ellos, para averi-

Cómo iniciarse en el **Feng Shui**

■ **Los diagramas de los Nueve Ki**

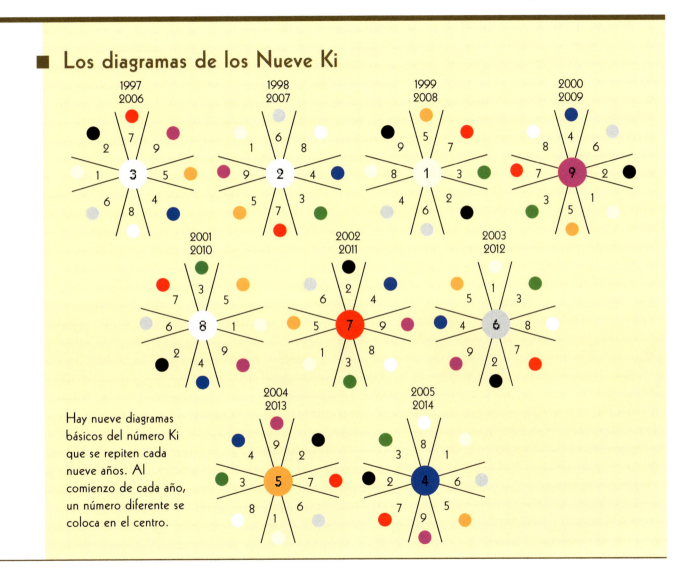

Hay nueve diagramas básicos del número Ki que se repiten cada nueve años. Al comienzo de cada año, un número diferente se coloca en el centro.

guar qué factores influirán en tu vida durante el año. Si tu número es el 5, la energía chi de tu año de nacimiento es la tierra. Pero en el año 2008 adoptarás características del fuego, porque el 5 se hallará en el sur, la posición que lo domina.

Las correspondencias

■ Cinco elementos

Las relaciones entre los Nueve Ki y los elementos están basadas en la posición de los primeros dentro del cuadrado tradicional. En este cuadrado, por ejemplo, el número 1 está en el norte, que está asociado con el elemento agua. Una persona que tenga como número el 1, participará pues de las características del agua, y puede ser incompatible con el número 9, que está asociado con el elemento fuego. En general, tendemos a sentirnos más a gusto cuando nuestro número se encuentra en una posición del cuadrado correspondiente a un elemento compatible con el nuestro.

■ Doce animales

Los doce animales del zodiaco chino están asociados con los puntos cardinales de la brújula, que para estos efectos se divide en doce direcciones en lugar de ocho. Cada año está dominado por un animal. El ciclo de cambio sigue el sentido de las manecillas del reloj y vuelve a empezar cada doce años.

■ Cada año está dominado por uno de los doce animales del zodiaco chino.

Cómo iniciarse en el **Feng Shui**

■ El zodiaco chino

Un aspecto de la sabiduría del Feng Shui se basa en el zodiaco chino, que constituye una parte de la relación entre las energías cósmicas con cada persona. La energía particular de cada persona está representada por uno de los doce animales del zodiaco chino, símbolos espirituales que representan cualidades inherentes a nuestra personalidad. Pueden considerarse como energía mental o psíquica e incluyen cualidades como la persistencia, la sensibilidad y la capacidad de adaptación.

SERPIENTE 2013 / 2025

CABALLO 2014 / 2026

DRAGÓN 2012 / 2024

CABRA 2015 / 2027

CONEJO 2011 / 2023

MONO 2016 / 2028

TIGRE 2010 / 2022

GALLO 2005 / 2017

BUEY 2009 / 2021

PERRO 2006 / 2018

RATA 2008 / 2020

CERDO 2007 / 2019

El año 2007 está dominado por el cerdo (que corresponde al norte noroeste) y ocurrirá lo mismo en esta posición. Durante los próximos años, según el horóscopo chino, regirán animales como la rata (2008), el buey (2009) y el tigre (2010).

Tu número personal

En el calendario occidental, el año comienza el 1 de enero, pero en el sistema de los Nueve Ki suele empezar el 3, el 4 o el 5 de febrero.

Usa la tabla de las siguientes páginas para encontrar tu número personal. Si naciste en enero de 1950, tu número es el 6 (que aparece en 1949); si naciste en marzo de 1950, es el 5. Si naciste cerca de los días 3, 4 o 5 de febrero, ten presente la diferencia con el uso horario de Greenwich (GMT), que es el que aparece en la tabla.

Nueva York está situada con unas cinco horas de retraso con respecto a lo que marca el meridiano de

Greenwich, de modo que el año nuevo chino empieza allí cinco horas antes que en Inglaterra. En 1958, el año empezó el 4 de febrero a las 14:57 GMT; en Inglaterra y en Nueva York cinco horas más temprano, a las 9:57. Estos parámetros también deben aplicarse para elegir el momento de una mudanza. Los colores de la tabla

■ Número natal

Se obtiene a partir de una serie de cálculos basados en la fecha de nacimiento y determina las direcciones favorables y las adversas.

Cada número natal tiene su trigrama personal, dirección y elemento correspondiente que revelan aspectos de la energía interna de la persona, la mayoría de los cuales se reflejan en su personalidad. Determina las direcciones que son más adecuadas para cada persona en concreto.

Si comparamos las propiedades de cada dirección con las cualidades inherentes de la energía interna de la persona, podemos determinar sus direcciones más adecuadas, y también qué habitaciones o partes de la casa o del lugar de trabajo serán las que favorecerán su bienestar.

Cómo iniciarse en el **Feng Shui**

■ El zodiaco chino

NÚMERO de los **NUEVE KI** COLOR SÍMBOLO ELEMENTO	9	8	7	6	5	4	3	2	1
	FUEGO FUEGO	MONTAÑA TIERRA	LAGO METAL	CIELO METAL	TIERRA	VIENTO MADERA	TRUENO MADERA	TIERRA SUELO	AGUA AGUA
AÑO **FECHA INICIO** **HORA (GMT)**	1910 4 feb 23:41	1911 5 feb 05:33	1912 5 feb 11:11	1913 4 feb 17:01	1914 4 feb 22:53	1915 5 feb 04:34	1916 5 feb 10:31	1917 4 feb 16:18	1918 4 feb 22:06
	1919 5 feb 04:00	1920 5 feb 09:43	1921 5 feb 15:34	1922 4 feb 21:28	1923 5 feb 03:13	1924 5 feb 09:06	1925 4 feb 14:58	1926 4 feb 20:49	1927 5 feb 02:46
	1928 5 feb 08:31	1929 4 feb 14:19	1930 4 feb 20:11	1931 5 feb 01:53	1932 5 feb 07:42	1933 4 feb 13:28	1934 4 feb 19:13	1935 5 feb 01:03	1936 5 feb 06:47
	1937 4 feb 12:36	1938 4 feb 18:32	1939 5 feb 00:20	1940 5 feb 06:15	1941 4 feb 12:07	1942 4 feb 17:57	1943 4 feb 23:51	1944 5 feb 05:39	1945 5 feb 11:26

NÚMERO de los NUEVE KI COLOR SÍMBOLO ELEMENTO	9 FUEGO FUEGO	8 MONTAÑA TIERRA	7 LAGO METAL	6 CIELO METAL	5 TIERRA	4 VIENTO MADERA	3 TRUENO MADERA	2 TIERRA SUELO	1 AGUA AGUA
AÑO FECHA INICIO HORA (GMT)	1946 4 feb 12:18	1947 4 feb 23:03	1948 5 feb 04:50	1949 4 feb 10:40	1950 4 feb 16:29	1951 4 feb 22:29	1952 5 feb 04:07	1953 4 feb 09:52	1954 4 feb 15:42
	1955 4 feb 21:29	1956 5 feb 03:15	1957 4 feb 09:07	1958 4 feb 14:57	1959 4 feb 20:47	1960 5 feb 02:38	1961 4 feb 08:29	1962 4 feb 14:24	1963 4 feb 20:17
	1964 5 feb 02:08	1965 4 feb 07:57	1966 4 feb 1346	1967 4 feb 19:32	1968 5 feb 01:19	1969 4 feb 07:04	1970 4 feb 12:50	1971 4 feb 18:37	1972 4 feb 00:23
	1973 4 feb 06:13	1974 4 feb 12:08	1975 4 feb 1756	1976 4 feb 23:48	1977 4 feb 05:38	1978 4 feb 11:28	1979 4 feb 17:21	1980 4 feb 23:10	1981 4 feb 04:59

Cómo iniciarse en el **Feng Shui**

NÚMERO de los NUEVE KI	9	8	7	6	5	4	3	2	1
COLOR									
SÍMBOLO	FUEGO	MONTAÑA	LAGO	CIELO		VIENTO	TRUENO	TIERRA	AGUA
ELEMENTO	FUEGO	TIERRA	METAL	METAL	TIERRA	MADERA	MADERA	SUELO	AGUA
AÑO / FECHA INICIO / HORA (GMT)	1982 4 feb 10:53	1983 4 feb 16:38	1984 4 feb 22:27	1985 4 feb 04:18	1986 4 feb 10:05	1987 4 feb 15:57	1988 4 feb 21:42	1989 4 feb 05:28	1990 4 feb 09:20
	1991 4 feb 15:04	1992 4 feb 20:51	1993 4 feb 02:42	1994 4 feb 08:27	1995 4 feb 14:18	1996 4 feb 20:10	1997 4 feb 02:00	1998 4 feb 08:01	1999 4 feb 13:51
	2000 4 feb 19:39	2001 4 feb 01:35	2002 4 feb 07:20	2003 4 feb 13:08	2004 4 feb 18:57	2005 4 feb 00:38	2006 4 feb 06:31	2007 4 feb 12:16	2008 4 feb 17:59
	2009 3 feb 23:55	2010 4 feb 05:40	2011 4 feb 11:31	2012 4 feb 17:28	2013 3 feb 23:05	2014 4 feb 05:05	2015 4 feb 10:55	2016 4 feb 16:40	2017 3 feb 22:37

corresponden a los de las Ocho Direcciones y están relacionados con la posición de los números en el cuadrado tradicional. Son colores auspiciosos para las personas a cuyo número corresponden.

Los símbolos de la tabla representan el tipo de energía chi asociado con cada número.

Calendario con los Nueve Ki

La energía chi circula cada año en un patrón distinto, que afecta tu energía chi. Si estudias todas sus variaciones, podrás aprovechar mejor la energía chi dominante y hacer realidad tus planes.

Encuentra tu número personal dentro de los Nueve Ki y el número del año en el que estás más interesado. Localiza luego tu número dentro del cuadrado para ese año (es decir, el cuadrado en el que el número de ese año ocupa el centro). La posición de tu número en el cuadrado determina los factores que

Cómo iniciarse en el **Feng Shui**

influirán en tu vida durante ese año. Supongamos que tu número es el 7, y que quieres saber qué ocurrirá en tu vida en 2007. El número correspondiente a este año es el 2, y en el cuadrado, el 7 se encuentra en el norte, regido por el elemento agua. Será, pues, un año tranquilo.

Otra manera de emplear el sistema es buscar los años que te serán favorables y planear para ellos cambios o eventos importantes.

■ Los acontecimientos de la vida

Para encontrar un año que favorezca un acontecimiento particular, consulta la siguiente tabla y establece luego la posición de tu número Ki en el año en cuestión. Si, por ejemplo, deseas fundar una familia, busca un año en el que tu número esté regido por el agua (es decir en el norte) o por la tierra (en el suroeste).

ACONTECIMIENTO	POSICIÓN FAVORABLE
Empezar nuevas relaciones o contraer matrimonio.	Viento/Sureste Lago/Oeste Tierra/Suroeste
Empezar una nueva carrera o un nuevo negocio.	Trueno/Este Viento/Sureste Fuego/Sur Lago/Oeste Cielo/Noroeste
Ganar premios o competiciones.	Montaña/Nordeste
Fundar una familia.	Agua/Norte Tierra/Suroeste
Retirarse.	Lago/Oeste Cielo/Noroeste

Tu número en los Nueve Ki

NOTA: la secuencia de las direcciones en la tabla refleja el movimiento de tu número personal a lo largo de los años. Si lees la tabla en orden, observarás cómo las influencias de cada año se transforman en las del año siguiente.

POSICIÓN	INFLUENCIAS DOMINANTES DURANTE EL AÑO	RIESGOS
E 4 9 2 / 3 5 7 / 8 1 6 **TRUENO (ESTE)**	Un buen año para mantenerse activo o empezar un nuevo negocio. Favorable para el trabajo, las promociones y la realización de sueños. Dentro de los Nueve Ki, es particularmente favorable para los números 3, 4 y 9. Si tu número es el 1, deja que las oportunidades vengan a ti.	Tomar decisiones apresuradas, excederse en el trabajo y sentirte frustrado.
SE 4 9 2 / 3 5 7 / 8 1 6 **VIENTO (SURESTE)**	Un buen año para progresar con armonía, crear una nueva empresa o aceptar un nuevo trabajo. Favorable para la creatividad, la comunicación y el matrimonio, sobre todo si tu pareja también se encuentra en una posición favorable. Particularmente favorable para los números 1, 4 y 9. Si tu número es el 3, quizá tengas algunas dificultades.	Persistir más allá de lo aconsejable, no escuchar consejos.
CENTRO 4 9 2 / 3 5 7 / 8 1 6	Un año de cambios, poco propicio para empezar algo nuevo. Trata de sortear las circunstancias en vez de empeñarte en imponer tu voluntad. No tomes grandes decisiones si puedes postergarlas. Es menos desfavorable para los números 2, 5, 6, 7, 8 y 9.	Los planes y proyectos que concibas en este año pueden cambiar durante el próximo.
4 9 2 / 3 5 7 / 8 1 6 **NO** **CIELO (NOROESTE)**	Un buen año para organizar, hacer planes y asumir el liderazgo. Las personas con cargos administrativos se afianzarán en sus posiciones. Año favorable para la intuición y el conocimiento de ti mismo. Particularmente favorable para los números 1, 2, 5, 6 y 8. Si tu número es el 7, puedes tener dificultades para comunicar tus intenciones y salir adelante.	Comportarte con arrogancia, juzgar a los demás y volverte insoportable.

Cómo iniciarse en el **Feng Shui**

POSICIÓN	INFLUENCIAS DOMINANTES DURANTE EL AÑO	RIESGOS
LAGO (OESTE)	Un buen año para el romance, el placer, las satisfacciones y los ingresos económicos. Favorable para empezar una nueva relación, contraer matrimonio, retirarte o vender un negocio. Particularmente favorable para los números 1, 2, 5, 6, 7 y 8. Si tu número es el 9, quizá tengas problemas en el amor o en las finanzas.	Sentirte desmotivado y excederte en la búsqueda del placer
MONTAÑA (NORESTE)	Un buen año para competir y sentirte motivado, y alcanzar tus ambiciones trabajando a conciencia. Sopesa tus decisiones y sé un poco más cauteloso de lo habitual. Particularmente favorable para los números 5, 6, 7, 8 y 9. Si tu número es el 2, tómate este año con calma, sobre todo en lo relativo a tus asuntos familiares.	Caer en prisas por el afán de tener éxito.
FUEGO (SUR)	Un buen año para los sociables y los apasionados. Favorable para atraer atención y alcanzar la fama o el reconocimiento público. Particularmente favorable para los números 2, 3, 5, 8 y 9. Si tu número es el 4, resístete a la tentación de separarte.	Entrar en discusiones y pelearte con algunas personas.
AGUA (NORTE)	Un año tranquilo, propicio para el estudio y el reposo, y para la concepción en las mujeres. Busca alternativas para mejorar tu salud y llevar una vida más activa, también en lo sexual. Particularmente favorable para los números 1, 3, 4 y 7.	Puedes enfrentar problemas económicos o de salud, a causa del contraste con el año anterior.
TIERRA (SUROESTE)	Un buen año para seguir progresando y consolidar los logros anteriores. Favorable para la amistad, la armonía familiar y la construcción del hogar, y para aprovechar las oportunidades. Particularmente favorable para los números 2, 5, 6, 7 y 9. Si tu número es el 8, quizá no consigas sentirte motivado.	Excederte en la cautela y la timidez, y acabar dependiendo de otros.

MUDANZAS
Y CAMBIOS EN CASA

Las reglas para elegir cuándo hay que mudarse de casa también son válidas a la hora de hacer cambios en el hogar. En efecto, existen momentos más y menos ventajosos para tratar de alterar el flujo del chi en tu casa, ya se trate de remodelar una habitación o de construir una planta entera.

Si has decidido mudarte de casa, elimina primero las direcciones desfavorables para la mudanza. Consulta luego los cuadrados o diagramas que corresponden a los años 2006 a 2015. Para descubrir qué direcciones te resultan más favorables, busca el cuadrado que corresponde al año en el que planeas mudarte. Tu color dentro de los Nueve Ki aparecerá en estas direcciones.

Después, dibuja un plano fiel de tu casa de acuerdo a las instrucciones de las páginas 66 y 67, encuentra el centro y, con base en este punto, coloca sobre el plano un diagrama o una transparencia de las Ocho Direcciones. Busca el cuadrado de los Nueve Ki correspondiente al año en que deseas hacer los cambios y averigua cuál es el animal de ese año (pág. 53). Coloca el número 5, tu número personal dentro de los Nueve Ki y el animal del año en las direcciones correspondientes al año en cuestión. Observa el ejemplo que corresponde a una persona cuyo número es el 9 y planea hacer cambios en 2008. Los siguientes sectores son más problemáticos a la hora de hacer cambios en el hogar:

■ **El sector del 5.** Evita hacer cambios en esta área del plano. Podrías enfrentar serios problemas, o arruinar todo el proyecto, sobre todo si se trata de una construcción nueva o una remodelación general.

■ **El sector opuesto al 5.** Un cambio menor en esta área de la casa puede acabar causando accidentes.

A largo plazo, empezarás a sentirte débil y vulnerable.

■ **En el sector de tu número y en el opuesto.** Localiza tu número y el de los demás miembros de tu familia en el plano de la casa. Ten en cuenta que cualquier cambio en estos sectores puede perturbar el hogar. Los implicados se sentirán estresados y tendrán dificultades para confiar en sí mismos.

■ **En el sector opuesto al animal del año.** Deja en paz esta área del plano, o bien trata de incrementar en ella la energía chi, por ejemplo introduciendo luces y plantas. También sería beneficioso apostar por un matiz más yang, a través de colores, formas o materiales específicos. Puedes recurrir a los Cinco Elementos si necesitas otras opciones. Añade objetos que tengan el color, la forma y el material de los elementos asociados con este sector de la casa y con el inmediatamente anterior.

Cómo iniciarse en el **Feng Shui**

■ Numerología china

Parte de la «Regla del Nueve» y, junto al Cuadrado Mágico, forma el aspecto central del Feng Shui. En él, todas las fechas –los años, días e incluso las horas– se pueden reducir a un solo dígito. La posición de cada número denota una dirección. Es decir, cada número se asocia al tipo de energía que emana de cada dirección (elemento) y a los Ocho Trigramas. Así, buscando las correspondencias entre los números, las Ocho Direcciones y los Ocho Trigramas, cada aspecto de la fecha puede tener entonces su Trigrama pertinente y su dirección particular.

Utiliza el mismo sistema que la numerología occidental en el que todos los números se pueden reducir, por adición de sus dígitos, a un dígito simple, entre el 1 y el 9.

La numerología, al igual que todo el conocimiento chino, tiene su origen en la minuciosa observación del mundo natural.

En la numerología china, la posición y la relación de cada número respecto al resto tiene un significado que se utiliza para analizar o predecir numerosos fenómenos: desde la salud de una persona, el trabajo y las finanzas hasta sus relaciones personales.

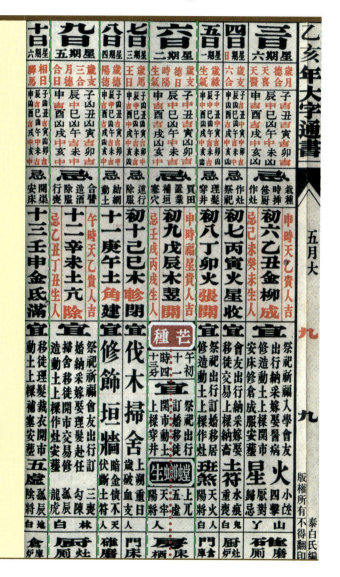

Deja que la energía chi entre en
tu casa, a través de la luz natural
y el calor.

La energía de **tu hogar**

La arquitectura de tu casa y las características del paisaje alrededor ejercen una profunda influencia en el patrón de la energía chi de tu hogar, y pueden afectar favorable o desfavorablemente muchos aspectos de tu vida.

LAS HERRAMIENTAS DEL FENG SHUI

Si lo que deseas es aplicar los principios del Feng Shui, es necesario averiguar cuál es el patrón de la energía chi de tu hogar. Traza un plano detallado de tu casa, y dibuja o coloca sobre él un diagrama con las Ocho Direcciones.

Si tu casa tiene más de una planta, dibújalas en planos separados. Traza el dibujo a escala e incluye en el plano todas las paredes internas y todas las puertas, ventanas y escaleras. Marca los «problemas potenciales», como esquinas invasoras, techos en declive y vigas de madera, y sitúa todos los elementos relevantes para el Feng Shui:

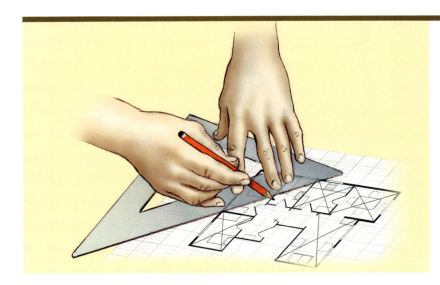

el fregadero, la cocina, los lavabos, duchas... Finalmente, indica las posiciones aproximadas de los muebles principales, incluidas camas, escritorios, sillas, sofás y la mesa del comedor.

El siguiente paso consiste en encontrar el centro de tu casa y el de las habitaciones principales:

■ **El centro de cuadrados y rectángulos:** dibuja dos diagonales entre las esquinas de la habitación. El punto de intersección es el centro.

■ **El centro de formas irregulares:** dibuja el sector del plano aparte y recórtalo en una cartulina. Trata de sostenerla horizontalmente sobre la punta de un alfiler. Mueve el alfiler hasta encontrar el punto de equilibrio: éste será el centro. Sitúalo luego en el plano general.

■ **El centro de una habitación en forma de L** puede hallarse fuera de la figura. Pega un trozo de papel ligero en el área dónde supones

que podría estar. Trata de sostener la silueta en lo alto del alfiler. El papel debe ser ligero, para que su peso no afecte la maniobra.

■ Fuera esquinas

■ Irradian líneas de energía parecidas al filo de un cuchillo o a una flecha, que producen incomodidad y obstrucción a su alrededor.

■ Los ángulos agudos de algunos muebles, las esquinas de muchos edificios y los tejados inclinados forman esquinas que se consideran más desfavorables si apuntan directamente a la puerta de entrada o a las ventanas.

■ Por ello, siempre son preferibles las líneas redondeadas, las formas curvilíneas y los cantos blandos.

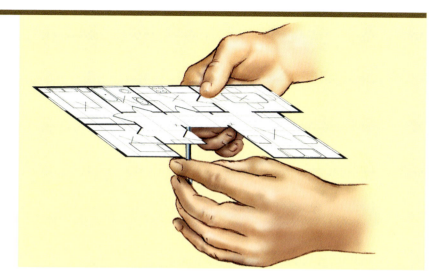

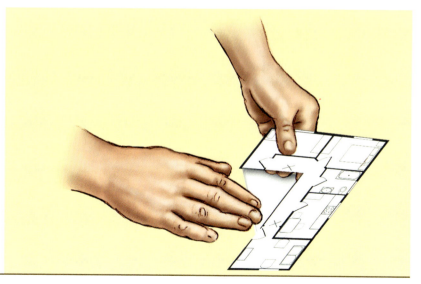

ESTRUCTURA Y FORMA DE TU HOGAR

La disposición física de una casa determina la manera en que la energía chi fluye a través de ella y afecta a todos sus habitantes. Además, los materiales empleados para construir sus muros afectan la velocidad de flujo de la energía chi y el ambiente que reina dentro de ella y a su alrededor.

Para el Feng Shui, los mejores materiales de construcción son aquellos que permiten fácilmente la entrada de la energía chi. Por ello, es importante que la estructura de los mismos esté libre de humedades, pues entorpecen el flujo del chi y crean pozos de energía estancada.

Las superficies yang suelen acelerar el flujo de la energía chi y se emplean típicamente en las edificaciones comerciales. Por contraste, las superficies yin ralentizan este flujo y se encuentran más a menudo en los hogares.

■ **Madera:** es el material de construcción más yin, ya que procede de los árboles, por lo que según el Feng Shui está más «viva» que otros materiales. Las maderas oscuras y resistentes como la caoba son más yang, y las más claras y suaves, como el pino, son más yin.

■ **Bloques de hormigón:** es un material moderno muy común; semejante al ladrillo, pero más yang. Los edificios de hormigón suelen estar recubiertos de cemento por fuera y yeso por dentro. Estas superficies agilizan el flujo del chi.

■ **Piedra:** la dura como el granito es más yang que la caliza. Los muros de piedras irregulares dispersan la energía y, dentro de casa, hacen rebotar el chi en todas direcciones e impiden que se estanque. En una casa de piedra, las puertas y las ventanas deben ser de gran tamaño, para permitir que el chi entre más fácilmente.

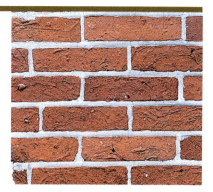

■ **Ladrillo:** hecho de barro, es ligeramente poroso y menos duro que las piedras. Por lo tanto más yin. Si se deja a la vista dentro de casa, ralentiza el flujo de la energía chi y contribuye a que se estanque en los rincones. Una capa de yeso suaviza la superficie y contribuye a equilibrar la circulación de energía.

■ **Vidrio:** plano, duro y brillante, reúne cualidades yang. Sin embargo, deja entrar el chi en casa a través de la luz y del calor. Las grandes superficies de vidrio aceleran el flujo de energía alrededor de una edificación. En casas residenciales y para ralentizar la circulación del chi, se aconseja colocar plantas y cortinas cerca de las ventanas más grandes.

■ **Materiales sintéticos:** no son buenos conductores de energía chi (muchas bolsas de plástico están cargadas de energía estática y nos aíslan del fluido del chi a nuestro alrededor). Salvo que resulten muy prácticos, se recomienda evitarlos.

AÑADIDOS Y RECORTES

Existen pocas casas perfectamente rectangulares. Casi todas tienen un rincón irregular. Para determinar si tu casa tiene este tipo de añadidos o recortes, mide el ancho del sector irregular en cuestión, y mide luego el segmento que «sobra» o «falta». Si en este área el espacio construido mide menos del 50 por ciento del ancho total, se trata de un añadido. Si mide más del 50 por ciento del ancho, es un recorte. Ambos pueden ser favorables o desfavorables, según el tamaño y la dirección.

Para saberlo, coloca el diagrama de las Ocho Direcciones sobre el plano de tu casa y alinea correctamente las coordenadas para establecer la posición del añadido o el recorte. Por lo general, los añadidos refuerzan la energía chi del sector en el que se encuentran, y los recortes la disminuyen. Un añadido de gran tamaño puede desbordar la energía en cuestión y producir desequilibrios. Sin embargo, uno de tamaño moderado puede potenciarla de manera saludable. Evalúa primero si, en realidad, tienes problemas en esta área. Todos aquellos cambios en tu vida desde que te mudaste a tu nueva casa pueden proporcionarte pistas útiles.

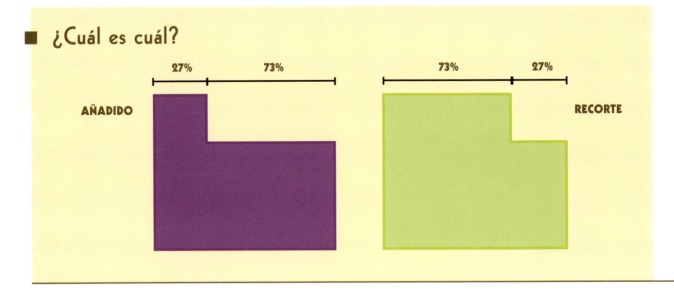

¿Cuál es cuál?

27%   73%   73%   27%

AÑADIDO   RECORTE

La energía de **tu hogar**

■ Cómo influyen en la casa

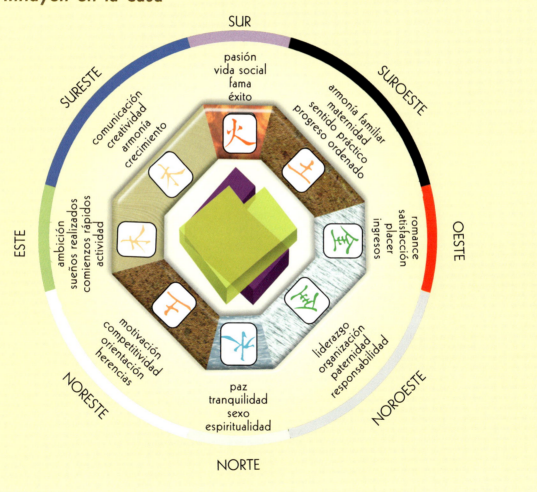

SUR

pasión
vida social
fama
éxito

SURESTE

comunicación
creatividad
armonía
crecimiento

SUROESTE

armonía familiar
maternidad
sentido práctico
progreso ordenado

ESTE

ambición
sueños realizados
comienzos rápidos
actividad

OESTE

romance
satisfacción
placer
ingresos

NORESTE

motivación
competitividad
orientación
herencias

NOROESTE

liderazgo
organización
paternidad
responsabilidad

NORTE

paz
tranquilidad
sexo
espiritualidad

Los añadidos y recortes pueden ser favorables o desfavorables, según el tamaño y la dirección.

Supongamos que has descubierto un añadido en el sector noroeste de tu hogar. En principio, debería potenciar la energía chi asociada con el jefe de la familia. Si él o ella se encuentran bien y no tienen conflictos con el resto de la familia, ese espacio de más en el noroeste es de un tamaño adecuado. Por contraste, si la persona en cuestión no deja de causar conflictos y se ha vuelto insoportable, quizá sea demasiado grande.

Los recortes suelen considerarse poco beneficiosos. Pero, si no son muy grandes, pueden ofrecer ventajas ocasionales. Un pequeño recorte en el norte puede reducir la energía asociada con el sosiego y la espiritualidad, y esto podría ser beneficioso para un profesional joven que empieza.

Los problemas, si existen, pueden resolverse de distintos modos. Un espejo grande puede «rellenar» el espacio al proyectar en él la imagen del resto de la habitación. También puedes colocar plantas en

La energía de **tu hogar**

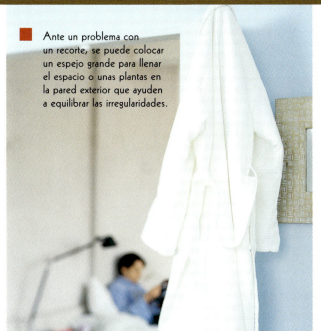

■ Ante un problema con un recorte, se puede colocar un espejo grande para llenar el espacio o unas plantas en la pared exterior que ayuden a equilibrar las irregularidades.

la pared exterior, para que potencien la energía chi y ayuden a equilibrar las irregularidades existentes. Los remedios relacionados con los Cinco Elementos y los colores de las Ocho Direcciones también suelen ser eficaces.

Las relaciones entre los Cinco Elementos pueden aprovecharse tanto para «apaciguar» la energía chi excesiva de un añadido como para potenciar la energía faltante de un recorte. Revisa el diagrama en las páginas anteriores para establecer qué elemento corresponde al añadido y potencia allí la energía chi del elemento que lo está agotando y consume.

Si se trata de un recorte, potencia el propio elemento faltante o refuerza su energía a través de otro. Los colores asociados con las Ocho Direcciones, que aparecen en el diagrama, también pueden emplearse para potenciar la energía de los recortes o para mitigar la de los añadidos.

Efectos de los añadidos

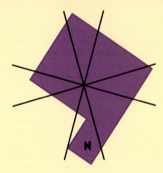

UN PEQUEÑO AÑADIDO puede fortalecer la energía chi asociada con el agua, la noche y el invierno, y llenar tu casa de calma y espiritualidad. Te sentirás más tranquilo y quizá algo solitario, pero también más autosuficiente e independiente. Este tipo de casa es especialmente adecuada para las personas de cierta edad, aunque puede potenciar la fertilidad.

UN AÑADIDO GRANDE puede acabar pesando en tu vida, demasiado tranquila y solitaria. Te sentirás solo y aislado, tus ingresos pueden disminuir y aumentará el riesgo de que contraigas enfermedades de transmisión sexual.

UN PEQUEÑO AÑADIDO potenciará la energía chi y te sentirás más motivado para llegar a donde quieres ir y trabajar duro para conseguirlo. Sin embargo, también puede dar vía a toda clase de cambios repentinos, por lo que estos añadidos no son muy deseables.

UN AÑADIDO GRANDE puede acabar desestabilizando la energía chi de toda la casa. Serás más vulnerable a las influencias espirituales negativas, y puedes padecer serios infortunios. También puedes volverte excesivamente materialista y codicioso.

ESTE

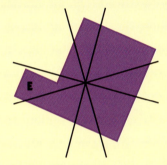

SURESTE

UN PEQUEÑO AÑADIDO puede favorecer tu carrera, tus negocios y tus actividades en general. Es especialmente útil para los jóvenes que están empezando a trabajar y a vivir por su cuenta.

UN AÑADIDO GRANDE puede dar paso a un ambiente de hiperactividad en el que es muy difícil relajarse. En tu afán de triunfar, puedes caer en prisas y enfrentar tropiezos.

UN PEQUEÑO AÑADIDO en esta dirección favorece la energía chi asociada con el progreso y el orden, y puede traerte beneficios en la vida profesional o los negocios. Dentro de la familia, es beneficioso para las hijas, sobre todo si desean comprometerse o contraer matrimonio. En general, este tipo de casas potencian la prosperidad y el bienestar.

UN AÑADIDO GRANDE puede desatar la hiperactividad y causarte problemas relacionados con la salud. Tendrás dificultades para avanzar en la vida con armonía. Si te dejas llevar por la pereza, se reducirán tus horizontes laborales y económicos.

Efectos de los añadidos

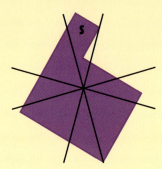

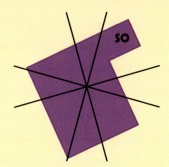

UN PEQUEÑO AÑADIDO favorece la energía asociada con la fama, el éxito y el reconocimiento social. Te hará sentir atrevido y apasionado, potenciará tu vida social y será especialmente útil si estás involucrado en los asuntos públicos.

UN AÑADIDO GRANDE puede promover expectativas ilusorias, que acabarán en la inevitable desilusión. Si pierdes el control de tus emociones y tus pasiones, te arriesgas a pelearte con tu familia y con tus amigos.

UN PEQUEÑO AÑADIDO puede promover la armonía de tu familia e impulsarte a ser más práctico y metódico. Sin embargo, el suroeste se encuentra en el mismo eje que el noreste, y el exceso de energía puede desestabilizar el equilibrio de tu hogar.

UN AÑADIDO GRANDE dará cauce a un poderoso flujo de energía chi, en especial para la madre o la mujer más mayor de la familia. Puede volverla dominante. En el Extremo Oriente, este tipo de casa suele llamarse una «casa de viuda», pues la energía desatada de la esposa acaba por agotar a su marido.

OESTE

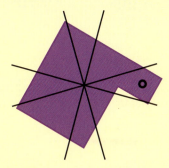

NOROESTE

UN PEQUEÑO AÑADIDO puede potenciar tus ingresos y abrir la puerta de créditos y préstamos, puesto que el oeste está asociado con la energía de la cosecha. Favorece el matrimonio, sobre todo para las mujeres, y contribuye a crear una atmósfera más romántica.

UN AÑADIDO GRANDE puede llevarte a gastar de más y perder tus ahorros, o bien a desbocarte en la búsqueda del placer. La familia entera puede verse afectada, pero las víctimas más directas serán las mujeres jóvenes.

UN PEQUEÑO AÑADIDO potencia la energía asociada con la organización y los planes futuros. Es beneficioso para progresar en la carrera o en los negocios. Puedes conseguir al cargo directivo al que aspiras y convertirte en un líder dotado de un claro sentido de justicia. El padre o el jefe de familia se sentirá más confiado al afrontar sus responsabilidades.

UN AÑADIDO GRANDE puede contribuir a que el padre o el jefe de familia se comporte con arrogancia, juzgue a los demás, abuse de su autoridad y se sienta todopoderoso.

Efectos de los recortes

RECORTES		
NORTE		**UN RECORTE** en esta posición puede disminuir tu vitalidad y, en especial, tu energía sexual. También puedes tener problemas de salud relacionados con los órganos sexuales, como la infertilidad y la dificultad para concebir.
NORESTE	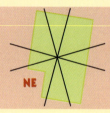	**UN PEQUEÑO RECORTE** puede representar una ventaja en ocasiones, pero sería más deseable subsanar la irregularidad. **UN RECORTE GRANDE** puede hacerte perder motivación y traerte problemas si estás empezando una familia. También afectará tus posibilidades de recibir herencias.
ESTE	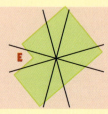	**UN RECORTE** puede provocar problemas entre los niños de la familia, sobre todo con el hijo mayor. También puede afectar tu seguridad y hacerte sentir incapaz de enfrentarte al mundo y hacer realidad tus ambiciones.
SURESTE	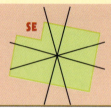	**UN RECORTE GRANDE** puede ocasionar una pérdida drástica de energía chi y acarrear serios infortunios. Tampoco será nada auspicioso para el futuro de la familia a largo plazo.

RECORTES		
SUR		**UN RECORTE** puede hacerte vulnerable a demandas judiciales y procesos legales. También puedes sentirte desanimado, poco espontáneo, sin entusiasmo alguno. No será fácil que llames la atención, ni que el público te reconozca nada.
SUROESTE	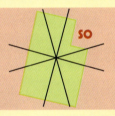	**UN RECORTE** debilita la energía chi asociada con la madre o la mujer más mayor de la familia. Puede provocar sentimientos de inseguridad y celos y sembrar la discordia en el hogar.
OESTE	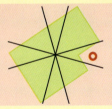	**UN RECORTE** puede generar un ambiente de insatisfacción, que afectará especialmente a la hija mejor o la mujer más joven de la casa. Una mujer soltera que vive en este tipo de casa puede tener dificultades para iniciar una relación, pues falta la energía chi del romance.
NOROESTE	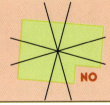	**UN RECORTE** en este sector será perjudicial para el padre o el jefe de familia. En Oriente, este tipo de casa también es una «casa de viuda», pues el déficit de energía chi puede debilitar al marido y hacerlo vulnerable a las enfermedades.

EL EQUILIBRIO DE LAS ENERGÍAS *CHI*

En principio, es deseable que las energías asociadas con las Ocho Direcciones se encuentren equilibradas en tu hogar. Las plantas circulares u octogonales son ideales, pues la energía está distribuida armoniosamente en las Ocho Direcciones. En otras épocas, las edificaciones con esta forma eran bastante frecuentes, pero hoy en día son poco comunes. Las plantas con forma rectangular son mucho más populares. Cuanto más cercano al cuadrado sea el rectángulo, mejor equilibradas estarán las energías chi. Por contraste, las casas o los pisos en forma de L pueden tener el centro fuera de la edificación, y carecer por completo de ciertas energías particulares.

Para establecer la distribución de las energías en tu hogar, coloca de nuevo sobre el plano de tu casa el diagrama de las Ocho Direcciones. Esto te permitirá identificar aque-

llas áreas deficientes. Si las energías de tu casa no están bien equilibradas, pueden causarte dificultades o traer problemas a los miembros de tu familia, y por ello será necesario corregir el desequilibrio. Para hacerlo correctamente, aplica

el método que hemos descrito para los añadidos y los recortes. Si una o más energías están ausentes, potencia el área colocando algunos objetos asociados con el elemento correspondiente o con otro elemento que refuerce su presencia.

La energía de **tu hogar**

LA LUZ SOLAR Y LAS SOMBRAS

La energía chi entra en tu hogar directamente a través de la luz solar. La forma de la casa puede afectar este proceso, pues determina cuánta luz recibe durante el día. El tamaño, la posición y el número de las ventanas también son factores relevantes. Si algún sector de la casa carece de luz durante casi todo el día, existe un alto riesgo de que se creen humedades y se estanque la energía chi.

Si una casa en L está orientada en cierta posición, una sección de ella permanecerá a la sombra durante casi todo el día. Si un edificio tiene un recorte en el costado norte, las paredes correspondientes tampoco recibirán el sol. Por contraste, si la abertura del recorte está de cara al sol, el área se convertirá en una «trampa solar» y atrapará grandes cantidades de energía yang, dinámica y favorable.

Los costados más largos de una casa reciben más sol, y su orientación determina la luz solar que predomina en tu casa, al igual que el tipo de energía chi predominante. Si los costados largos están orien-

tados hacia el este y el oeste, tu casa recibirá sobre todo la luz del amanecer y el atardecer, salvo que tenga pocas ventanas o esté a la sombra de otra edificación. El amanecer llenará tu vida de energía para embarcarte en proyectos nuevos y contribuirá a que anticipes el futuro con optimismo. El atardecer, por su parte, relajará este ambiente de actividad, y llegada la noche te sentirás más alegre y romántico.

Los pisos que dan de cara al norte reciben muy poca luz solar y, a menudo, son lugares fríos y un poco cavernosos. En ellos, la energía chi suele estar estancada y son frecuentes las humedades. Los habitantes de estos lugares pueden verse agobiados por la soledad, el aislamiento, la frustración profesional, la pérdida de vitalidad, la depresión y la mala salud.

Si tu hogar está orientado en esta dirección, explora alternativas para atraer más energía chi. Coloca una claraboya o abre nuevas ventanas al sur, si está dentro de las posibilidades. En caso contrario, plantéate construir una chimenea, mantén velas encendidas (sobre todo en el noreste), pon plantas (quizá tengas que usar bombillas para que crezcan) y mantén las habitaciones despejadas. También puede ser útil poner suelos de madera, colgar espejos y colocar campanillas de cristal en el oeste, el noroeste y el norte de tu casa.

La luz del sol trae energía chi a tu casa. A medida que el sol recorre el cielo, entra por distintas ventanas y brilla en distintas partes de tu hogar. Si no recibes luz solar, la energía chi puede estancarse y entorpecer la aplicación de los consejos del Feng Shui. La posición de tu casa puede ser la causa, al igual

que el número y la posición de las ventanas. Si vives en medio de edificios altos, éstos pueden bloquear la luz y obstruir el paso de la energía chi.

A la hora de comprar o alquilar una casa, es importante establecer cómo la afectan las sombras. La ubicación de las construcciones cercanas es determinante, junto con su altura. Un edificio situado al este o al oeste probablemente te hará sombra, porque el sol está más bajo en estas direcciones y proyecta sombras más largas. No importa que no sea demasiado alto o que se encuentre a una distancia prudencial. Por contraste, los edificios situados en el sur proyectan sombras más cortas, pues el sol está en lo alto del cielo en este punto cardinal.

En el hemisferio norte, los edificios situados al norte de tu casa no proyectarán sombras sobre ella. En el hemisferio sur, despreocúpate de los que están situados al sur, pues tampoco te harán sombra.

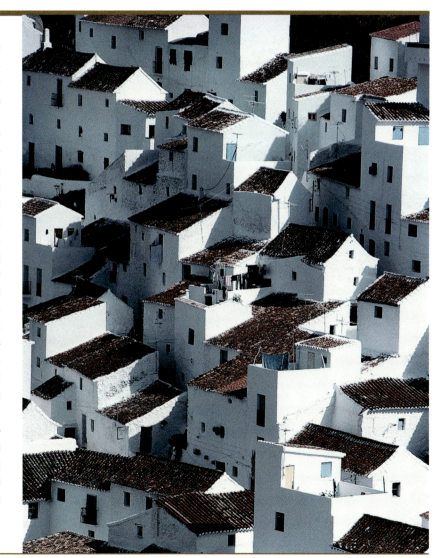

Dirección de las sombras

Si un sector de tu casa se encuentra a la sombra, tendrás un déficit de energía chi. El tipo de energía faltante dependerá de la posición de los edificios aledaños al respecto de tu hogar. Si, por ejemplo, tienes un bloque de pisos al este, dejarás de recibir luz cuando el sol se encuentre en el este y como consecuencia perderás la energía chi que está asociada con este punto cardinal. Ocurrirá lo mismo en el oeste o en el sur, si las sombras provienen de estos puntos cardinales.

Afortunadamente, existen diversos métodos para remediar la situación, como puedes apreciar en esta sección. Puedes recurrir a los colores asociados con la dirección problemática. También puedes reforzar la energía del elemento correspondiente.

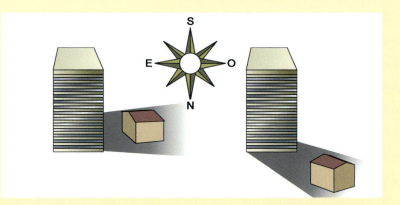

SOMBRAS DEL ESTE

La energía chi relacionada con la actividad, la ambición y el desempeño profesional estará en déficit.

SOLUCIONES. Potencia la energía de la madera. Coloca una fuente, un estanque o un acuario en el este, ya sea dentro de tu casa o en el jardín. Los arbustos altos de hojas brillantes y las superficies de madera también pueden ser útiles.

SOMBRAS DEL SURESTE

La energía chi asociada con la comunicación, la creatividad y el progreso armonioso estará en déficit.

SOLUCIONES. La madera rige tanto el este como el sureste, de modo que las soluciones serán similares. Coloca un estanque o un acuario en este punto cardinal. Busca objetos de color azul o verde oscuro. Los arbustos altos y las superficies de madera también reforzarán la energía chi de la madera y serán beneficiosos.

La energía de **tu hogar**

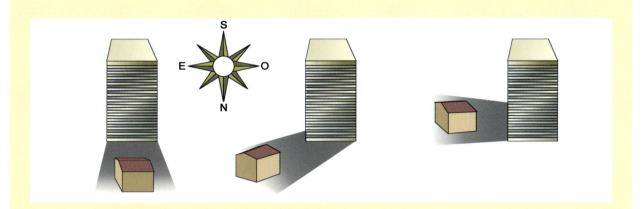

SOMBRAS DEL SUR

La energía chi asociada con la pasión, el reconocimiento público y la fama estará en déficit.

SOLUCIONES. Potencia la energía del fuego. En el sur de tu casa instala una chimenea, mantén velas encendidas o coloca un objeto de color púrpura. Serán muy útiles los arbustos con pinchos u hojas puntiagudas, sobre todo si las hojas o flores son de este color, los adornos tienen estas formas, las telas son estampadas y los suelos de madera.

SOMBRAS DEL SUROESTE

Está en déficit la energía chi asociada con la maternidad, la armonía familiar y la consolidación de logros.

SOLUCIONES. Potencia la energía de la tierra. Instala una chimenea o mantén velas encendidas en el suroeste de tu casa. El color de la tierra negra será particularmente beneficioso. También puedes colocar una gran maceta de barro llena de plantas frondosas.

SOMBRAS DEL OESTE

La energía chi asociada con el romance, la satisfacción y el ingreso económico estará en déficit.

SOLUCIONES. Potencia la energía del metal. Coloca una campanilla metálica o una placa redonda de metal en el oeste de tu casa. Las monedas de oro o de plata también serán útiles, al igual que las plantas con hojas redondeadas y flores rojas. Pon una de estas plantas en una maceta redonda de plata.

LOS ALREDEDORES

La energía chi del entorno afecta tu hogar de maneras muy diversas. Las edificaciones cercanas, la presencia de agua, árboles y colinas y los rasgos generales del área donde está tu hogar pueden ser factores relevantes. Desde la perspectiva del Feng Shui, incluso es significativo el patrón de las calles.

En los edificios con terrazas, un cierto número de personas viven en casas muy parecidas entre sí, orientadas en la misma dirección. De hecho, muchas de ellas duermen tendidas en la misma dirección, y lo mismo hacen los habitantes de las calles paralelas. Los vecinos suelen hacer amistad en estos barrios, pues realmente comparten muchas cosas en común. En las vías que discurren de norte a sur, las casas están orientadas hacia el este o el oeste, ambas direcciones benéficas. Otros patrones menos favorables pueden crear dificultades para toda una comunidad.

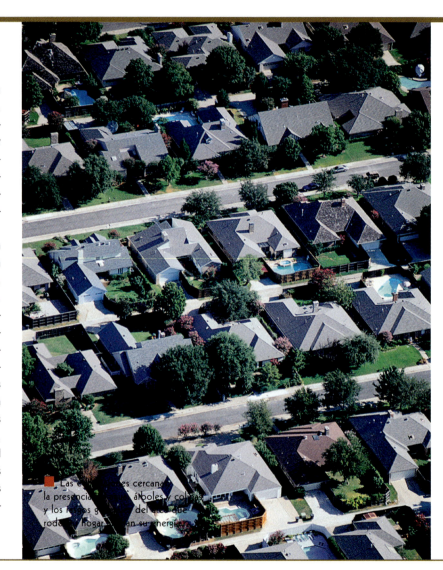

Las edificaciones cercanas, la presencia de agua, árboles y colinas y los rasgos generales del área que rodea tu hogar afectan su energía chi.

■ Un edificio con vistas

El conjunto de formas y rasgos que se divisan desde un edificio afectan a su Feng Shui, pudiendo beneficiarlo o perjudicarlo. En la medida de lo posible, evita los lugares con grandes estructuras, o rasgos amenazadores y flechas secretas, es decir, cualquier configuración recta —natural o artificial— del entorno, que apunte amenazadoramente a la vivienda. Existen cinco tipos de entorno según las formas que predominen en él:

■ AGUA
Este elemento se manifiesta en el mar (más yang), ríos, lagos, canales, saltos de agua y piscinas (más yin).

■ MADERA
En un entorno rural se manifiesta en árboles y bosques. En un paisaje urbano, en forma de postes o pilares, o bien en edificios altos y estrechos.

■ FUEGO
Se manifiesta en edificios con tejados inclinados o picos montañosos acabados en punta y distantes.

■ TIERRA
Este entorno se da en planicies y llanuras, o bien en edificios vecinos de techo plano (bloques de pisos).

■ METAL
En el campo está simbolizado por colinas redondeadas y en una zona urbana por edificios con cúpulas prominentes o arcos.

Cómo superar los desequilibrios en el entorno

Los coches, autobuses y camiones llevan consigo su propio chi, al igual que las personas que viajan en ellos. La energía acelerada que albergan en su interior puede alterar el chi de los lugares por donde pasan. Las carreteras y las calles son superficies planas y duras y suelen estar construidas en línea recta. Se trata de elementos yang que aceleran aún más el flujo de energía chi.

Para afrontar estos desequilibrios, puedes recurrir a los remedios descritos en el apartado sobre el chi cortante. Trata de mitigar el flujo de energía chi, o de desviarlo en otra dirección. Por ejemplo, una buena opción es sembrar arbustos frondosos delante de la casa o bien colocar algún objeto reflectante en ese lugar. Cuelga campanillas en el jardín o en el vestíbulo para purificar la energía alterada por la vía de tránsito.

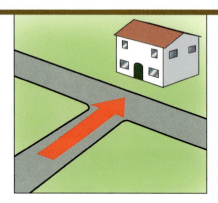

▲ Encrucijadas en forma de T. Cada vez que un vehículo se acerca a la encrucijada en forma de T, encauza el flujo de chi acelerado hacia tu casa.

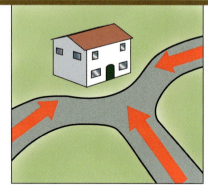

▲ Encrucijadas en Y. Si tu casa se halla en una de estas encrucijadas, padecerás el flujo acelerado de energía desde tres ángulos a la vez.

▲ Curvas en la carretera. Éstas impulsan el flujo de energía acelerada fuera de la carretera. Si tu casa está en el borde, se verá afectada por los vehículos que viajan en ambas direcciones.

▲ El centro de una glorieta. Si tu casa se encuentra en el centro de una glorieta, puedes verte bombardeado en cuatro o más frentes por el flujo acelerado de chi.

La energía de **tu hogar**

En el campo

Cuando busques una casa en el campo, o un terreno para construir, observa si hay colinas en los alrededores. Su ubicación será bastante relevante para el Feng Shui de tu hogar. Si la casa está sobre una colina, establece si está en la ladera soleada, más yang, o del costado yin donde hay más sombra. La primera ubicación es preferible, pues recibirás más energía chi del sol.

Del lado de la sombra, el chi de tu hogar puede estancarse. También es preferible que la puerta de la casa esté orientada al valle y la colina se eleve a sus espaldas. Si tu casa está del lado del sol, y vives en el hemisferio norte, la puerta estará orientada hacia el sureste o el suroeste. La primera posición es más deseable que la segunda.

Cuanto más cerca estés de la cima, mayor será el influjo de energía yang, y también las posibilidades de que tu propia vida sea más activa y más yang. Cuanto más cerca estés del pie de la colina, la energía será más sosegada y por lo tanto, más yin. La forma de las colinas también tiene su importancia. Así, las cuestas rocosas y empinadas son más yang, y albergan la energía chi del fuego. Las colinas redondeadas, asociadas con el chi del metal, son más yin. Las cimas planas, por su parte, albergan la energía chi de la tierra.

En general, la presencia de árboles potencia la energía chi, aunque sus raíces absorben agua y pueden agotar este elemento. En las áreas boscosas, la ubicación y la forma de los árboles son importantes. Los árboles altos pueden ensombrecer tu casa igual que los edificios, si se encuentran a poca distancia. En el hemisferio norte, los árboles situados al norte son los más beneficiosos, pues no proyectan sombras y están en armonía con la energía chi del agua. En el hemisferio sur, su ubicación más deseable es el sur.

Construcciones problemáticas

Algunas edificaciones pueden afectar negativamente la energía chi de las casas que se hallan a su alrededor. Entre ellas figuran iglesias, cementerios, crematorios, salas de velatorio y hospitales, que albergan energías asociadas con el sufrimiento, la enfermedad, la muerte y el deterioro. Las iglesias pueden irradiar también la energía positiva de las bodas, los bautizos y las fiestas, equilibrando así los efectos adversos.

Otros edificios problemáticos son las centrales nucleares y las construcciones que emiten niveles altos de radiación eléctrica. Algunos de ellos, de hecho, se consideran perjudiciales para la salud. En una situación ideal, tu casa debería estar lo suficientemente alejada de estos lugares para que no fueran siquiera visibles. Sin embargo, no todas las personas se sienten igualmente afectadas por ellos, y algunas pueden convivir a poca distancia sin sufrir ningún perjuicio.

La energía de **tu hogar**

LA FORMA DE LOS EDIFICIOS

La forma de un edificio puede clasificarse según la energía chi que genera y el elemento al que corresponde esta energía. La mayoría de los edificios suelen ser una mezcla de formas y energías. Un edificio bajo con techo puntiagudo combina la energía de la tierra con la del fuego; un edificio alto con una cúpula alberga la de la madera y también la del metal. En tanto que los Cinco Elementos pueden reforzarse o destruirse unos a otros, las formas de los edificios aledaños pueden afectar tu casa para bien y para mal. Si la planta de tu hogar es semejante a la de los hogares vecinos, estará en armonía con ellos. Si es diferente, pueden presentarse problemas, y tendrás que evaluar sus efectos. Para empezar, decide cuál es la forma aproximada de tu casa, y observa las formas de las edificaciones vecinas.

■ **Agua**
Construcciones de planta irregular.

■ **Madera**
Rascacielos y bloques rectangulares.

■ **Fuego**
Capiteles, agujas y techos en pirámide.

■ **Metal**
Cúpulas y contornos redondeados.

■ **Tierra**
Construcciones bajas, con techos planos.

Si la forma de tu casa no está en armonía con las edificaciones vecinas, puedes recurrir también a los Cinco Elementos para mitigar los efectos desfavorables.

Las tablas que presentamos a continuación te indicarán algunas soluciones y cómo ponerlas en práctica. Elige la solución más apropiada para tu situación y colócala entre tu casa y las edificaciones conflictivas, salvo donde se indique lo contrario. De esta manera, conseguirás armonizar tu casa con los alrededores.

Casas en buena forma

Para que un edificio tenga buen Feng Shui, es importante que su forma predominante y la de su entorno sean compatibles.

Las formas elevadas, verticales y altas (como los árboles) son expresión del elemento o la energía de la madera. Pertenecen a este elemento las colinas que se elevan mucho, o estructuras como columnas, pilares...

La forma en punta manifiesta la energía del fuego, que, como sus llamas, se expande hacia arriba. Son los agudos picos de las montañas, los tejados empinados y en punta, o las agujas de las iglesias.

La forma plana se asocia a la energía horizontal de la tierra.

La forma redondeada se asocia al metal. Las colinas ligeramente redondeadas, los edificios con arcos, bóvedas y cúpulas son una manifestación de la energía hacia dentro del metal.

El agua no tiene forma o es irregular y se adapta a todo. Se revela en colinas onduladas e irregulares y en edificios con estructuras extrañas, aunque redondeadas más que angulares.

■ Armonía con las edificaciones vecinas

FORMAS DE LOS ELEMENTOS	EFECTOS	SOLUCIONES
AGUA Rodeada de madera 木 水 木	La energía chi de la madera consume la energía del agua de tu casa. Esta situación puede disminuir tu vitalidad y tu apetito sexual, además de crearte ansiedad.	Añade metal o agua.
AGUA Rodeada de fuego 火 水 火	La energía chi de tu casa, el agua, destruye el fuego de los edificios vecinos. Aunque no te veas directamente afectado, puedes perjudicar las relaciones dentro del vecindario.	Añade energía de la madera.
AGUA Rodeada de tierra 土 水 土	La tierra de los edificios vecinos destruye el agua de tu casa. A menudo te sientes ansioso, temeroso o atacado.	Añade energía del metal.
AGUA Rodeada de metal 金 水 金	El metal de los edificios vecinos refuerza la energía chi acuática de tu casa. Esta combinación potencia tu vitalidad, independencia y espiritualidad y te permite sentirte en armonía con tu entorno. También puede ayudarte a desarrollar tu fuerza interna y tu flexibilidad.	

Armonía con las edificaciones vecinas

FORMAS DE LOS ELEMENTOS	EFECTOS	SOLUCIONES
MADERA Rodeada de fuego 火 木 火	El fuego de los edificios vecinos agota la energía de la madera de tu casa. Puedes verte afectado en tus actividades y aspiraciones, al igual que en tu desempeño profesional.	Añade agua y madera.
MADERA Rodeada de tierra 土 木 土	La energía arbórea de tu casa destruye la energía terrestre de los edificios vecinos. No te afecta directamente, pero puede propiciar un ambiente adverso en el vecindario.	Añade energía del fuego.
MADERA Rodeada de metal 金 木 金	El metal de los edificios vecinos destruye la madera de tu casa. Podrías tener dificultades para salir adelante en tu carrera y ver el futuro con optimismo.	Añade agua, por ejemplo a través de una fuente, en el este o en el sureste.
MADERA Rodeada de agua 水 木 水	El agua de los edificios vecinos refuerza la energía chi de tu casa. Este influjo es particularmente beneficioso para tu carrera. Te sentirás ambicioso, serás más activo y podrás llevar más fácilmente tus ideas a la práctica.	

La energía de **tu hogar**

FORMAS DE LOS ELEMENTOS	EFECTOS	SOLUCIONES
FUEGO Rodeado de tierra 土 火 土	La tierra de los edificios vecinos consume el fuego de tu casa. Tus posibilidades de triunfar y recibir reconocimiento público se ven disminuidas.	Añade energía de la madera y energía del fuego.
FUEGO Rodeado de metal 金 火 金	La energía de fuego de tu casa destruye el metal de los edificios vecinos. No te verás afectado, pero afectará negativamente la prosperidad del vecindario.	Añade tierra.
FUEGO Rodeado de agua 水 火 水	El agua de los edificios vecinos destruye el fuego de tu casa. Corres el riesgo de verte humillado en público y puedes ser objeto de demandas judiciales.	Añade madera.
FUEGO Rodeado de madera 木 火 木	La energía arbórea de los edificios vecinos refuerza la energía del fuego de tu casa. Tendrás más posibilidades de llamar la atención, y se te reconocerá por tu trabajo y por tus logros. Quizá te hagas famoso.	

Armonía con las edificaciones vecinas

FORMAS DE LOS ELEMENTOS	EFECTOS	SOLUCIONES
TIERRA Rodeada de metal 金 土 金	El metal de los edificios vecinos agota la tierra de tu casa. Podrías sentirte inseguro e inquieto, y quizá tengas dificultades en tus relaciones familiares.	Añade energía del fuego y la tierra.
TIERRA Rodeada de agua 水 土 水	La energía terrestre de tu casa destruye la energía del agua de los edificios vecinos. No te verás afectado directamente, pero podrías perjudicar la vitalidad de tu vecindario.	Añade metal.
TIERRA Rodeada de madera 木 土 木	La energía de los edificios vecinos destruye la energía de la tierra de tu casa. Puedes sentirte inestable y experimentar problemas de salud, sobre todo si eres madre.	Añade energía del fuego dentro de tu casa.
TIERRA Rodeada de fuego 火 土 火	La energía ígnea de los edificios vecinos refuerza la energía de la tierra de tu casa. Esta combinación es particularmente favorable para la armonía entre los miembros de la familia y del hogar.	

La energía de **tu hogar**

FORMAS DE LOS ELEMENTOS	EFECTOS	SOLUCIONES
METAL Rodeado de agua 水 金 水	El agua de los edificios vecinos agota la energía metálica de tu casa. Esta combinación desfavorable puede ocasionarte problemas financieros.	Añade energía de la tierra y del metal.
METAL Rodeado de madera 木 金 木	El metal de tu casa destruye la energía de la madera de los edificios vecinos. No te verás afectado, pero podrías perjudicar la carrera profesional de tus vecinos.	Añade agua al este o al sureste de tu casa.
METAL Rodeado de fuego 火 金 火	El fuego de los edificios vecinos destruye la energía metálica de tu casa. Corres el riesgo de caer en la autoindulgencia y en vicios como el juego. Quizá pases penurias económicas.	Añade energía de la tierra.
METAL Rodeado de tierra 土 金 土	La energía de los edificios vecinos refuerza la energía metálica de tu casa. Es muy posible que ganes más dinero y resuelvas tus asuntos económicos.	

CHI CORTANTE: CÓMO MITIGARLO

Si la esquina de un edificio cercano apunta hacia tu casa, podrías ser víctima del chi cortante. Este fenómeno distorsiona el fluido de tu propio chi y el de los miembros de tu familia, y genera ansiedad y desorientación. Sus consecuencias suelen ser bastante serias, pues puede ocasionar problemas de salud e incluso desdibujar la dirección general de tu vida.

El chi cortante puede atravesar los muros de tu casa, pero ingresa en ella más fácilmente a través de las puertas. Las ventanas son menos problemáticas, pues no suelen ser una vía de paso de personas o entidades cargadas de chi. La ubicación de la fuente de chi cortante es significativa, pues cada dirección alberga un tipo diferente de energía chi. Sus efectos son particularmente severos si proviene del nordeste, puesto que el chi de esta dirección ya es «afilado» y pene-

Si la fuente de chi cortante se halla al suroeste de tu casa, coloca en la ventana, balcón o jardín una estatua de hierro, bronce u otro metal para bloquear la esquina belicosa.

trante y puede variar de un momento a otro. Para prevenir los efectos del chi cortante, es necesario apaciguar el flujo de energía procedente de esa dirección. Las correspondencias entre los Cinco Elementos, y en particular el ciclo de refuerzo, suelen ser bastante eficaces.

La energía de un elemento, como hemos visto antes, se consume en presencia del elemento siguiente dentro del ciclo de refuerzo: así la tierra agota el fuego, el metal agota la tierra, el agua agota el metal, la madera agota el agua y el fuego agota la madera. Este principio es una valiosa herramienta a la hora de mitigar el chi cortante.

Supongamos, por ejemplo, que la fuente de chi cortante se encuentra situada al suroeste de tu casa. La energía asociada con el suroeste es la de la tierra, que se agota en presencia del metal. La solución será colocar en esta dirección de tu casa un objeto asociado a la energía del metal, como un disco de oro o plata. También puedes poner en el jardín una estatua de hierro, de bronce u otro metal, en lo posible con formas redondeadas, para bloquear de este modo la esquina belicosa.

Si estas soluciones están fuera de tu alcance, recurre a los remedios universales del Feng Shui. Siembra una hilera de arbustos o plantas frondosas entre tu casa y la fuente de chi cortante para que absorba la energía perjudicial. También puedes colocar un objeto reflectante en tu puerta, que lo dirija en otra dirección. Un espejo, una placa metálica o incluso una manija de metal muy bien pulida pueden bastar.

Remedios Feng Shui

Existen dos clases de soluciones cuando el Feng Shui de una casa es perjudicial: estimular el flujo de chi para neutralizar el chi negativo, y restaurar un desequilibrio de elementos.

A ellos se puede añadir el saber popular a base de artilugios para ahuyentar y protegerse de los malos espíritus y atraer la buena fortuna: talismanes, amuletos, hechizos de buena suerte, cristales… El objetivo de todos estos remedios es conseguir que el chi fluya sin impedimentos por todo el edificio.

FENG SHUI DEL AGUA

Dentro del Feng Shui, el agua tiene especial relevancia. Contiene elementos imprescindibles para la vida y es fundamental para las cosechas. El mar es la cuna de la evolución, y tres cuartas partes de nuestro cuerpo están hechas de agua. Ésta, sin embargo, también puede causar daño, a través de las tormentas e inundaciones.

El agua ejerce gran atracción sobre los seres humanos. Dentro del Feng Shui, el agua simboliza el dinero, que fluye a través de una comunidad del mismo modo que el agua fluye a través del paisaje. La cercanía del agua afecta la energía de tu hogar, al igual que tu propia energía chi. La calidad del agua en cuestión, la dirección en la que fluye y su ubicación con respecto a tu hogar son factores importantes. Para que el agua potencie realmente tu vitalidad, debe estar limpia y libre de polución.

El agua salada del mar es más yang, en tanto que el agua dulce de los lagos, los ríos y los arroyos es más yin. Si vives al lado del mar, te trasmitirá vigor y energía, y si vives a orillas de un lago te dará serenidad.

Flujos positivos

La energía chi del agua en movimiento es más yang que la propia del agua en reposo. Así pues, una cascada ejerce un influjo más yang que un estanque. Las caídas verticales de agua, a su vez, asientan la energía, en tanto los manantiales llenos de burbujas la dirigen hacia lo alto. Un río caudaloso que corre en línea recta ejerce un efecto yang más concentrado que el que produ-

ce un riachuelo que discurre a lo largo de suaves meandros. Este efecto más yang hará que incremente el flujo de energía chi de tu hogar, con lo que éste te parecerá más fresco, más limpio y más vivo.

El agua más yin potencia un flujo más amable y sosegado de la energía chi. Los estanques y los pantanos ejercen este efecto, pero pueden empozarse y estancar la energía, salvo que alberguen una variedad saludable de animales y plantas subacuáticas. Los cauces sosegados son más vulnerables a la polución, pues los residuos y desperdicios tardan más en dispersarse que en los raudos arroyos de las montañas.

Si un cauce de agua fluye hacia la puerta de tu casa, potenciará la vitalidad de tu hogar. Sin embargo, si fluye en dirección contraria, puede llevársela consigo. Incluso puedes sentir que el dinero se te escurre entre los dedos. Un río caudaloso que corre en dirección a tu casa, por otra parte, puede causar efectos similares a los del chi cortante.

Problemas con la dirección del agua

El efecto del agua depende de su ubicación con respecto al centro de tu casa. Coloca el diagrama de las Ocho Direcciones sobre tu plano, para establecer en qué dirección fluye el agua de los alrededores. Si descubres una situación desfavorable, trata de armonizar las energías de los Cinco Elementos.

■ **Sureste: favorable**
El agua que corre en el sureste refuerza la energía de la madera, relacionada con la comunicación, la creatividad y el desarrollo en armonía.

■ **Sur: desfavorable**
El agua y el fuego del sur no combinan demasiado bien. Puedes ser objeto de demandas legales, perder tu buen nombre y tener problemas de salud.
Solución: Siembra árboles altos entre tu casa y el curso de agua para potenciar la energía de la madera.

■ **Suroeste: desfavorable**
La energía de la tierra destruye el agua en el suroeste. En la medicina oriental, la energía de esta última está asociada a los riñones, que se consideran la fuente de la energía chi del cuerpo. Si sufren algún daño, podrías enfermar.
Solución: Refuerza la energía del elemento metal, en el suroeste y el noroeste.

■ Este: favorable

El este alberga la energía de la madera, que se nutre del agua. Esta combinación favorece la dinámica de tus actividades, tu desempeño profesional y la realización de tus sueños.

■ Oeste: desfavorable

En el oeste, el agua agota la energía del metal. Puedes tener problemas económicos y dificultades para encontrar pareja.

Solución: Refuerza el chi del metal y el de la tierra en el noroeste. Pon un montículo de tierra con una piedra negra encima, entre el agua y tu casa.

■ Noreste: desfavorable

Es la situación menos deseable, pues la energía de la tierra destruye el agua. El chi del noreste es imprevisible, y un flujo de agua torrentoso potenciará su inestabilidad, propiciando cambios.

Solución: Coloca un objeto redondo hecho de hierro entre el agua y

tu casa, para reforzar la energía del metal. El color rojo también es útil. Si no consigues un objeto de hierro, usa otro metal.

■ Norte: desfavorable

El agua del norte tiene un efecto neutro. Sin embargo, no es aconsejable, pues la energía chi del norte es fría, apacible y estática, y ten-

drás dificultades para librarte de las humedades. Puedes acabar enfermándote por esta causa.

Solución: Siembra árboles altos entre tu casa y el agua. Las raíces absorberán el agua (literalmente), junto con su energía chi.

■ Noroeste: desfavorable

En el noroeste, el agua agota el

metal. Puedes sentir que pierdes las riendas de tu vida.

Solución: Refuerza la energía chi del metal tal como se indica en el noreste. Coloca un objeto plateado o dorado entre el agua y tu casa.

La presencia del agua en tu casa

El agua ocupa un lugar clave dentro del Feng Shui, a causa de su importancia para el cuerpo humano. Su presencia contribuirá a renovar la energía chi y puede ser muy beneficiosa para tu salud y tu vida en general. Potencia la presencia de agua en tu casa. Incluso una pequeña vasija de agua fresca, como veremos, puede producir efectos beneficiosos. Emplea siempre agua limpia, libre de polución. Colócala en el este o el oeste de tu hogar. Las demás direcciones no son recomendables.

Los acuarios son una de las soluciones más populares para traer el agua dentro de casa. Sitúalos tam-

bién en el este o en el sureste de tu hogar y, si es posible, también en el este o el sureste de la habitación donde se encuentran.

Si no tienes espacio para un acuario o una fuente, una opción bien sencilla es colocar una vasija

de agua en el este o en el sureste de tu casa. Cambia el agua todos los días. En lo posible, toma el agua de un grifo situado también en el este o el sureste, procurando que nadie haya abierto el grifo antes esa mañana.

El poder líquido

El agua en movimiento es uno de los símbolos más poderosos del Feng Shui. Pero tenerla cerca no resulta fácil, sobre todo para aquellos que viven en un entorno urbano. No obstante, una fórmula sencilla y económica consiste en instalar una pequeña fuente de agua corriente en casa. Además de activar el flujo de energía chi, una fuente artificial resulta excelente para equilibrar un excesivo predominio de yang. Según el método del Bagua, la dirección de la vivienda más indicada y beneficiosa para colocar una fuente es el sur.

En general, una fuente también es adecuada para equilibrar los elementos incompatibles entre un edificio y su entorno, es decir, aumenta su Feng Shui. Como el simbolismo de la fuente se basa en la analogía agua=dinero (ambas son cosas «líquidas» y que «circulan»), muchas empresas, centros comerciales, bancos… han adoptado esta efectiva medida de Feng Shui. Además, instalada en la entrada de un edificio hará que emita un chi vibrante y favorable hacia el interior del edificio.

Una pequeña fuente de agua en casa contribuye también al equilibrio de las cargas iónicas del aire, que influyen en nuestro estado de ánimo, dando una sensación de que el ambiente está más fresco y el aire más limpio. Y si quieres aumentar las propiedades iónicas de tu fuente particular, sumerge en el agua alguna pieza de cuarzo, granito o mica.

Benefíciate del agua

■ Es uno de los Cinco Elementos simbólicos en que los sabios chinos de la antigüedad dividieron el mundo. Se asocia al invierno, al norte y al color negro.

■ El agua es el elemento de la comunicación y la transmisión de ideas. La música, el arte y la literatura se beneficiarán de la forma agua. En los negocios, beneficia la comunicación, la publicidad, el correo, el tratamiento de textos, la ingeniería electrónica y las empresas que tengan que ver con líquidos y fluidos, como las destilerías o el negocio del petróleo.

■ En el orden generador de los elementos, el agua es necesaria para que crezca la madera. En el orden destructor, el agua apaga el fuego.

■ El agua sólo se considera desfavorable cuando se encuentra en la parte trasera de una casa o cuando fluye demasiado rápida, por ejemplo, en forma de ríos en línea recta.

ELIMINA EL DESORDEN EN TU CASA

Una de las claves del Feng Shui es aprender a interactuar con nuestro entorno. Armonizar la energía individual de cada uno con las fuerzas que nos rodean es uno de los pilares de este arte milenario. Para conseguir este principio de unidad y armonía, también hay que tener en cuenta que nos rodea un universo cambiante. En la actualidad, ese constante fluir de acontecimientos, cambios y transformaciones provoca un constante desequilibrio a nuestro alrededor. El principio del Tao nos dice que este desorden externo es el reflejo de una desarmonía interna. Por lo tanto, para conseguir que el flujo de energía chi fluya de manera controlada en nuestro hogar o lugar de trabajo, es importante eliminar el desorden, limpiar el espacio de energías acumuladas y deshacernos de todas aquellas cosas que ya no nos sirven.

Queda claro que el desorden es el principal obstáculo que se opone al flujo de chi en una estancia. Por ejemplo, cuando esto ocurre en el recibidor o entrada de una casa, impide la entrada de una cantidad suficiente de chi. Además, si una vez en el interior, esta energía se va «topando» con más caos y desorden, el flujo se hará cada vez más lento e incluso se estancará en algún rincón. ¿Consecuencia? Los ocupantes se sentirán confusos en su rutina cotidiana.

La acumulación y el desorden estancan el chi del hogar, restringen la libertad de movimiento y debilitan a sus habitantes. Para «refrescar» la energía estancada:

■ Haz una limpieza a fondo. Limpia los rincones más oscuros para agitar el chi estancado.

■ Clasifica todo aquello que te sobra en tres cajas: «guardar», «tirar» y «congelar».

■ En la caja «guardar» coloca todo aquello que no necesitarás durante mucho tiempo, pero que no quieres tirar (objetos de recuerdo, fotografías, regalos especiales, cartas...). En la caja «tirar» está claro lo que debes poner: todo aquello que ya no te aporta nada en la vida y ocupa un espacio precioso. Sé implacable y deshazte de ello. Finalmente, en la caja «congelar» guarda todo lo que todavía no quieres tirar. Hazlo durante un máximo de seis meses y si pasado este tiempo no lo has echado de menos, ya puedes tirarlo.

El sentimiento de apego

A la hora de afrontar el desorden y ponernos manos a la obra, resulta complicado deshacernos de determinados objetos asociados a momentos especiales. Incluso llegamos a sentir una especie de atracción sadomasoquista hacia aquellos recuerdos asociados a sucesos tristes de nuestras vidas.

Conforme pasan los años, es normal ir acumulando objetos que nos traen buenos recuerdos. En todo caso, si empiezan a ser demasiados, los vínculos con el pasado serán excesivamente fuertes, impidiendo que nuevas cosas, nuevas vivencias entren a formar parte de tu vida.

Orden y sencillez

Deshacerte de lo que no te gusta o que no te resulta útil es una buena manera de crear nuevos espacios para tener claridad y dar cabida a las cosas buenas que deben llegar. Regala aquello que no quieres a otros, a quienes pueda ser útil.

El Tao dice que si queremos abundancia primero debemos crear el espacio para que entre. Si tenemos los cajones llenos de cosas que no usamos, siempre habrá una

energía estancada y no tendremos sitio para lo que verdaderamente deseamos. Tampoco debes tener la casa saturada o tan llena de cosas que se haga difícil moverse, porque la energía tenderá a estancarse. Si bloqueas el chi con un exceso de muebles puedes padecer problemas financieros o conyugales.

¿Estrenas hogar?

Al cambiar de hogar siempre es recomendable limpiar el chi de los antiguos ocupantes si no queremos «heredar» la vieja energía acumulada todavía entre sus paredes. Es el momento idóneo para empezar de cero y llenar la nueva casa con tu propio chi. Para conseguirlo ten en cuenta las siguientes medidas:

■ **ESPOLVOREA EL SUELO CON SAL MARINA.** Se trata de un método ideal para absorber el chi viejo y estancado del hogar. Hazlo por la noche antes de acostarte y por la mañana barre la sal y sácala al exterior para librarte de la energía negativa.
Repite el mismo ritual siempre que quieras renovar el chi de tu hogar.

■ **LIMPIA A FONDO LA CASA NUEVA.** Hazlo durante un día soleado y seco para que la energía del sol renueve el ambiente. Deja las ventanas abiertas para que el chi nuevo entre de lleno en el hogar. Empléate a fondo en todas las habitaciones y no dejes nada de polvo ni suciedad.

■ **HAZ SONAR UNA CAMPANILLA** en todos los rincones y zonas muertas de la casa. Las ondas sonoras agitarán el chi viejo y atraerán el nuevo. Si no tienes campanillas, unas simples palmadas desplazarán la energía acumulada.

■ **VIERTE UNAS GOTAS DE ACEITE ESENCIAL** en un vaporizador de agua y pulveriza en todas las habitaciones para cambiar la vibración energética (los más apropiados son el enebro, el pino y el eucalipto).

■ **EL HUMO DEL INCIENSO** modifica los niveles de energía. También puedes encender unas cuantas velas para crear energía yang, la fuerza del fuego.

¿El desorden domina tu vida?

Completa el siguiente cuestionario para descubrir hasta qué punto el desorden se está apoderando de tu vida. Anota 2 puntos por cada respuesta afirmativa, 1 punto por cada «a veces» y 0 puntos por cada «no».

1. Tu ropero tiene más de 10 prendas que no has usado hace tiempo.

2. Acumulas revistas y periódicos viejos.

3. El cajón del estudio o la oficina está repleto de carpetas, notas papeles y objetos que no utilizas para tu trabajo diario.

4. El disco duro de tu ordenador está abarrotado de carpetas y programas que no usas.

5. Guardas programas de teatro, entradas de cine o conciertos de hace varios años.

6. En los armarios de la cocina hay latas que no tienes ninguna intención de utilizar.

7. Cremas solares, antiarrugas, maquillajes y otros cosméticos «centenarios» ocupan el armario de tu cuarto de baño.

8. Acumulas viejas llaves que no sabes lo que abren.

9. La guantera de tu coche está atestada de papeles, facturas y viejos CDs.

10. En tu monedero guardas tickets, notas, billetes viejos y otras cosas inútiles.

11. Guardas electrodomésticos, lámparas y otros objetos que necesitan ser reparados.

12. Los cajones de tu armario están repletos de viejos calcetines y ropa interior que nunca te pones.

Resultados:

■ **ENTRE 15 Y 24 PUNTOS.** Tu vida es puro desorden. Acumulas objetos inútiles y trastos viejos en cada rincón de la casa. Empieza a deshacerte de ellos y ordena el espacio que te rodea antes de que tu vida se convierta en un verdadero caos.

■ **ENTRE 10 Y 14 PUNTOS.** El desorden empieza a afectar tu vida cotidiana. Ponle freno ahora mismo antes de que coja dimensiones más importantes.

■ **ENTRE 5 Y 9 PUNTOS.** De momento controlas la situación, pero no bajes la guardia y sigue manteniendo a raya el desorden.

■ **MENOS DE 5 PUNTOS.** Puro orden, continúa así.

Puntos conflictivos de desorden

Normalmente tendemos a acumular objetos en determinadas zonas de la casa. Son áreas en las que el desorden se hace más evidente y que necesitan de medidas urgentes para desbloquear el flujo de energía atrapada.

■ Entrada y recibidor

Según el Feng Shui, este espacio debe ser espacioso y bien iluminado para que entre el máximo caudal de energía chi y pueda distribuirse por toda la casa. Para conseguirlo es básico que esté lo más despejado y ordenado posible. A menudo, este espacio está abarrotado de zapatos, bolsas, abrigos y cajas que ralentizan la energía. Procura mantener en orden esta área de la casa porque simboliza la entrada a tu vida de nuevas oportunidades.

■ Desván y trastero

Es una especie de «sala de espera» donde acumulamos todo lo relacio-

nado con el pasado. Piensa que si miramos demasiado hacia atrás dejaremos de progresar hacia adelante. Por ello, conviene realizar una limpieza a fondo de este espacio para dejar atrás aquellos viejos obstáculos del recuerdo que bloquean tus aspiraciones de futuro.

Además, este tipo de habitaciones suelen ser de reducido tamaño, bastante cerradas y oscuras, por lo que la energía chi tiende a estancarse y morir en su interior (por ejemplo, una habitación sin ventanas y con una sola puerta).

■ Sótano

En estas habitaciones suelen acumularse objetos que no utilizamos de forma habitual. Esta zona simboliza el pasado y se cree que está relacionada con la mente subconsciente. Los trastos viejos y los objetos sin utilizar representan todo lo que dejaste pendiente en el pasado (problemas sin solucionar, objetivos sin alcanzar...). Por ello, es muy importante mantener el sótano bien ordenado para que no tenga un efecto negativo sobre ti, haciendo que te sientas insatisfecho contigo mismo, aletargado y sin una dirección clara en la vida. El desorden en el sótano podría ser el causante de esa sensación de inmovilidad que te atenaza.

■ Pasillos

Según el Feng Shui, los pasillos son grandes portadores de sha (la energía chi perjudicial). Para ralentizarlo, se recomienda instalar un móvil de campanillas o plantas grandes. Además, los pasillos oscuros son lugares de estancamiento del chi, por lo que conviene iluminarlos convenientemente para hacerlo circular.

Para que el chi positivo fluya sin problemas por los pasillos, es básico liberar las zonas de paso de objetos acumulados y desorden en general.

En el dormitorio

Es el lugar más íntimo de la casa, un espacio donde liberarse de las preocupaciones del día. Por ello, el

dormitorio debe ser compatible con el trigrama personal de su ocupante. Además, es muy importante que ningún presagio desfavorable ocupe esta área. Los ideales son Largos Años y Mónada Celestial.

Este ambiente necesita el protagonismo de la fuerza yin, por ser la fuerza femenina (el yang es la fuerza masculina o activa). Lo yin es lo receptivo, lo sereno, lo pasivo.

El dormitorio o alcoba principal representa la energía que nutre la estabilidad espiritual del hogar y debe atenderse igual que todo el resto de la casa.

La presencia de cortes en las líneas de armonía, las columnas o esquinas agresivas y la alineación de puertas en el dormitorio influyen y afectan la armonía y pueden reflejarse en la salud física y espiritual de las personas.

En el dormitorio, la energía chi fluye muy lentamente. Por ello, si lo tienes abarrotado de muebles, objetos y telas recargadas, esta energía se verá obstaculizada y acabará afectando a tu descanso.

¿Qué podemos hacer para mejorar el Feng Shui del dormitorio?

■ No acumules maletas, ropa de cama y cajas encima de los armarios. Entorpecen el flujo de chi y provocan pereza y cansancio.

■ Deshazte del exceso de ropa en los armarios. Mantenlos ordenados y bien cerrados. Guarda la ropa antes de irte a dormir y evita dejar una cesta de la colada en el dormitorio. Recuerda que los montones de ropa generan energía estancada.

■ Nada de almacenar cosas debajo de la cama. Si lo hacemos, estos objetos bloquearán la energía afectando a nuestro descanso y relaciones conyugales.

Mientras dormimos somos especialmente receptivos al chi que nos rodea. Por eso, ten en cuenta los siguientes consejos para mejorar la calidad y cantidad de esta energía en el dormitorio.

■ Decora con materiales blandos como moqueta, alfombras o parquet. Utiliza cortinas en lugar de persianas.

■ Evita los espejos y objetos brillantes que pueden hacer que la energía chi vibre por el dormitorio o interfiera con el sueño. Es importante que los espejos no miren hacia la cama.

■ Comprueba si hay algún borde pronunciado apuntando directamente hacia la cama. Para desviar su influjo, coloca una planta frondosa delante de él.

■ Dispón la cama de forma que veas la ventana y la puerta con facilidad cuando estés tumbado para que el chi del Ave Fénix esté delante de ti.

◼ Un armario con Feng-Shui

Queda claro que es básico mantener una atmósfera tranquila y ordenada en el dormitorio. Para que el chi fluya suavemente es importante mantener las prendas de vestir y la ropa de cama bien distribuidas en los armarios.

◼ **SÉ SELECTIVO.** Intenta ser un poco más selectivo con lo que realmente necesitas. Es probable que las prendas que no te has puesto en las dos últimas temporadas ya no las vuelvas a utilizar más. Considera si ha llegado el momento de prescindir de ellas.

◼ **DIVIDE LOS ESPACIOS.** Reserva un espacio de la barra para prendas largas, otro para las más cortas y suficientes estantes y cajones para las piezas que van dobladas.

◼ **UTILIZA CAJAS PARA ALMACENAR.** Guarda los zapatos en cajas de cartón con etiquetas para facilitar su localización. Utiliza compartimentos para agrupar las prendas de la misma clase, como medias o cinturones.

◼ **BALDAS.** Apila los jerseys en columnas que no superen los 20 cm de alto para evitar que se desmoronen cada vez que intentes acceder a ellos. Aprovecha los estantes superiores para guardar las piezas de menos uso.

◼ **ROPA DE CAMA.** Edredones, mantas, almohadas... ocupan mucho espacio en el interior de los armarios. Es aconsejable guardarlos aparte, por ejemplo en un arcón de mimbre colocado a los pies de la cama.

La habitación del peque

Mantener ordenada una habitación infantil parece misión imposible. Juguetes, ropa, material escolar, libros… un caos de objetos esparcidos por todas partes que puede acabar por afectar al comportamiento de tu hijo. Ya sabemos que los pequeños son desordenados por naturaleza, pero es importante enseñarles una serie de pautas para que aprendan a mantener su habitación en orden.

Lo ideal sería disponer de habitaciones distintas para jugar y dormir. Pero el espacio de los pisos actuales no da para tanto y por ello vamos a darte una serie de consejos para que la habitación infantil sea un espacio práctico y agradable para tu pequeño:

■ Intenta que los materiales de la habitación sean naturales. Observa los tejidos de la habitación (ropa de cama, cortinas, cojines, alfombras…). Es importante que no contengan fibras sintéticas y optar por texturas de algodón o lino.

■ Utiliza muebles de madera maciza, que es mejor conductora de la energía chi.

■ Aparta de la cama los aparatos electrónicos, como ordenadores, luces, cables o radiadores. Los niños son muy sensibles a los campos electromagnéticos, sobre todo mientras duermen. Evita los televisores en su dormitorio, pero si hay uno, asegúrate de que no esté orientado hacia su cama.

■ Al igual que en el dormitorio de los adultos, no conviene acumular juguetes y otros objetos debajo de la cama del niño. Utiliza arcones de madera natural que puedes colocar a los pies de su cama.

■ Las paredes y telas del dormitorio infantil deben ser de tonos suaves y apastelados. Elige colores como el violeta, el azul o el verde para los niños más inquietos. Si son más bien tranquilos, puedes optar por los tonos naranjas y rosados; y para los más creativos puedes potenciar su capacidad con matices de amarillo.

■ No acumules juguetes rotos en el dormitorio del niño. Tampoco guardes ropa que ya no utilizarán y regala los libros viejos o de cursos pasados.

■ Si tus hijos duermen en literas, acomódalos en camas separadas lo antes posible, ya que el niño situado en la litera inferior puede sentirse oprimido.

Con las manos en la masa

Según el Feng Shui, la cocina es una de las estancias más importantes de la casa. Debe mantenerse siempre bien aireada e iluminada, así como ser espaciosa y tener una forma lo más regular posible. La cocina simboliza la riqueza de la familia, así que conviene emplazarla en un área favorable de la casa (por ejemplo, el sector Salud y familia).

La cocina es uno de los lugares donde se pueden formar más fácilmente flechas envenenadas. Por ejemplo, los armarios con esquinas que sobresalen y crean ángulos afilados, las estanterías desprotegidas... pueden dirigir el sha (o chi perjudicial) hacia los habitantes de la casa.

La energía que fluye por una cocina tiene que ser positiva y muy yang. También es importante permitir que circule de forma equilibrada y sin estancarse. Y eso lo conseguiremos manteniendo las encimeras, los cajones, las estanterías... en perfecto orden.

Para evitar atascos de energía podemos empezar por los armarios y los módulos de cocina. Si están abarrotados de objetos crearán un atmósfera agobiante. Seguro que hay más de un utensilio que no utilizas hace años, o varias latas y envases que nunca contemplas en tus recetas. Deshazte de ellos por-

Fogones en forma

Uno de los puntos donde se concentra más suciedad en la cocina son los fogones. El exceso de grasa y suciedad acaba por atascar los quemadores y restringe la llama saliente. Según el Feng Shui, no conviene restringir la energía positiva del fuego, así que límpialos a menudo con la ayuda de un producto específico. También se recomienda no situar la encimera junto al fregadero o el frigorífico. Se trata de no provocar un conflicto entre el fuego y el agua, que perturbaría la atmósfera de la cocina. Puedes evitarlo instalando un módulo de madera o de metal entre ambos, a modo de barrera.

Nevera en orden

Para asegurarse un buen Feng Shui en la cocina es importante tener el frigorífico bien surtido de alimentos a cualquier hora, todos los días de la semana. El frigorífico sustituye a la urna llena de arroz que tradicionalmente colocaban los chinos en la cocina para asegurarse que nunca les faltaría qué comer. Debajo de esa urna también solían colocar un paquete de monedas envueltas en papel rojo que aseguraba la buena fortuna y que debía cambiarse por otro nuevo el primer día del año lunar. Esta costumbre todavía se practica en muchos hogares chinos.

que generan rincones de energía estancada y viciada.

Las encimeras cubiertas de enseres, botellas, aparatos eléctricos… ralentizan el flujo de energía e influyen negativamente en tu estado de ánimo al cocinar. Intenta poner un poco de orden en ellas.

El cubo de la basura puede generar energía negativa si no lo vacías

con regularidad. No dejes que rebose para hacerlo y mantenlo bien limpio, desinfectado y apartado de la vista. Si ocultas el cubo en el interior de un módulo y guardas los utensilios para que no estén siempre a la vista, la cocina tendrá un aspecto más sereno y acogedor.

El salón

Es la estancia más importante de la casa, junto al dormitorio. Por ello, es importante que ocupe una dirección favorable. Por ejemplo, la orientación Sur es muy beneficiosa, así como el Oeste. Para que la energía chi fluya por toda la habitación es importante que tenga una forma lo más regular posible, sin zonas muertas. Asimismo, el mobiliario no debe obstaculizar el flujo de energía.

Al ser un punto de encuentro entre los distintos miembros de la casa, conviene facilitar la comunicación creando un buen ambiente. Si está desordenada, hay demasia-

La energía de **tu hogar**

El salón, regido por los elementos Tierra y Madera, debe estar pintado con colores no muy oscuros, que no sean el blanco y el negro.

dos muebles u objetos esparcidos por todas partes, se puede estancar el flujo de energía, generando inquietud y nerviosismo en lugar de bienestar y relax.

El salón está regido por los elementos Tierra y Madera y es un lugar activo que refuerza la zona del Bagua en la que esté situado. Los colores más comunes son los terrosos no muy oscuros: arenas, tostados, pasteles, limón, etc.y colores claros en la línea de los pasteles para facilitar la combinación con los distintos muebles y cuadros. La regla general sería evitar paredes completamente blancas o negras y crear una mezcla con elementos de los cinco elementos combinados: verde, azules, rojizos o blancos rotos, usando para ello el conjunto de los muebles y elementos decorativos. Es importante que nada destaque excesivamente, sino crear una atmósfera armónica donde los cuadros, fotos personales, libros, figuras, recuerdos de viajes, etc. se vean integrados enviando un mensaje de apoyo positivo y de refuerzo a los habitantes.

El orden y la comodidad son importantes, los muebles deben estar al servicio de los habitantes, incitándoles a usarlos y a vivir la habitación con libertad. Unos muebles demasiados solemnes son contraproducentes porque llevarán a no usar el espacio para la finalidad a la que está destinado. Por ejemplo, no se recomienda poner un mueble de gran tamaño obstaculizando el paso al entrar en el salón, o tener que serpentear entre sillas, mesas y grandes jarrones para llegar hasta el sofá. El secreto está en despejar este espacio de convivencia.

También resulta de vital importancia la forma de iluminar el salón. Si quieres atraer la energía positiva yang, usa apliques orientados hacia arriba, difusores ascendentes o lámparas de techo para crear una buena iluminación de fondo y focos para acentuar la belleza de los cuadros, esculturas, plantas… También puedes optar por la luz natural de las velas.

El sofá, elemento más importante del salón, debe ser de madera y tapizado con telas naturales como algodón o lana. Conviene apoyarlo en una pared desde donde se pueda contemplar todo el salón. Siempre debe colocarse en la misma línea que la puerta y venta-

na (nunca en medio de la habitación y de espaldas a la puerta). Su ubicación puede influir en la relación con los invitados provocando la calidez, comunicación y el intercambio; o todo lo contrario.

Intenta no almacenar nada detrás de los sofás. Si esa zona la dedicas a dejar cuadros sin colgar, apilar revistas y periódicos, semiabandonar cajas con facturas o viajes fotografías… se creará una inquietante fuente de energía estancada a tus espaldas que puede influir negativamente en ti.

Para mantener el orden de la sala, aquí tienes unos consejos infalibles:

■ Libros
No acumules demasiados libros en la sala de estar. Guarda solamente aquellos que tengan un significado especial para ti. Si no tienes otro lugar para colocarlos, procura romper la rotundidad de su apariencia intercalando fotografías o pequeñas esculturas en los estantes.

■ **Fotografías**

Pueden generar energía negativa si te traen malos recuerdos, o simplemente no dejar que avances en tu vida, anclándote en el pasado. Así que exhibe sólo las que te den mayor alegría y guarda el resto en una caja o álbum.

■ **Revistas y periódicos**

Pueden llegar a convertirse en la máxima expresión del desorden en una casa. Así que nada de acumular viejos ejemplares, recíclalos o, si te interesa guardarlos, hazlo en un revistero colocado en un rincón discreto.

■ **Televisor, equipo de música**

Estos elementos electrónicos son grandes generadores de energía yang. El Feng Shui recomienda alejarlos de los lugares de descanso e incluso cubrirlos mientras no sean utilizados.

■ **Vasos y botellas**

Potencian la energía yang de la sala de estar, así que puedes lucirlos en un armario de cristal bien iluminado.

■ Cómo orientar el salón

■ **NORTE.** Sus habitantes se sentirán más tranquilos y relajados.

■ **SUR.** Útil para sentirse apasionado y sociable.

■ **ESTE.** Ideal para mantenerse activo y ocupado.

■ **OESTE.** Facilita la relajación y el placer.

■ **NORESTE.** Conviene para la motivación y para ser más competitivo.

■ **NOROESTE.** La mejor orientación para las necesidades familiares.

■ **SURESTE.** Favorece la comunicación.

■ **SUROESTE.** Se asocia a las relaciones duraderas y la armonía familiar.

El cuarto de baño

El baño puede ejercer una de las mayores influencias en la energía chi de un casa. Por ello, es importante no ubicarlo en ninguno de los sectores importantes de la casa relacionados con la riqueza o las carreras profesionales. La consecuencia de colocar el retrete, la ducha o la bañera en los sectores positivos de la casa es que haría desaparecer la suerte de dicho sector al ducharse o tirar de la cadena.

La energía yin está muy presente en el cuarto de baño y por lo tanto es una zona propensa al estancamiento. Por ello, no es recomendable excederse con el mobiliario y mantener bien ordenadas las repisas y encimeras. Haz un repaso de todos los productos y cosméticos que guardas en los armarios. Seguro que descubres alguna crema solar de hace varias temporadas o una crema petrificada que llevas tiempo sin usar. El cuarto de baño debe ser un lugar tranquilo y placentero. Una especie de oasis

en el que refrescar el cuerpo y la mente. Si la atmósfera que se respira es caótica y desordenada, nos sentiremos frustrados y malhumorados. Haz el mismo repaso con el botiquín o el cajón donde guardas las medicinas. Revísalas y elimina las que hayan caducado. Piensa que los fármacos constituyen un poderoso vínculo con la enfermedad.

Así como conviene guardar los productos y las medicinas a buen recaudo, las toallas esponjosas y a la vista añaden una excelente calidad yin al cuarto de baño. Guarda algunas toallas adicionales en módulos abiertos, si es posible en estanterías de cristal, o si lo prefieres opta por módulos de armario con puerta de cristal. También son recomendables las cestas de mimbre.

Evita superficies que ralenticen el flujo de la energía chi, como moquetas, cortinas o alfombras gruesas, puesto que aumentan el riesgo de estancamiento y hume-

La energía de **tu hogar**

dad. Asimismo, no coloques demasiados muebles.

Finalmente, unas plantas sanas, verdes y frondosas animarán la energía del cuarto de baño. Y si tienes una ventana, ábrela cada día para ventilar el espacio.

El estudio

Mantener el orden en esta habitación suele ser bastante complicado. Libros, documentos, material de escritorio... todo esparcido por la mesa de trabajo y en cajones atestados de objetos varios. A pesar de ello, es importante reservar un espacio despejado, lleno de luz natural y quietud para facilitar la inspiración en esta zona. Si la habitación esté siempre desordenada y el suelo está tapizado de cajas, informes y carpetas, el chi se estancará y tu capacidad creativa se verá bloqueada. Intenta vaciar los cajones de objetos y material irrelevante, deshazte de viejos documentos, facturas inservibles y

borradores con proyectos nunca realizados. El secreto está en evitar concentraciones de energía paralizada que pueden bloquear tu capacidad de arrancar nuevos proyectos. Para estimular la energía chi

del estudio se recomienda colocar espejos, cristales, plantas, un acuario y sobre todo, mucha luz. El flujo de esta energía tiene que ser poderoso y yang para fomentar una actitud positiva.

Procura situar el dormitorio
conyugal en la parte sureste de la
casa. Allí es donde se alberga
la energía de la comunicación.

Las habitaciones de **tu casa**

Antes de distribuir los espacios de tu casa, piensa en las actividades que tienen lugar en cada habitación. Ten presentes el yin y el yang, los Cinco Elementos y las Ocho Direcciones a la hora de decidir qué lugar es más propicio para cada habitación. Para empezar, evalúa cómo podrías aplicar estos principios a cada espacio de tu casa. Cada actividad puede beneficiarse de una energía chi particular. Lo ideal es situar las habitaciones en la dirección más provechosa para las actividades correspondientes.

Por supuesto, esta situación ideal no siempre está al alcance. Si tu casa ya está construida, o vives en un lugar alquilado, estas limitaciones serán mayores. Sin embargo, puedes canalizar los flujos de energía más propicios para tu situación particular con ayuda del arte del Feng Shui. Por este motivo, es importante que tengas presentes tus necesidades, a la hora de situar cada cuarto y aprovechar sus energías favorables.

ANTES DE EMPEZAR

Haz una lista de todas las actividades que realizas en tu hogar. Incluye cocinar, comer, bañarte, dormir, tener relaciones sexuales, trabajar, escuchar música, ver la televisión, relajarte, etc. Luego, determina qué actividades se ven favorecidas por un ambiente más yang o más yin. Cópialas de nuevo, desde la más yang hasta la más yin, y consulta tus propias necesidades a la hora de asignarles un orden. Con frecuencia, nos dirigimos por instinto al punto cardinal de nuestra casa que nos es más favorable en un momento particular. Si has tenido un día yang lleno de estrés en el trabajo, sentirás deseos de relajarte en ese rincón más yin de la parte norte de tu hogar. Si llevas largo rato estudiando y necesitas hacer un alto, te sorprenderás merodeando por las habitaciones más yang en busca de estímulos.

Empezarás a entender mejor el patrón de energías de tu hogar examinando una por una las habitaciones. Además de su localización con

Una habitación bien situada

El Feng Shui aconseja que las habitaciones tengan una forma regular, cuadrada o al menos rectangular, ya que las de forma irregular tienen «zonas muertas» en las que el chi no puede circular y se queda estancado.
La situación de las diferentes habitaciones y en particular las que pasamos más tiempo, como el dormitorio principal y la sala de estar, son esenciales para disfrutar de un buen Feng Shui. Deben situarse en una dirección personal favorable y tener un pronóstico positivo.

Las habitaciones de **tu casa**

respecto al centro de tu casa, dentro de cada una habrá también sectores relevantes. Esta información es especialmente útil en los casos en que un cuarto cumple más de una función, por ejemplo, cocina y comedor, o comedor y salón. Puedes afinar la elección de cada espacio según las actividades correspondientes, y amueblarlo y decorarlo de la manera más adecuada.

Habitaciones yin/yang

Si vives en el hemisferio norte, el lado más soleado y yang de tu hogar dará al sureste, el sur o el suroeste, y el noroeste, el norte y el noreste te darán sombra. En el hemisferio sur, el lado de la sombra queda al sur y el del sol al norte. El norte y el sur representan los extremos del yin y el yang. El este, por donde sale el sol, encarna la actividad de toda la naturaleza y por lo tanto es más yang; el oeste, donde se pone el sol, es más pasivo y yin. Comenzando por el norte, que es la

■ Busca tu actividad

■ Nota: los ejemplos más yang aparecen en la parte superior y los más yin en la inferior.

MÁS YANG

hacer ejercicio
trabajar
irse de fiesta
cocinar
hacer manualidades
limpiar la casa
arreglar cosas
tocar un instrumento
estudiar
pintar
tener invitados
darse un baño
el sexo
leer
escuchar música
ver la televisión
relajarse
meditar
dormir

MÁS YIN

dirección más yin y está asociado con la noche y el invierno, cada dirección es más yang que la anterior, siguiendo las manecillas del reloj: el noreste, el este, el sureste y, finalmente, el sur, que es el más yang. Siguiendo el círculo, cada dirección es más yin que la anterior: suroeste, oeste, noroeste y de nuevo el norte, que es la más yin. Aunque el norte y el sur son los extremos del ciclo, ni uno ni otro son completamente yin o yang. Ambos albergan energía de su contrario.

Ordenar las habitaciones

El siguiente paso es ordenar las habitaciones desde la más yang hasta la más yin, según las actividades que realizas en ellas. Probablemente, estas actividades serán más o menos compatibles con el carácter de cada habitación: el dormitorio es para dormir, o para tener relaciones sexuales, el cuarto de estar para escuchar música, o bien para recibir invitados. Desde luego, todo depende de tu estilo de vida y del número de habitaciones.

Ahora, trata de situar cada cuarto en la dirección más adecuada a sus funciones: las habitaciones más yang en las posiciones más yang y las más yin en las direcciones más yin. Ten presente la cantidad de luz que entra por las ventanas. Los cuartos yang se verán potenciados si hay luz directa. Quizá tengas que alterar la distribución por cuestiones prácticas, por ejemplo, si el baño, la cocina y el lavadero comparten las tuberías y desagües.

■ **Ordena tu casa**

MÁS YANG

estudio/despacho
cuarto de estar
cocina
taller
lavadero
comedor
cuarto de baño
dormitorios
alacenas

MÁS YIN

Las habitaciones de **tu casa**

■ Habitaciones con yin o yang

1 **Norte:** Dormitorio, salón
2 **Nordeste:** Alacenas
3 **Este:** Cuarto de baño, estudio
4 **Sureste:** Cocina, lavadero
5 **Sur:** Salón
6 **Suroeste:** Taller
7 **Oeste:** Comedor
8 **Noroeste:** Dormitorio

Usa los Cinco Elementos y asigna las habitaciones

Al igual que el yin y el yang, la energía de los Cinco Elementos está relacionada con el movimiento del Sol a través del cielo. El agua, la madera, el fuego, el metal y la tierra también están vinculados a las Ocho Direcciones. La energía chi de cada elemento potencia ciertas cualidades y obra en detrimento de otras.

Anota la posición de cada habitación dentro del diagrama de las Ocho Direcciones y el tipo de energía chi correspondiente al elemento que predomina en dicha posición. Consulta la tabla para establecer si esta energía es favorable a las actividades que tendrán lugar en cada habitación, y asigna luego los espacios. En principio, deberías pasar la mayor parte del tiempo en las habitaciones donde la energía chi es más favorable.

Por ejemplo, supongamos que quieres progresar en tu carrera. La energía de la madera quizá sea la mas útil para ti y se encuentra en el este y el sureste. Si trabajas en casa, ubica tu estudio en el este o en el sureste, para beneficiarte del chi de la madera. Si trabajas fuera, coloca allí tu dormitorio, para absorberla mientras duermes.

La armonía del agua y el fuego

Antes de dar por terminada la labor, cerciórate de que el agua y el fuego están en armonía dentro de la distribución. En la cocina y en los cuartos de baño, donde se encuentran

Si trabajas en casa y quieres progresar en tu carrera, ubica tu estudio o despacho en el este o el sureste.

Las habitaciones de **tu casa**

en estado puro, es esencial que convivan en armonía para que sus efectos benéficos se propaguen por la casa. La energía del agua se complementa idealmente con la de la madera, en el este y en el sureste. Por lo tanto, éstas son las direcciones más adecuadas para el cuarto de baño. Por su parte, el fuego está en armonía con la de la madera, en el este y el sureste, y con la de la tierra en el noreste y en el suroeste. Por lo tanto, el este y el sureste son las direcciones más adecuadas para la cocina, pues tanto el fuego como el agua están presentes allí. Si no logras situar una habitación en su lugar ideal, recurre a los Cinco Elementos para mitigar el sha.

Usa las Ocho Direcciones y asigna las habitaciones

Las Ocho Direcciones representan un paso adelante con respecto al yin y el yang y a los Cinco Elementos, pues describen ocho tipos diferentes de energía chi. Aparte de

■ Los Cinco Elementos en casa

AGUA (N) 水	MADERA (E/SE) 木
FAVORECE	**FAVORECE**
El desarrollo interno, la tranquilidad, la espiritualidad, el sueño, la vida sexual, la independencia, el pensamiento racional, las muestras de cariño, la fertilidad.	Los nuevos proyectos, la carrera profesional, los comienzos rápidos, la actividad, la ambición, el trabajo, la concentración, la iniciativa.
ES ÚTIL PARA	**ES ÚTIL PARA**
Personas mayores, combatir el estrés, insomnio convalecencia, mala salud, problemas sexuales.	Personas jóvenes, crecimiento profesional, falta de confianza o de ambición, búsqueda de oportunidades, abulia.
PERJUDICA	**PERJUDICA**
La actividad, la expresión los negocios, la pasión.	El romance, el relax, la paciencia, la estabilidad, la seguridad, la satisfacción, la calma.
RIESGOS	**RIESGOS**
Demasiada quietud, aislamiento, soledad.	Exceso de ambición, adicción al trabajo, incapacidad de relajarse, hiperactividad.

Los Cinco Elementos en casa

FUEGO (S)	TIERRA (SO, CENTRO, NE)	METAL (O/NO)
FAVORECE	**FAVORECE**	**FAVORECE**
La pasión, las fiestas, la expresividad, la fama, los estímulos mentales, la sociabilidad, las ideas nuevas, la espontaneidad.	El progreso ordenado, la estabilidad, el cariño, la seguridad, la armonía familiar, la nutrición, el hogar, la maternidad, la cautela, el pensamiento metódico.	La previsión, los ingresos, el liderazgo, la organización, los presupuestos, la conclusión de proyectos.
ES ÚTIL PARA	**ES ÚTIL PARA**	**ES ÚTIL PARA**
Los adultos, las personas solitarias, la sensación de que la vida te ignora, el aislamiento, la timidez, la falta de inspiración.	Las personas en la mediana edad, los padres jóvenes, las discusiones familiares, los impulsos desbordados, la temeridad.	El final de la mediana edad, la falta de organización, incapacidad de terminar lo empezado, la falta de control o de disciplina, incapacidad de hacer planes.
PERJUDICA	**PERJUDICA**	**PERJUDICA**
La relajación, la concentración, el pensamiento racional, la atención a los detalles, las relaciones serenas, la estabilidad emocional.	La rapidez de decisión, el dinamismo, la ambición, la espontaneidad, los negocios nuevos, las carreras nuevas.	El dinamismo, la expresividad, los sentimientos espontáneos, la iniciativa, los proyectos nuevos.
RIESGOS	**RIESGOS**	**RIESGOS**
Estrés, discusiones, separaciones.	Exceso de parsimonia, estancamiento, aburrimiento.	Aislamiento social, introversión, represión de ti mismo.

ellos, está el centro, que tiene sus características propias, y debe permanecer lo más despejado posible en todo momento.

Anota la dirección de cada habitación, con tu plano y el diagrama de las Ocho Direcciones. Establece luego el tipo de chi de cada una. Una alternativa es situar las habitaciones en las direcciones más favorables para las distintas actividades. También puedes elegir las áreas de tu vida que deseas potenciar, identificar el chi que les resulta más favorable y distribuir las habitaciones de manera que pases en ellas la mayor cantidad posible de tiempo.

Supongamos, por ejemplo, que a menudo te sientes solitario. Examina el plano de tu casa, para detectar si la causa puede deberse en parte a la distribución de los espacios. Quizá tu dormitorio está situado en el sector norte, cuya energía está relacionada con el aislamiento y la soledad. El sureste de tu casa sería una ubicación más favorable para esta habitación, pues alberga la energía asociada con la comunicación y el don de hacer amigos. Cuanto más tiempo pases allí, mejor te sentirás.

Si aplicas los principios anteriores, puedes mejorar la calidad de tu vida y la de tu familia. Lee la tabla de la página siguiente e identifica las direcciones relacionadas con tu problema. El noreste y el sur son las más problemáticas, pues se asocian con la actividad y la inquietud. Evita pasar demasiado tiempo en estas áreas. Si es posible, muda tu dormitorio al lado oeste, donde la energía predominante invita al sosiego y la satisfacción.

Si tu dormitorio está situado en el norte de la casa, tendrás mayor sensación de soledad y aislamiento. Si puedes, trasládalo al sureste.

Las direcciones más favorables

DIRECCIÓN	FAVORECE	RIESGOS
NORTE	La flexibilidad, las actitudes flexibles, una mayor independencia, la creatividad, la espiritualidad, el crecimiento interior.	Aislamiento, soledad, preocupaciones innecesarias, sentimientos de inseguridad, estancamiento profesional, pérdida de interés en los demás.
NORESTE	La motivación personal, las metas vitales, el deseo de trabajar, las herencias, la competitividad.	Prisas excesivas, envidias, egoísmo, insomnio y pesadillas, irritabilidad.
ESTE	La atención al detalle, el sentido práctico, los comienzos rápidos, la confianza en uno mismo, el aumento de actividad, la realización de sueños, la ambición.	Exceso de ambición, demasiadas cosas a la vez, incapacidad de concluir proyectos, obsesiones con tu carrera, impaciencia, hiperactividad y agotamiento, descuidos.
SURESTE	La creatividad, el progreso en armonía, la comunicación, las oportunidades de viajar.	Exceso de persistencia, dificultad para oír críticas, falta de reposo y fatiga.

Las habitaciones de **tu casa**

DIRECCIÓN		FAVORECE	RIESGOS
SUR	S	La pasión, el reconocimiento público, vida social, la atención de los demás.	Un estilo de vida estresante, estados de ánimo alterados, separaciones, tendencia a discutir.
SUROESTE	SO	La armonía familiar, el progreso metódico, la maternidad, el ahorro, las amistades íntimas.	Letargo profesional, dependencia de los demás, exceso de cautela.
OESTE	O	Los ingresos, el romance, placer y diversión, el sentimiento de satisfacción.	Gastos excesivos, pérdida de motivación, obsesión por los placeres.
NOROESTE	NO	Las cualidades de líder, el respeto y la confianza de los demás, la capacidad de organización, las responsabilidades, la sabiduría.	Moralismo, autoritarismo, deseo de controlar a otros, arrogancia.

SALÓN Y COMEDOR

El cuarto de estar es el centro de la vida familiar. Es allí donde recibes a tus huéspedes, organizas tus fiestas y celebras las grandes ocasiones. También puedes relajarte después de un día de trabajo, leer un libro, ver la televisión o escuchar música. Suele ser el cuarto más grande de la casa. Pero, si es demasiado reducido, trata de ampliarlo hacia las habitaciones adyacentes. El chi fluirá con más facilidad en una habitación grande que a través de varias pequeñas. Coloca espejos donde haga falta para crear sensación de más espacio. El elemento más importante son los sofás y los sillones. Su distribución en el espacio determina el ambiente de toda la habitación.

El salón y el comedor en los pisos pequeños suele concentrarse en un solo espacio, por evidentes motivos prácticos. En ocasiones, el salón-comedor incluye también la cocina. La principal desventaja de esta disposición es que la cocina debe estar limpia y ordenada en todo momento. En caso contrario, afectará negativamente.

Direcciones favorables

La abundancia de luz solar hará del cuarto de estar un lugar animado y vital, donde puedes disfrutar de la compañía de tu familia. En efecto, la luz del sol estimula la energía chi y la hace fluir a través de toda la habitación. El sureste, el sur, el suroeste y el oeste de tu casa son las direcciones ideales para el cuarto de estar. El sureste está lleno de brillo y animación, y el sur potencia los eventos sociales. El suroeste puede contribuir a crear una atmósfera hogareña y acogedora. Por su parte, el oeste es una dirección óptima para recibir a los invitados y cultivar los placeres en general.

El sureste, dominado por el vigor y la energía de la madera, es una de las direcciones más favorables para situar el cuarto de estar. Elige muebles y adornos que potencien el espacio y te hagan sentir cómodo y relajado. Y trata de promover allí el contacto y la armonía dentro de la familia. Busca un equilibrio entre el confort y el riesgo de que la energía se estanque.

Las habitaciones de **tu casa**

Las direcciones ideales para el cuarto de estar son el sureste, el sur, el suroeste y el oeste.

La sala de estar: elementos esenciales

■ **SILLONES Y SOFÁS.** La disposición de los sofás y los sillones debe estimular la conversación y la armonía familiar. Colócalos en el noroeste mirando hacia el sureste, o en el oeste mirando hacia el este, y estarán en la ubicación ideal. Los muebles blandos de formas redondeadas son más yin y promueven la relajación. Estas formas también contribuyen a evitar el chi cortante.

■ **ILUMINACIÓN.** Las lámparas de pie y las fuentes de luz vertical refuerzan la energía de la madera, potenciando una atmósfera animada.

■ **PLANTAS.** Los efectos negativos de la televisión pueden mitigarse colocando plantas en los alrededores. En un cuarto de estar pequeño, sería preferible buscar plantas frondosas con hojas redondeadas.

■ **TELEVISIÓN.** Los equipos electrónicos afectan negativamente el chi. Coloca la televisión lejos de los sofás y los sillones, y asegúrate de que los televidentes estén sentados en lugares favorables.

■ **PAREDES.** Las líneas verticales de las paredes refuerzan la energía de la madera y dan sensación de más espacio, al igual que las luces verticales.

■ **SUELOS.** Los suelos de listones de madera potencian la energía de la madera y mantienen el flujo armonioso de chi dentro de la habitación. Una alfombra plana de lana virgen añade confort, y no entraña el riesgo de que la energía se estanque, como ocurre en las alfombras tejidas.

■ **VENTANAS.** Las cortinas ralentizan el flujo del chi, que debe discurrir sin prisas en el cuarto de estar. No es aconsejable que sean demasiado pesadas para que la energía no se estanque.

■ **CUADROS.** Los cuadros con imágenes alegres como la salida del sol ejercen un impacto psicológico positivo.

■ **ACCESORIOS.** Los colores de los cojines y otros accesorios sirven para afinar la intensidad de la energía chi. ▶

Las habitaciones de **tu casa**

Qué debes evitar

■ **Plantas con pinchos.** Los pinchos y las hojas puntiagudas generan chi cortante.

■ **El desorden.** Evita el desorden para impedir que el chi se estanque. No recargues la habitación con demasiados adornos. Recuerda que el centro del cuarto debe estar relativamente despejado.

■ **Las cortinas.** Mantenlas abiertas de par en par, para que la luz entre en la habitación durante todo el día.

■ **El exceso de mobiliario**. La energía chi necesita espacio para circular. Trata de reducir los muebles al mínimo.

■ **Las esquinas invasoras.** Si se hallan a la vista, pueden generar chi cortante. Cúbrelas con una tela o pon delante una planta frondosa.

Elige la decoración

Si sitúas el cuarto de estar en el sureste, elige colores y diseños que refuercen el chi favorable. El verde oscuro estará en armonía con esta dirección. Sus matices más pálidos y más yin te ayudarán a relajarte y harán parecer más amplia la habitación. Para moderar el flujo del chi, pon objetos violeta; para potenciarlo aún más, objetos crema o blanco mate. El verde también puede combinarse o reemplazarse por azul. También puedes reforzar la energía de la madera con diseños verticales, como rayas verdes o color crema. Las formas irregulares estimularán el chi y las puntiagudas moderarán su ímpetu.

■ Mantén las cortinas abiertas de par en par, para que la luz entre en la estancia.

Las habitaciones de **tu casa**

Decora otras direcciones

Sur. La energía del sur, cálida y fogosa, es ideal para las fiestas, pero quizá demasiado apasionada para relajarse al final del día. Lo aconsejable es mantener el fuego encendido, mitigándolo aquí y allá. El violeta y amarillo pálidos surtirán este efecto. Los diseños geométricos, con estrellas o en zigzag, contribuirán por su parte a alimentar el flujo de la energía.

Suroeste. El ambiente hogareño predomina en esta dirección, ideal para un cuarto de estar reposado y acogedor. Lo más aconsejable es mantener el flujo del chi, y añadir unas pinceladas de animación para las reuniones y los eventos sociales. El amarillo y el marrón están en armonía con esta dirección. Coloca algo de púrpura en el papel de la pared o en las telas.

Oeste. El placer y la alegría del oeste favorecen todas las activida-

¿Cómo decorar?

Los elementos decorativos deben ayudar a atraer y encauzar el flujo de energía en una casa. Así actuará de modo positivo y revitalizante. Los objetos brillantes y luminosos atraen el chi a la habitación gracias a los sutiles fluidos que emiten, y lo ceden a las personas que trabajan cerca: los jarrones de cristal con flores frescas, las lámparas, un cuadro luminoso, las plantas, los móviles, los espejos, acuarios, etc. Colocados en rincones oscuros impiden que el chi se estanque.

Otros elementos decorativos impiden que el chi fluya demasiado rápido y se convierta en chi negativo: una planta grande, un móvil de campanillas delante de la puerta posterior de la casa, una cortina o un biombo.

des características del cuarto de estar. Y la mejor estrategia es mantener esta tendencia natural. Coloca objetos de color rosa o rojo óxido, con algunas pinceladas de blanco o de gris. Los diseños redondeados potenciarán el chi del metal, que corresponde al Oeste. También puedes emplear cojines circulares de colores armoniosos, o colgar platos de oro o plata en las paredes.

Remedios para direcciones desfavorables

El norte y el noreste son las direcciones menos favorables para situar el cuarto de estar. El este y el noroeste son más deseables, pero también están lejos de ser ideales: el primero es demasiado estimulante, el segundo demasiado formal. Estas desventajas pueden compensarse a través de colores y adornos.

■ **Norte.** El rojo brillante y el granate potenciarán la energía chi, al igual que lo hará la presencia del metal.

■ **Noreste.** Para apaciguar la inquietud del noreste, usa rojos oscuros y superficies yin, como tejidos, alfombras y tapices.

■ **Noroeste.** El amarillo y el marrón infundirán vitalidad a la energía del noroeste, que es demasiado formal. Añade energía de la tierra y metales blandos, como el cobre y el latón.

■ **Este.** El verde pálido proporcionará un matiz más yin a la energía del este.

Opciones para sentarse

El cuarto de estar suele albergar a varias personas a la vez, y es aconsejable disponer los sofás y los sillones de modo que potencien la conversación y la sociabilidad. Si no están dispuestos correctamente, pueden llegar a generar bastante incomodidad en el ambiente.

Las habitaciones de **tu casa**

La orientación de un sillón o un sofá es especialmente eficaz cuando permite sentarse de espaldas al muro opuesto a la dirección de la que deseas beneficiarte. Si el norte es una dirección favorable para ti, siéntate de espaldas al sur. Este principio se aplica tanto a tu casa en general, como a las habitaciones individuales. El efecto más potente se obtiene cuando te sientas de cara a una dirección favorable. Si te sientas de cara al oeste, en el sector oeste de un cuarto situado en el oeste de tu casa, obtendrás los máximos beneficios de la energía chi del oeste.

En principio, trata de distribuir los sofás y los sillones de modo que conformen una figura regular, como un círculo, un cuadrado o un octógono. Si hace falta, añade plantas, mesas u otros muebles pequeños para completar la figura. Evita colocar los sillones o los sofás de espaldas a puertas y ventanas, y también de cara a una puerta: ésta es la posición más vulnerable. En lo posible, coloca los sofás contra la pared.

Asegúrate también de que tus familiares o tus invitados no estén expuestos a un flujo de chi cortante. Nunca coloques un sillón frente a una esquina invasora ni delante de muebles con ángulos pronunciados, como mesitas o aparadores. Mantén apartadas las plantas con hojas puntiagudas. Coloca en cambio plantas frondosas, que se interpongan entre el chi cortante y los sofás y los sillones.

El lugar donde te sientas puede influir en tu estado de ánimo y tus relaciones con los demás. Cuanto más tiempo pases sentado allí, mucho más potente será el efecto. La dirección hacia la que miras es algo más relevante que la ubicación de la silla con respecto al centro de la habitación. Decide primero cuáles son tus metas, o qué problemas quieres resolver. Emplea luego las tablas de las páginas siguientes para establecer el influjo de cada dirección.

Distribuye los sofás y los sillones de modo que conformen una figura regular.

Direcciones más favorables para sentarte

■ **EN EL SURESTE, MIRANDO AL NOROESTE.** El sureste potencia especialmente la comunicación. El noroeste es la dirección asociada a las responsabilidades y el cuidado de la familia.

■ **EN EL SUR, MIRANDO AL NORTE.** El sur irradia la energía chi del fuego. El norte encarna la serenidad, y te hará sentirte más apacible, tranquilo y meditativo.

■ **EN EL SUROESTE, MIRANDO EL NORESTE.** La energía chi asentada del suroeste es ideal para la armonía familiar. El noreste favorece la motivación y la claridad de cara al futuro. Siéntate en esta posición si buscas una nueva dirección en tu vida.

■ **EN EL ESTE, MIRANDO HACIA EL OESTE.** La energía chi del este es dinámica y activa. Sentarse mirando al oeste es ideal para el romance y el placer. Una posición ideal para relajarse al final del día, o para sentirse cerca de otra persona.

■ **EN EL OESTE, MIRANDO HACIA EL ESTE.** El oeste favorece el romance y el placer. Sentarse mirando al este invita a ser activo y ambicioso. Puede ayudarte a llevar tus ideas a la práctica.

■ **EN EL NORESTE, MIRANDO AL SUROESTE.** El noreste potencia la motivación. El suroeste está asociado a la cautela, el progreso metódico y el sentido práctico. Una posición útil para poner los pies en la tierra, y beneficiosa para las relaciones de pareja y la armonía familiar.

■ **EN EL NORTE, MIRANDO AL SUR.** La energía del norte es serena y sosegada. Sentarse mirando hacia el sur te animará a ser más sociable y emprendedor. Si invitas a tus amigos y quieres ser el centro de atención, siéntate aquí. También si buscas inspiración o ideas nuevas.

■ **EN EL NOROESTE, MIRANDO HACIA EL SURESTE.** Se trata de una posición de liderazgo, que te sitúa en un flujo poderoso de energía chi. Sentarse mirando al sureste favorece el progreso en armonía, la comunicación y la creatividad. Siéntate aquí si quieres tener una buena conversación con alguien. ▶

Las habitaciones de **tu casa**

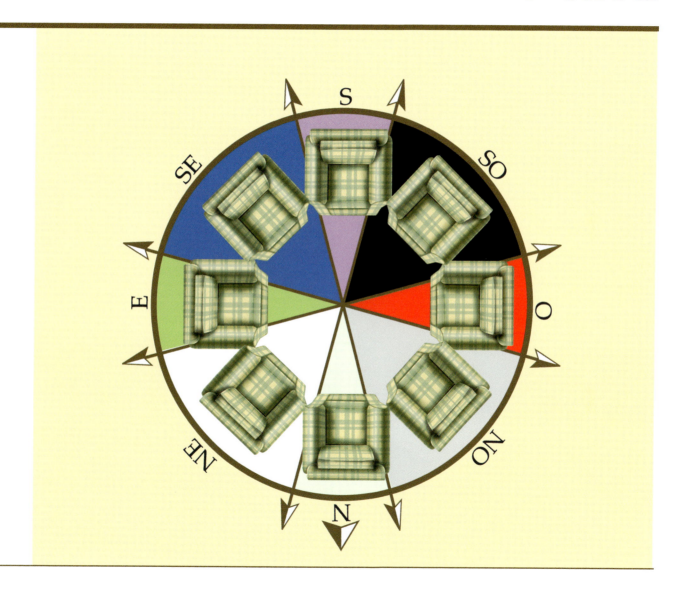

Sofás, sillones y posiciones

La disposición de los sillones y los sofás puede potenciar o perjudicar la armonía de tu casa. Si colocas un sofá en el sur y dos sillas frente a él en el norte, el conflicto entre las energías de norte y sur puede dar pie a tensiones y discusiones. Las siguientes disposiciones son algunas de las más favorables:

■ **Para la armonía de la familia.** Coloca un sofá en el noroeste, mirando hacia el sureste; dos sillas enfrentadas en el noreste mirando hacia el suroeste y en el suroeste mirando hacia el noreste; y una tercera silla en el sureste, mirando hacia el noreste. El círculo resultante será particularmente armonioso.

■ **Para las reuniones de trabajo.** Coloca dos sofás enfrentados, en el este mirando hacia el oeste y en el oeste mirando hacia el este; añade una silla en el norte, mirando al sur. Esta distribución dinámica es adecuada para las reuniones de trabajo y los asuntos prácticos.

■ **Para una conversación animada.** Coloca los dos sofás como en la situación anterior, pero sitúa la silla en el noroeste, mirando hacia el sureste. Esta distribución es más armoniosa, pues la silla equilibra las energías de los sofás, y favorece las conversaciones animadas y las reuniones sociales.

LA HORA DE COMER

Llega el momento del día en el que la familia está reunida. Por más pequeña que sea tu casa, reserva un área especial para que podáis sentaros y comer juntos.

El este, el sureste, el oeste y el noroeste de tu hogar son las direcciones ideales para el comedor. El ambiente del este es más animado y especialmente favorable para el desayuno, pues el sol brilla en el este por las mañanas. La energía del sureste favorece la conversación, y la del oeste es ideal para disfrutar del romance y las reuniones sociales. El oeste también es particularmente favorable a la hora de cenar, en la que el atardecer llena de energía esta parte de tu casa. El noroeste es más apropiado para una cena más formal.

Evita comer en el noreste de tu casa, pues la energía chi allí es tajante e imprevisible: en absoluto el ambiente propicio para una comida relajada.

El comedor debe estar siempre limpio. El ambiente ha de ser propicio tanto para la buena digestión como para la buena compañía.

■ **La superficie de los muebles tiene que ser fácil de limpiar.** La madera es ideal, pues no acelera la energía chi. Asegúrate de que las esquinas de los muebles no apuntan hacia tus invitados, para evitarles indigestiones.

■ **Lo ideal es que la iluminación sea variada.** Las luces bajas favorecen las cenas románticas, pero en otros momentos son más aconsejables las luces brillantes. Los interruptores graduables permiten ambas opciones. Las velas añaden energía del fuego, y contribuyen a crear una atmósfera mucho más cálida.

■ **Las persianas de tela son preferibles** a las cortinas, pues evitan que la energía chi se estanque en las habitaciones.

chi de las direcciones favorables, y añade algunos matices para apaciguarla o potenciarla dependiendo del ambiente que quieras recrear. Si sueles comer allí durante el día, usa colores brillantes. Los tonos oscuros serán más adecuados si lo usas sobre todo para cenar.

En el este, el verde brillante o el verde hierba darán aliento a la vibrante energía de este dirección. En el sureste, que es más sereno, usa tonos oscuros de verde o de azul. Algunos brochazos irregulares o lavados con agua potenciarán la energía.

El rosa oscuro o el rojo óxido son los colores adecuados para el oeste, ideal para las comidas vespertinas. Para mitigar el chi, aplícalos en las paredes con una esponja o un trapo y pinta los muebles de madera con una laca de color crema. Los muros blancos o grises son los más apropiados para la dignidad del noroeste. Algunos matices de rojo o de plata en los adornos, junto con un mantel de lino,

■ **Los suelos de madera natural son fáciles de limpiar** y ejercen un influjo neutro sobre el chi. Evita las alfombras.

■ **Busca imágenes agradables** en los cuadros que te ayuden a relajarte mientras comes. Las naturalezas muertas con alimentos, los paisajes y las escenas alegres son los más adecuados.

■ **Coloca un espejo** que refleje la mesa, en la pared o encima de un aparador, para potenciar la energía chi de los alimentos.

Colores y diseños

Establece en qué dirección se encuentra el comedor con respecto al centro de tu casa. Usa colores y diseños que mantengan la energía

potenciarán el ambiente de este comedor formal.

La mesa del comedor

La forma de la mesa condiciona el flujo de la energía chi y, por lo tanto, el ambiente a la hora de las comidas. Este efecto depende, entre otras cosas, de su carácter más yin o más yang.

Las mesas redondas u ovaladas ofrecen más alternativas para distribuir las sillas, de modo que los comensales puedan sentarse en armonía. En las cuadradas y las rectangulares, la elección se limita únicamente a cuatro direcciones. Si tienes una mesa alargada y sientas más de dos personas en cada lado, quizá no puedan conversar con comodidad.

La superficie de la mesa tiene que ser fácil de limpiar. Las maderas naturales son bastante resistentes, y fáciles de conservar. Las maderas claras como el pino y el olmo, que son más yin, son las mejores

para las comidas en familia. Las maderas oscuras, duras y pulidas, como el roble, la caoba o la teca son más yang y más apropiadas para las ocasiones formales. El mármol, el cristal y otras superficies duras aceleran el flujo del chi a través de la mesa.

Para afinar la energía de ciertas ocasiones, también puedes recurrir a los manteles. Los manteles, los platos y otros accesorios pueden determinar al ambiente alrededor de la mesa. Los pequeños detalles,

como el color de las servilletas, la forma de los individuales o la presencia de ciertas plantas, ejercen efectos sutiles que enriquecen la atmósfera general de la habitación.

En las páginas siguientes encontrarás consejos sobre cómo decorar la mesa y ubicar las sillas.

Una mesa más yin

LOS PLATOS. Los platos de madera y los recipientes de piedra o de cerámica también son más yin.

CUBIERTOS Y PALILLOS. Los palillos y los cubiertos con mango de madera contribuyen a crear un ambiente más relajado y más yin.

EL MANTEL. Los colores neutros y las fibras naturales son más yin. La tela misma ralentiza el flujo del chi.

LA SERVILLETA. El verde es el color de las plantas. Sus matices más oscuros potencian la comunicación.

LA COMIDA. Los alimentos frescos que contienen agua, como las ensaladas y las frutas, también son más yin.

EL SALVAMANTELES. Los salvamanteles de corcho, tela mimbre, bambú o junco mitigan el flujo de la energía.

Las habitaciones de **tu casa**

■ Una mesa más yang

■ CUBIERTOS Y COPAS. Los cubiertos de metal pulido y reflectante y las copas de cristal hacen vibrar el chi alrededor de toda la mesa, generando un ambiente más estimulante y más yang.

■ LA SILLA. Los muebles de metal brillante son más yang y propician un flujo más dinámico de energía chi. Un cojín rojo o naranja, ambos colores yang, puede intensificar este efecto.

■ LA COMIDA. El pan de grano entero es más yang que el pan común de harina de trigo. El salmón es un pescado yang que nada remontando la corriente. El hecho de que sea ahumado lo hace aún más yang.

■ SERVILLETAS. El color rojo de las servilletas, también presente en las velas, añade otro acento dinámico a la mesa.

■ LA SUPERFICIE. Los materiales duros y brillantes como el cobre agilizan el flujo del chi. La forma compacta del cuadrado es más yang.

Cómo ubicar las sillas alrededor de la mesa

La armonía del comedor puede potenciarse si los comensales se sientan de acuerdo con un cierto esquema. Si tu mesa no es redonda, sino cuadrada o rectangular, sitúa algunas personas en las esquinas para que se beneficien de las energías más favorables.

■ **EN EL SURESTE, MIRANDO HACIA EL NOROESTE.** Promueve la comunicación, de modo que sienta allí a alguien a quien quieras oír hablar. Tradicionalmente, está asociado a la hija mayor, y favorece en general a las mujeres jóvenes. El noroeste, por su parte, está asociado con el respeto y la dignidad.

■ **EN EL SUR, MIRANDO AL NORTE.** El sur hace aflorar nuestro lado más apasionado y expresivo. Esta posición está asociada a la hija del medio o a una mujer de mediana edad. El norte, por su parte, es reservado.

■ **EN EL SUROESTE, MIRANDO HACIA EL NORESTE.** Tradicionalmente asociada con la madre, esta posición potencia la armonía de la familia. Tener delante el noreste es estimulante y favorable para el trabajo.

■ **EN EL ESTE MIRANDO, HACIA EL OESTE.** Una posición adecuada para un hombre joven, activo y ambicioso. Tradicionalmente, es el puesto del hijo mayor. Tener delante el norte suele alentar el romance y la alegría.

■ **EN EL OESTE, MIRANDO HACIA EL ESTE.** El romance y el placer se ven potenciados por la energía graciosa y juguetona de esta posición. Esta asociada con la hija menor, y es apropiada para una chica joven. Mirar hacia el este favorece el trabajo y la confianza en uno mismo.

■ **EN EL NORESTE, MIRANDO HACIA EL SUROESTE.** El noreste potencia la iniciativa, y el hijo menor puede sentirse cómodo allí. No es demasiado beneficiosa para los demás, sobre todo si se sientan allí cada día.

■ **EN EL NORTE, MIRANDO AL SUR.** El norte es callado y estático, pero el sur está lleno de placer y animación. Es una posición adecuada para el hijo del medio o para un hombre en la mediana edad.

■ **EN EL NOROESTE, MIRANDO HACIA EL SURESTE.** Puesto tradicional del padre, el noroeste está asociado al liderazgo. Tener delante el sureste favorece la armonía y la comunicación. ▶

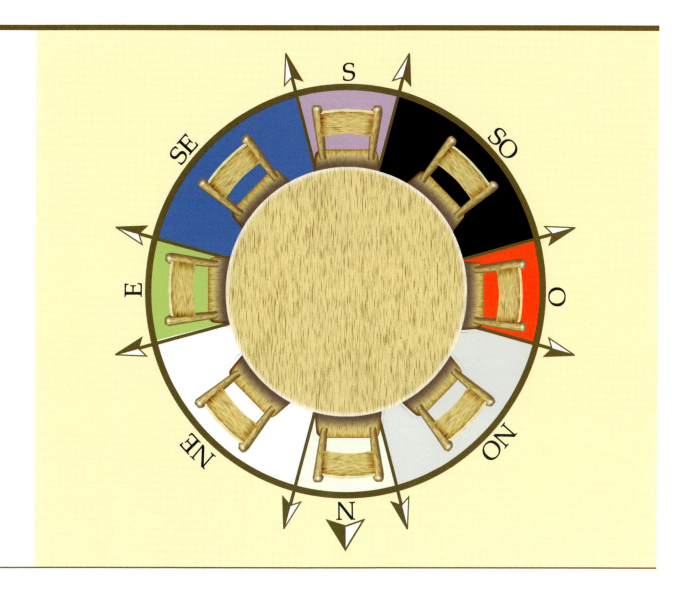

EL DORMITORIO

Pasamos entre seis y nueve horas diarias en la cama. La ubicación y el diseño del dormitorio y la orientación de la cama ofrecen una estupenda oportunidad de alinearnos con el flujo natural de la energía chi, de manera que éste beneficie otras áreas de nuestra vida.

Dormir es esencial para mantenerse sano, así que el ambiente del dormitorio debe ser propicio. Además, debe ser un lugar en el que te sientas fresco al despertar, así como lleno de vitalidad para empezar el nuevo día.

El dormitorio también desempeña un papel muy significativo en las relaciones amorosas, pues es allí donde tienen lugar el sexo y la intimidad.

Direcciones favorables

La orientación de la cama puede dificultar la vida de las personas más allá del sueño o la intimidad. Si tienes varias habitaciones a tu disposición, elige la que tenga el ambiente más sereno. La orientación ideal de tu cama estará relacionada con tus metas y tus propósitos. En principio, es conveniente que el cuarto esté expuesto a la luz del sol al amanecer, para que éste potencie tus energías todas las mañanas.

Las direcciones más aconsejables para el dormitorio de un adulto o una persona mayor son el noroeste, el norte y el oeste, con respecto al centro del hogar. El noroeste es ideal para los padres, pues está asociado con la madurez y las responsabilidades, el respeto de los demás y la capacidad de organizar la propia vida. El norte alberga una energía chi más estática y apacible, y puede ser adecuado si tienes dificultades para dormir. Sin embargo, no es recomendable que una persona duerma con la cabeza apuntando al norte, pues su vida puede volverse demasiado tranquila. El oeste es particularmente favorable para el romance, el placer y la felicidad. Si tu vida sexual se ha hecho rutinaria, muda el dormitorio al norte o al oeste para incursionar en actividades más satisfactorias.

Qué debes evitar

■ **Materiales yang.** El cristal, el metal, el mármol y otras superfi-

■ Zona de relax

Más que cualquier otra habitación, el dormitorio debe de ser compatible con el Trigrama personal de su ocupante, puesto que una gran proporción de la vida de una persona discurre en esta habitación. Es muy importante que ningún presagio desfavorable ocupe esta área.

En el dormitorio, es mejor que no hayan objetos que estimulen el chi y se aconseja tener un solo espejo, colocado de manera que no refleje al que duerme. La posición de la cama es importante para favorecer el descanso y la prosperidad del que duerme en ella.

Dormitorio: elementos esenciales

■ **PLANTAS.** Las plantas de hojas redondeadas inspiran tranquilidad. Colócalas en el oeste o en el noroeste para reforzar la energía del metal.

■ **ARMARIOS.** Los armarios han de ser amplios, y es conveniente que mantengas toda tu ropa y tus cosas guardadas en ellos. Si abarcan toda la pared, o están situados en una esquina interna, contribuirán a mitigar el chi cortante.

■ **ILUMINACIÓN.** Las luces suaves, más yin, invitan al reposo y la intimidad. Unas velas pueden añadir un toque romántico más natural. Si las colocas en el noreste, potenciarás la energía de la tierra.

■ **MUEBLES.** Deben tener bordes redondeados. Si tienen esquinas, evita que apunten hacia la cama.

■ **SUELOS.** Los materiales suaves más yin ralentizan la energía chi y contribuyen a crear una atmósfera relajante.

■ **CAMA.** Las camas de madera ejercen un efecto neutral en la energía chi. Las cabeceras, por su parte, sirven para proteger tu cabeza de los flujos acelerados de chi.

■ **ROPA DE CAMA.** Usa sábanas y fundas de algodón, lino o seda para crear un flujo armonioso de energía alrededor de tu cuerpo.

■ **VENTANAS.** Las cortinas plisadas hasta el suelo ralentizan el flujo de chi durante la noche y favorecen el reposo durante el sueño. Mantenlas bien cerradas mientras duermes.

■ **PAREDES.** Los colores pastel son más relajantes y más yin.

■ **CUADROS.** Coloca pinturas o tapices en marcos sin vidrio o con vidrio no reflectante, para evitar este efecto yang en tu dormitorio.

▶

Las habitaciones de **tu casa**

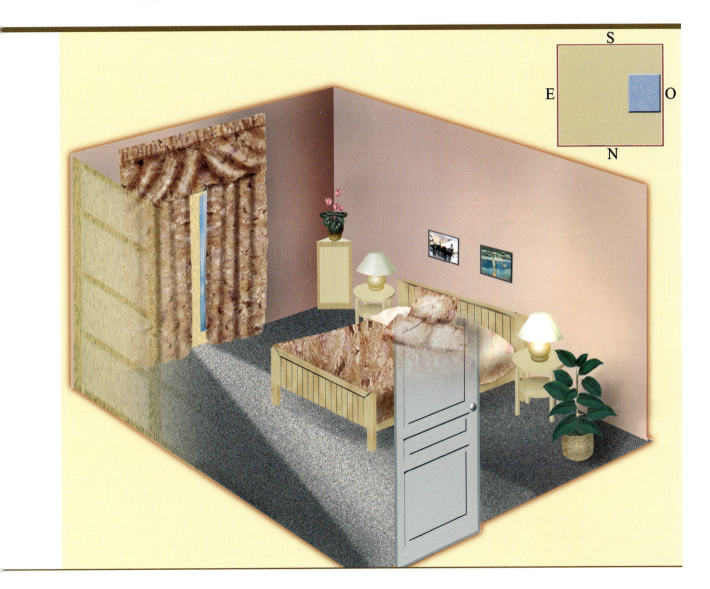

cies duras aceleran la energía *chi* y pueden perturbar el reposo.

■ **Esquinas pronunciadas.** Dado el tiempo que pasas en tu dormitorio, es especialmente importante evitar allí el chi cortante. Evita también las plantas con hojas puntiagudas y los muebles cuadrados o rectangulares.

■ **Espejos.** Durante el sueño, los espejos te devuelven reflejado tu propio chi, con lo que pueden impedir que te liberes de viejas emociones.

■ **Cuartos de baño.** Los cuartos de baño estilo suite pueden llenar tu dormitorio de humedad y pesadez, despojándolo de otras energías chi más saludables. Mantén la puerta del cuarto de baño cerrada.

Elige la decoración

En el oeste, la decoración del dormitorio debe potenciar la energía del metal, que es favorable para este tipo de habitación. Usa colores como el rosa, el blanco y el gris, y poténcialos con algunas pinceladas de rojo, plateado o dorado. Cuanto más rojo, más romántico será el ambiente. Los matices más suaves o más yin potenciarán el sosiego y la tranquilidad. Si tienes dificultades para dormir, pinta las paredes con una esponja o un trapo mojado para conseguir diversos tonos irregulares.

Decora otras direcciones

■ **Norte.** La quietud y la tranquilidad caracterizan la energía chi del norte. Esta dirección favorece la introspección y la intranquilidad y es adecuada para las personas mayores y los insomnes, pero no resulta demasiado beneficiosa para una persona joven. Según tu situación, puede ser deseable preservarla con colores crema o blanco mate, o potenciarla con rosados y rojos cálidos.

Las habitaciones de **tu casa**

■ **Noroeste.** El ambiente natural del noroeste es de seriedad y responsabilidad: quizá resulte demasiado sombrío para una persona joven. Para reforzarlo, puedes utilizar colores grises, blancos y rosados. Los diseños a cuadros añaden energía de tierra, que refuerzan la del metal, sobre todo si incluyen amarillo, marrón o negro.

■ **Este y sureste.** Son las direcciones más adecuadas para las personas más jóvenes. Los matices más yin del verde o el azul y los diseños irregulares contribuirán a calmar el ambiente a la hora de dormir.

Remedios para direcciones desfavorables

■ **Sur y el noreste.** Son las direcciones menos favorables para el dormitorio. El primero es demasiado cálido y fogoso para dormir en paz; el segundo demasiado imprevisible. El suroeste también es desfavorable, pues su energía sedentaria puede generar pereza y lentitud. Es importante estabilizarla, y también apaciguarla.

■ **Noreste.** Apacigua la tajante energía del noreste usando amarillos pálidos o colores oxidados, antes que rojos o rosas brillantes. La energía del metal será útil si añades objetos o diseños con sinuosidades, más yin y suavemente estilizados, en vez de círculos, más yang.

Sur. Puedes apaciguar las pasiones excesivas de esta dirección utilizando matices yin del violeta y colores terráqueos como el amarillo y el negro.

Las alfombras, las cortinas, los tapices, los muebles de tapicería y otras texturas suaves también serán útiles. Añade energía de la Tierra a través de diseños a cuadros, macetas de terracota cruda con enredaderas bajas y figuras de barro cocido.

Suroeste. Puedes estimular la energía sedentaria del suroeste usando amarillos brillantes y marrones con pinceladas de violeta. Añade energía del metal en sus formas más yin para generar más estabilidad.

La cama

Para la mayoría de la gente, la cama es tan sólo el lugar donde duermen o comparten su intimidad sexual. Sin embargo, una cama orientada de forma correcta puede renovar nuestras energías.

La madera es el material más indicado para la base de la cama. A diferencia del metal, no altera el campo magnético y no afecta tanto la circulación de la energía chi.

El espacio bajo la cama debe permanecer vacío, para evitar que la energía chi se estanque allí mientras duermes.

Si tienes que guardar cosas, sácalas periódicamente de debajo para limpiar.

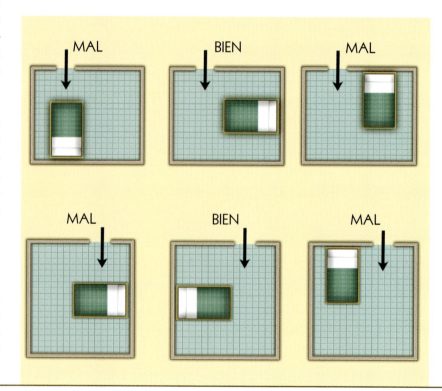

Las habitaciones de **tu casa**

Según el Feng Shui, muchas horas bajo el influjo de una determinada dirección no favorable producen confusión mental y salud débil. Para disfrutar de los beneficios del chi y gozar de un sueño revitalizador y tranquilo, lo ideal es que el cabezal de la cama esté orientado hacia su dirección personal más favorable según el número natal. A ser posible la cama debe situarse en diagonal a la puerta de acceso al dormitorio, en el extremo opuesto, para poder ver la puerta sin recibir de lleno la corriente del chi que entra. Una cama nunca se debería colocar debajo de una viga. Si no se pueden evitar, es mejor que esté a lo largo de la cama que a lo ancho. Si por problemas de espacio queda a lo ancho, procura que ninguna esté justo encima de la cabeza del que duerme.

Evita ante todo las flechas secretas que emanen de las aristas de los pilares, de las vigas, de esquinas salientes o incluso las que penetran por la ventana.

Cómo orientar la cama

La ubicación del dormitorio quizá sea difícil de cambiar, pero la orientación de la cama suele ser más fácil. La posición en la que duermes puede afectar no sólo tus horas de descanso, sino tu vida en general. Trata de alinear la cama con un eje que pase por el centro de tu hogar, para que tu cabeza apunte hacia una dirección favorable.

	CON LA CABEZA ORIENTADA HACIA EL NORTE	La quietud del norte evita el insomnio, pero puede acabar apaciguando demasiado el resto de tu vida.
	CON LA CABEZA ORIENTADA HACIA EL NORESTE	El noreste es demasiado enérgico y tajante para conciliar el sueño. Es muy posible que te sientas nervioso y tengas pesadillas violentas.
	CON LA CABEZA ORIENTADA HACIA EL ESTE	Es la posición ideal para una persona joven. Favorable para el desempeño profesional, la ambición y la realización de sueños. Es también ideal si buscas crecimiento y actividad.
	CON LA CABEZA ORIENTADA HACIA EL SURESTE	Si duermes en esta posición, tu creatividad aumentará y podrás comunicar mejor tus ideas. El sureste estimula también el crecimiento y la actividad, pero de forma más sutil que el este.

Las habitaciones de **tu casa**

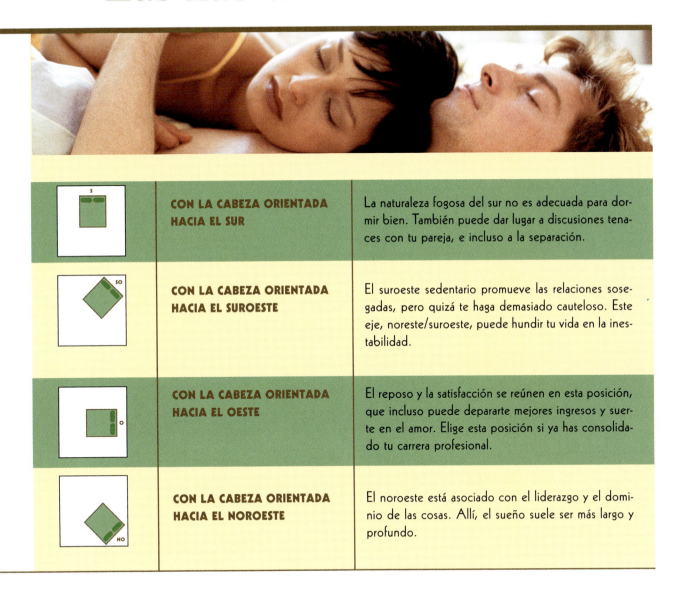

	CON LA CABEZA ORIENTADA HACIA EL SUR	La naturaleza fogosa del sur no es adecuada para dormir bien. También puede dar lugar a discusiones tenaces con tu pareja, e incluso a la separación.
	CON LA CABEZA ORIENTADA HACIA EL SUROESTE	El suroeste sedentario promueve las relaciones sosegadas, pero quizá te haga demasiado cauteloso. Este eje, noreste/suroeste, puede hundir tu vida en la inestabilidad.
	CON LA CABEZA ORIENTADA HACIA EL OESTE	El reposo y la satisfacción se reúnen en esta posición, que incluso puede depararte mejores ingresos y suerte en el amor. Elige esta posición si ya has consolidado tu carrera profesional.
	CON LA CABEZA ORIENTADA HACIA EL NOROESTE	El noroeste está asociado con el liderazgo y el dominio de las cosas. Allí, el sueño suele ser más largo y profundo.

EL CUARTO INFANTIL

En la mayoría de hogares este espacio sirve tanto de dormitorio como de cuarto para jugar. Todo un desafío que nos obliga a equilibrar ambas prioridades. Por una parte, queremos un dormitorio en el que los niños descansen por la noche. Pero los niños también están en edad de crecer y necesitan estímulos para su actividad incansable, así que la habitación también debe estar bien surtida de energía chi.

El dormitorio puede convertirse en un escenario de peleas si lo comparten dos o más niños. Coloca todas las camas en la misma dirección, y sus relaciones serán un poco más armoniosas. Si tu propia relación con uno de tus hijos atraviesa por un periodo de tensión, alinea tu cama con la suya durante un tiempo o hasta que los problemas se hayan aligerado.

El cuarto de los niños debe estar en contacto con la energía del amanecer. El sureste y el este son las direcciones más propicias, pero también es favorable el oeste, que recibe el sol del atardecer, sobre todo en casos de niños hiperactivos.

La energía chi en el este es activa y simboliza el futuro. En el este, comienza el nuevo día, y tus hijos están comenzando una nueva vida. Sin embargo, es posible que tengan dificultades para dormir, a causa del exceso de chi.

El sureste es una ubicación ideal y sosegada para que tu pequeño descanse. Allí la energía chi es más moderada que en el este, y puede contribuir a que tus hijos crezcan en mayor armonía.

El oeste está asociado con el juego, aunque no entraña los beneficios de las anteriores direcciones.

Elige la decoración

El color azul conserva la energía favorable de la madera. Pinta las paredes de un matiz más suave y más yin. Los tonos brillantes de azul, verde y amarillo estarán también en armonía, siempre que sea en pequeñas dosis. Las paredes lisas y las mantas sin dibujos son más yang, y amortiguarán la sensación de desorden cuando todos los juguetes anden por ahí.

■ **Sureste.** Comparte muchas características del este, pero sus efectos son algo más moderados. Basta con preservar el ambiente

Las habitaciones de **tu casa**

La habitación de los niños debe ser entretenida durante el día y apacible durante la noche.

El cuarto de los niños: elementos esenciales

■ **CAJONES.** Un buen número de cajones permitirá mantener el cuarto despejado. Colócalos al alcance de tus hijos para que puedan guardar sus juguetes.

■ **MUEBLES.** Las banquetas y las mesas redondeadas evitan el chi cortante, y los colores brillantes resultan estimulantes.

■ **SUELOS.** Los suelos de madera natural refuerzan la energía de la madera, evitan que el chi se estanque y son fáciles de limpiar.

■ **ILUMINACIÓN.** Las luces de pared que se reflejan en el techo refuerzan la energía de la madera. También son preferibles a las lámparas, pues carecen de cables que se arrastren por el suelo.

■ **LAS CAMAS.** Los acolchados y las almohadas mullidas hacen que las camas sean agradables y acogedoras. El color azul está en armonía con la energía del oeste. Si tienes un bebé con dificultades para dormir, coloca la cuna de modo que su cabeza apunte hacia el norte.

■ **VENTANAS.** Las persianas de tela ralentizan el chi que fluye a través de la ventana por las noches, pero no contribuyen a que se estanque.

■ **LAS PAREDES.** Los matices más claros del azul transmiten armonía y tranquilidad. Las estrellitas añaden energía del fuego.

■ **MÓVIL.** Los delicados movimientos de un móvil sirven para estimular a los niños pequeños, o bien para relajarlos. Coloca un móvil metálico y más yang en el oeste de la habitación y potencia su efecto pintándolo de colores primarios. Un móvil de tela en colores pasteles, por otra parte, será más yin y más tranquilizador.

■ **JUGUETES.** La madera es un material ideal para los juguetes. Es un material fuerte y resistente, aparte de natural, y resulta a la vez cálido y agradable al tacto.

■ **CUADROS.** Los cuadros de tela ralentizan el chi, y tienen la ventaja de no ser reflectantes. Elige imágenes positivas que se adapten a los gustos de tus niños. ▶

Las habitaciones de **tu casa**

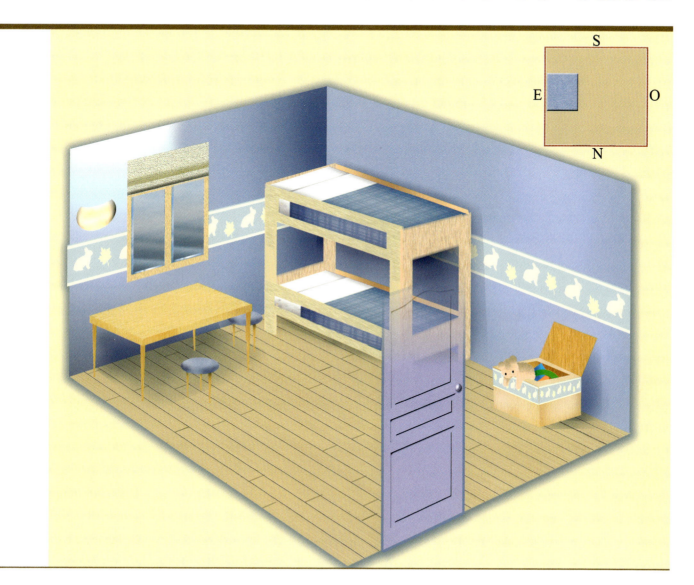

natural, sin introducir demasiados elementos que apacigüen la energía chi. Los matices más fuertes del verde y el azul son aconsejables, en tanto que sean alegres y brillantes. Los diseños con motivos verticales también son apropiados.

■ **Oeste.** La satisfacción reposada del oeste puede sentarle bien a un niño ansioso o hiperactivo, o cuando dos o más están en una fase de peleas. Los tonos más yang del

rojo y el rosado y algunas pinceladas de amarillo serán útiles, al igual que los diseños a cuadros.

Remedios para direcciones desfavorables

■ **Noreste, sur, suroeste y noroeste** pueden crear problemas si orientas las camas de tus hijos en su dirección. Tampoco son demasiado recomendables para situar su cuarto.

■ **Norte.** Potencia la energía estática del norte añadiendo la energía yang del metal: los rojos brillantes, los móviles de metal y las campanillas vendrán muy bien.

■ **Noreste.** La energía de la tierra y la del metal pueden apaciguar el chi inestable del noreste. El rosa óxido y el amarillo pálido son colores aconsejables, al igual que la presencia de telas y otros materiales y superficies yin.

■ **El Sur.** La energía yin de la tierra contribuye a apaciguar el intenso chi del sur, al igual que en el caso del noreste. Usa amarillo pálido y color ante, en vez de rosa, y coloca una vasija de terracota lleno de carbón bajo las camas.

■ **Suroeste.** La energía más yang del fuego y el metal sirven para acelerar el chi reposado del suroeste. El violeta, el rojo y el rosa son recomendables, al igual que los diseños circulares.

■ **Noroeste.** La solemnidad excesiva del noroeste puede moderarse añadiendo la energía propia del agua.

Cuidado con...

■ **La cabecera bajo la ventana.** La cabecera de la cama de tus hijos debe estar lejos de la ventana, pues puede perturbar su sueño.

■ **Las puertas abiertas.** Durante la noche mantén cerrada la puerta de la habitación, y también cierra las cortinas. La energía chi empezará a fluir más despacio y los niños se dormirán más pronto.

■ **Los muebles pesados.** Los muebles aparatosos son molestos y pueden hacerles sentir prisioneros en su propia habitación.

■ **Los equipos eléctricos.** Para evitar radiaciones innecesarias, no coloques televisiones u ordenadores en el cuarto de tus hijos.

LA COCINA

La energía chi de la cocina puede afectar la comida que ingerimos, así como su preparación. Por ello, es fundamental su localización dentro de la casa.

Direcciones favorables

Las posiciones más favorables para la cocina son el este y el sureste. La energía de ambas direcciones inspira ideas y alegría, y está relacionada con el crecimiento, la actividad y el desarrollo.

El elemento correspondiente es la madera, que es compatible tanto con el agua como con el fuego. Esta combinación hará fluir la energía chi dentro de tu cocina y propagará la armonía resultante al resto de tu casa.

El este y el sureste también son direcciones particularmente adecuadas para las cocinas que funcionan como comedor en el desayuno, pues el sol de la mañana las llena de vitalidad.

Una cocina limpia, seca y reluciente ejercerá un efecto positivo sobre los alimentos que deseas cocinar. Ten presentes estos factores:

■ **Plantas.** Coloca plantas saludables de hojas grandes entre el fregadero y la cocina propiamente dicha para armonizar el fuego y el agua.

■ **Iluminación.** La luz natural es ideal. Compleméntala con lámparas que iluminen los rincones más oscuros, para que el chi no se estanque.

■ **Suelos.** Los suelos de madera son también recomendables, pues son cálidos, prácticos y fáciles de limpiar. Los suelos de corcho son los más yin.

■ **Armarios.** La cocina debe permanecer bien despejada para que el chi no se estanque y perjudique la preparación de los alimentos. Guarda en orden todos los utensilios y los electrodomésticos, y mantén las superficies de trabajo libres y limpias.

■ **Flores y frutas.** Los recipientes de fruta y de otras comidas frescas potencian el flujo saludable de la energía chi al igual que las flores.

■ **Muebles.** La madera es la superficie ideal para preparar los alimentos. El acero inoxidable y

■ La mejor cocina

Ni electrodomésticos de última generación, ni muebles de diseño italiano, la cocina ideal simplemente debe ser luminosa para atraer buenas dosis de chi que impregne los alimentos. De forma regular y espaciosa, conviene que esté bien aireada y limpia para que el chi circule con suavidad, pero sin estancarse.

No debe estar localizada en una área de la casa que quede bajo el presagio de «accidente o desgracia» ya que en la cocina se da el peligro del elemento fuego (hornillos) y del elemento metal (cuchillos e instrumentos).

También es importante que la encimera de cocción y el fregadero no se encuentren en el mismo lateral de la cocina, ya que son dos elementos confrontados.

En la cocina, combina los elementos madera, agua y fuego, y la armonía se propagará al resto de la casa.

los azulejos de cerámica crean un ambiente más yang, pero pueden crearte problemas si pasas mucho tiempo en tu cocina. Los azulejos de vinilo y las láminas sintéticas tienden a bloquear la energía chi.

🟩 **Aire fresco.** Abre las ventanas cada día para evitar humedades y renovar el flujo de energía. La ventilación natural es preferible a los extractores, que perturban el chi.

🟩 **Tuberías.** Mantén las tuberías en buen estado y los desagües despejados.

Colores y diseños

Para potenciar la energía favorable del este o el sureste, puedes pintar tu cocina con tonos cremosos o también en un blanco mate. Añade también algunos matices de verde brillante en el este y de azul o verde oscuro en el sureste. Los diseños irregulares favorecen el flujo del chi, ya sea en el acabado de la pintura, el papel o el decorado de los muebles.

Los motivos acuáticos en tonos azules también son recomendables, pues la energía del agua refuerza la de la madera.

Los muebles de cocina

Dentro del Feng Shui, el horno y los fogones representan la creación de la vida, pues la comida que preparamos en ellos renueva la vida de nuestro cuerpo. Puesto que integran el mueble más importante de la cocina, éste ha de ser tan grande como lo permita el espacio.

Los fogones de llama natural son los más aconsejables. Los mejores son los de gas, pero la madera o el carbón también son buenas alternativas. Las cocinas eléctricas no son recomendables, pues generan campos electromagnéticos que pueden afectar negativamente el chi de la comida, y en consecuencia tu salud. También es conveniente evitar los hornos microondas.

Una de las direcciones más favorables en la cocina es la «isla», situada en el mismo centro del cuarto. Desde allí, el cocinero puede mirar la habitación mientras cocina, al igual que las puertas y ventanas. También puede elegir entre varias direcciones para cocinar frente a alguna que le sea más beneficiosa. Si cocinas de cara a la habitación, te sentirás menos aislado y podrás hablar con tu familia o amigos mientras cocinas para ellos.

La cocina y el fregadero

Representan respectivamente la energía del fuego y del agua.
Su ubicación puede perjudicar la armonía de esta área vital de la casa. En lo posible, evita situarlos lado a lado, y mantén alejados del fuego otros elementos «acuáticos» como la nevera, el lavaplatos y la lavadora. Busca direcciones favorables donde la energía chi sea compatible con el fuego y el agua.

Si las instalaciones se hallan en posiciones no favorables y no hay posibilidad de cambiarlas de lugar, puedes recurrir a los remedios que te proporcionan los Cinco Elementos para mitigar las consecuencias negativas.

Direcciones más favorables para la cocina y el fregadero

DIRECCIÓN	EFECTOS	SOLUCIÓN
NORTE **Desfavorable**	La energía chi es demasiado sosegada para potenciar la salud o la vitalidad.	Añade energía del metal. Las superficies de acero inoxidable, las sartenes y otros objetos hechos de metal o de forma redonda son todos útiles, al igual que el rojo, el blanco y el plateado.
NORESTE **Desfavorable**	El noreste está situado en un eje inestable, que puede desorientar al cocinero y hacer de la cocina un lugar impredecible.	Para estabilizar el chi, coloca pequeños boles de porcelana llenos de sal marina en las esquinas, al suroeste y noreste de la cocina.
ESTE **Favorable**	El agua y el fuego combinan armoniosamente con la energía de la madera característica del este. El fregadero y la cocina pueden convivir en esta dirección dinámica, que evitará que el chi se estanque a causa de la humedad.	
SURESTE **Favorable**	Al igual que en el este, la energía de la madera se encuentra aquí en armonía con el agua y con el fuego. El ambiente quizá no sea tan activo como en el este, pero evitará que se estanque el chi.	

Las habitaciones de **tu casa**

DIRECCIÓN	EFECTOS	SOLUCIÓN
SUR **Desfavorable**	La energía chi del fuego propia del sur es desfavorable para la cocina. La concentración de fuego en una sola habitación puede aumentar incluso el riesgo de un incendio.	Añade energía de la tierra colocando una maceta de barro llena de carbón o cualquier otro objeto de barro. El amarillo y el negro son los colores propicios.
SUROESTE **Desfavorable**	El suroeste se encuentra situado en un eje inestable. El noreste está situado en un eje inestable, que puede desorientar al cocinero y hacer de la cocina un lugar impredecible.	Estabiliza la energía chi colocando un cuenco de sal marina en las esquinas orientadas hacia el suroeste y noreste.
OESTE **Desfavorable**	El agua del fregadero consume la energía del metal propia de esta dirección. Esta última se encuentra a su vez en conflicto con el fuego de la cocina.	Añade energía de tierra (una maceta de barro llena de carbón) en los alrededores de la cocina, y energía del metal (flores blancas en un jarrón de metal) cerca del fregadero.
NOROESTE **Desfavorable**	El agua del fregadero consume la energía del metal propia de este dirección. Esta última se encuentra a su vez en conflicto con el fuego de la cocina.	Añade energía de tierra (una maceta de barro llena de carbón) en los alrededores de la cocina, y energía del metal (flores blancas en un jarrón de metal) cerca del fregadero.

EL CUARTO DE BAÑO

En el cuarto de baño, el agua es el elemento fundamental. Como en otras habitaciones donde ésta es abundante, puede causar humedades. El flujo del chi se hará entonces denso y pesado, y puede llegar a estancarse. El riesgo es particularmente alto en los cuartos de baño internos, que no tienen ventanas y apenas reciben aire fresco o luz natural.

El inodoro, que suele estar dentro del cuarto de baño, es otra fuente de problemas, pues el movimiento del agua en los desagües ejerce un efecto especialmente perjudicial.

Direcciones favorables

En Feng Shui, la ubicación del agua debe elegirse con cuidado, pues puede perjudicar el flujo general de la energía chi. Si se encuentra en una dirección desfavorable, los desagües del inodoro, la ducha y el lavamanos pueden menguar la energía de la casa entera. Las posiciones menos deseables, al margen de su orientación, son enfrente de la puerta principal y cerca de las escaleras, el comedor o la cocina.

El sureste y el este son las direcciones más favorables para el cuarto de baño, pues el agua refuerza la energía de la madera característica de estas direcciones. Ésta suele ser también la parte más soleada de la casa y, si hay suficientes ventanas, el sol ayudará a mantener seca la habitación. Así, un ambiente más seco y la presencia de luz solar evitarán que la energía chi se estanque.

El noreste es la dirección menos deseable para situar el cuarto de baño, y es recomendable evitarlo en la medida de las posibilidades.

Elige la decoración

En el cuarto de baño, la prioridad es mantener el ambiente seco, aireado y bien iluminado para impedir que el chi se estanque a causa de la humedad.

■ **Muebles.** Coloca sólo los muebles y los estantes indispensables. La proliferación de objetos sólo creará un ambiente más húmedo y probablemente más estancado.

■ **Ventanas.** Las persianas de metal son una buena solución para dejar entrar la luz y a la vez conservar la privacidad.

Las habitaciones de **tu casa**

■ Ubica el cuarto
de baño en el sureste
o el este, pues el agua
reforzará la energía
de la madera característica
de estas direcciones.

■ Plantas. Las plantas de hojas grandes dan vida y frescura, y minimizan el riesgo de que el chi se estanque en el cuarto de baño.

■ Iluminación. La luz natural es siempre la mejor. Si es limitada, mantén bien iluminada la habitación y sobre todo las esquinas.

■ Aire fresco. Mantén el baño bien ventilado para poder mitigar la humedad y el riesgo de que se estanque la energía chi. Abre la ventana cada día, y deja que entre el aire fresco.

■ Espejos. Los espejos aceleran el flujo del chi, lo cual constituye un efecto positivo en el cuarto de baño. También crean sensación de más espacio, pues la gran mayoría de los cuartos de baño son pequeños.

Colores y diseños

En el este y el sureste, los colores crema y el blanco mate en paredes y muebles potenciarán el flujo del chi. Usa verde brillante en el este, para las toallas, las persianas y las alfombrillas, y verdes y azules oscuros en el sureste. Las paredes lisas tienen un efecto más yang, que en el lavabo resulta positivo. Los terminados irregulares refuerzan la energía del agua, lo cual puede ser útil llegado el caso. Los materiales más yang son los más beneficiosos.

El inodoro

Debe ser discreto y estar lejos de la puerta, para reducir el efecto negativo del desagüe en la energía del resto de la casa. Si hay sitio, sitúalo de modo que no pueda verse desde la puerta. Las filtraciones y las pérdidas de agua en grifos y duchas potencian el efecto de «drenaje» del baño, propician la humedad y contribuyen a que se estanque el chi. Cerciórate de que las instalaciones se encuentren siempre en buen estado, y mantén el cuarto ordenado, limpio y seco.

Direcciones desfavorables

Para mitigar los efectos de una dirección desfavorable, debes tratar de armonizar la energía del agua con el elemento que predomina en la dirección. Recurre a colores relacionados con las Ocho Direcciones.

Cómo armonizar la energía del agua

DIRECCIÓN	EFECTOS	SOLUCIÓN
NORTE **Desfavorable**	El agua del baño y la energía acuática del norte pueden dar lugar a una ciénaga. La quietud y la calma del norte contribuirán a estancar el chi, te harán sentir más introvertido y pueden llegar a drenar tus energías.	Coloca plantas altas para fortalecer la energía de la madera. Las plantas aportarán su propio chi, dinámico y vital, absorberán la humedad y producirán aire fresco.
NORESTE **Desfavorable**	La energía de tierra del noreste destruye la energía del agua y hace de esta dirección la menos favorable para el cuarto de baño. El flujo del chi entra en caos en esta ubicación proclive a la inestabilidad, que puede desatar cambios inesperados en tu vida y acarrear problemas de salud.	Potencia la energía del metal, para que la Tierra entre en armonía con la energía del agua. Coloca sal de mar dentro de un bol de porcelana en el noreste de la habitación.
ESTE **Favorable**	La energía chi del agua está en armonía con la de la madera característica del este. Sin embargo, el efecto de drenaje del inodoro y los desagües de la bañera y el lavabo es contrario al crecimiento vertical de la madera y puede resultar perjudicial.	Potencia la energía vertical de la madera colocando plantas altas en el lavabo. Los suelos y los muebles de madera también serán útiles.
SURESTE **Favorable**	Al igual que el este, el sureste ejerce un influjo favorable en la energía del cuarto de baño. El drenaje de los desagües puede menoscabar el ímpetu de la madera que crece hacia arriba.	Potencia la energía vertical de la madera colocando plantas altas en la habitación.

Las habitaciones de **tu casa**

DIRECCIÓN	EFECTOS	SOLUCIÓN
SUR **Desfavorable**	La energía chi del agua destruye la energía de fuego del sur. Te sentirás falto de pasión, tendrás menos oportunidades para que se reconozcan tus méritos y puedes ser objeto de demandas legales.	Equilibra el agua y el fuego potenciando la energía de la madera.
SUROESTE **Desfavorable**	La energía de tierra del suroeste es voluble e inestable, aparte de que destruye la energía del agua del cuarto. Si no tomas medidas adecuadas, puedes tener problemas de salud.	Para equilibrar la tierra y el agua, potencia la energía del metal. Coloca un pequeño bol de porcelana con sal marina, junto con un cubo.
OESTE **Desfavorable**	El agua del cuarto de baño agota la energía del metal propia del oeste. Este efecto podría acabar drenando tus ingresos económicos.	Potencia la energía del metal colocando plantas de color roja.
SURESTE **Desfavorable**	La energía del agua drena la energía del metal del noroeste. Puedes sentirte desorientado o incapaz de organizarte.	Potencia la energía del metal con plantas de flores blancas.

LA OFICINA EN CASA

Trabajar en casa tiene grandes ventajas, pues puedes avanzar a tu ritmo y con comodidad. También puedes ejercer mayor control sobre tu espacio de trabajo. La distribución y la decoración del espacio pueden potenciar tu eficacia y tu productividad, de modo que seas más exitoso. Todos los detalles de la habitación deben obrar en tu favor, ninguno en tu contra.

Algunas personas utilizan su dormitorio como espacio de trabajo. En términos del Feng Shui, es difícil combinar los dos, pues dormir y trabajar requieren condiciones antagónicas. Es preferible instalarse en otra habitación.

En tu estudio o espacio de trabajo, uno de los principales desafíos es equilibrar la radiación eléctrica de los equipos electrónicos con el flujo natural de la energía chi. La posición de la silla y el escritorio es de vital importancia, al igual que su orientación en la habitación.

Direcciones favorables

El este, el sureste, el sur y el noroeste son las cuatro direcciones ideales para que instales tu oficina en casa.

La energía chi del este favorece el aumento de actividad, la concentración y la realización de metas. Es la dirección ideal si estás empezando un negocio o te has embarcado en una nueva carrera. La energía del sureste tiene efectos similares, pero más mitigados, y puede potenciar la comunicación y el crecimiento armonioso de tu empresa o tus actividades.

El fogoso chi del sur promoverá tu trabajo ante los demás, y aumentará tus posibilidades de ser reconocido o bien de hacerte famoso. Si estar bajo los reflectores representa algo indispensable para tu éxito, intenta colocar tu oficina en esta dirección.

El noroeste favorece el liderazgo, la capacidad organizativa y el respecto de los demás.

Elige la decoración

El ambiente de una oficina debe estar lleno de estímulos y actividad. Sin embargo, es importante que no sea estresante y te permita trabajar a gusto. Elige muebles y adornos más yang, equilibrándolos con algunos elementos más yin que propicien la calma.

■ **Muebles.** El escritorio es el mueble más importante de tu oficina. También la silla, que debe mantenerte despierto mientras trabajas, sin causarte molestias a nivel físico o mental.

Las habitaciones de **tu casa**

Distribuye y decora el espacio de trabajo para mejorar tu eficacia y productividad.

■ Áreas de trabajo

Distribución incorrecta

Las mesas no deben estar de espaldas a la puerta.

Distribución correcta

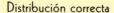
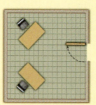

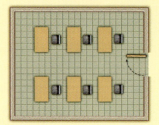

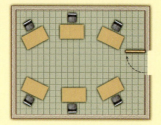

Según el Feng Shui, cada actividad profesional se asocia a un Trigrama y a una dirección. Para que una empresa sea próspera, hay que determinar primero las áreas y funciones que son prioritarias y situarlas en las direcciones favorables.

Cómo distribuir las áreas de trabajo de una empresa:

■ Sitúa en el plano los Trigramas en sus respectivas direcciones. Esto identificará el tipo de trabajo que mejor podría llevarse.

■ Según la orientación del edificio, toma nota de los presagios de cada dirección para saber qué partes del edificio son beneficiosas y cuáles son menos exitosas.

■ Divide el área misma. Puede ocurrir que las zonas más adecuadas para el negocio no tengan buenos presagios. Es importante asegurarte de que la orientación del establecimiento es aquella en la que los presagios que ocupan la dirección que se identifica con la actividad o función principal de un negocio sean afortunados.

Las habitaciones de **tu casa**

■ **Iluminación.** La luz natural es más beneficiosa que la artificial. Elige un cuarto con ventanas grandes y evita las luces fluorescentes.

■ **Plantas.** Coloca varias plantas de hojas grandes para contrarrestar la radiación eléctrica.

■ **Equipos eléctricos.** Elige tus equipos con cuidado, para reducir los efectos que produce la radiación eléctrica. Las pantallas planas son preferibles a los monitores de rayos catódicos.

■ **Archivadores y cajones.** El trabajo suele traer consigo gran cantidad de papeles, carpetas, libros y demás. Coloca suficientes cajones y archivadores para tenerlo todo ordenado y evitar que el chi llegue a estancarse.

Colores y diseños

Establece la dirección donde se encuentra tu oficina con respecto al centro de tu hogar. Procura mantener la energía en las direcciones favorables, añadiendo algún matiz aquí y allá para potenciarla o mitigarla. Coloca cortinas de colores yin y diseños sutiles para reducir el estrés asociado con el exceso de trabajo.

Los diseños de rayas verticales, en verde o azul oscuro, contribuirán a mantener la dinámica energía del este de tu casa. En el sureste, vale la pena reforzarla combinando el azul o el verde con tonos de crema o con blanco mate, y dejar las paredes lisas para que tengan un efecto más yang.

El ambiente del noroeste es más adusto y resulta particularmente apropiado para un despacho más formal. El gris, el blanco y el granate, con algunas pinceladas de amarillo, mantendrán la energía en circulación. Los diseños a cuadros también resultan apropiados, pues añaden energía de la tierra, que refuerza la energía metálica del noroeste.

El escritorio

El escritorio y sus accesorios puede afectar la productividad de tu trabajo. Un escritorio amplio te hará sentir poderoso e importante, y ampliará también tus horizontes. Uno pequeño, atiborrado de cosas, te hará sentir arrinconado.

En general, los escritorios redondos u ovalados son preferibles a los cuadrados y los rectangulares, pues

permiten trabajar relajadamente durante largos periodos de tiempo y no tienen esquinas que generen chi cortante.

Los escritorios de madera, que potencian el flujo natural del chi, te harán sentir más a gusto. El vidrio es también una superficie estimulante, pero no tan adecuado como la madera para trabajar durante periodos largos.

Lo ideal es sentarte en una ubicación favorable de cara a una dirección favorable, de modo que puedas ver la habitación, sobre todo las puertas y las ventanas.

Evita sentarte demasiado cerca de los equipos eléctricos, pues éstos perjudican la concentración y causan fatiga y problemas de salud. Evita sentarte de espaldas a la puerta de la habitación, o con una puerta al lado.

Si sueles tener reuniones de trabajo en casa, coloca las sillas de modo que tus visitantes se sientan a gusto trabajando contigo. Si tienes una oficina grande, reserva un

área especial para las reuniones y sienta a los participantes siguiendo las indicaciones descritas para el cuarto de estar y para la mesa del comedor.

La energía de tu lugar de trabajo no sólo se ve afectada por las características de tu escritorio, sino también por los objetos que colocas encima de él. Una distribución favorable puede potenciar la creatividad y la productividad. Para poner el escritorio de tu parte, establece primero en él las direcciones de la brújula: sitúalo en la posición que sea del caso, encuentra su centro, establece el norte magnético y coloca el diagrama de las Ocho Direcciones sobre él. Ubica luego los distintos objetos de modo que estén en armonía con la energía chi de cada dirección.

El sector oeste, por ejemplo, está relacionado con las finanzas y los ingresos: coloca allí tu dinero de bolsillo y los talones a tu nombre, o bien algún objeto hecho de oro o de plata. Puesto que el sur está asociado al reconocimiento público, será ideal para poner allí los premios que has recibido. El sector oeste representa tu futuro, y debe traer a tu memoria tus objetivos a largo plazo y tus sueños más preciados. El noreste potencia tu motivación para trabajar. Ya sea el dinero, o la realización personal, coloca allí algo que te recuerde hasta dónde quieres llegar.

■ El escritorio

NOROESTE: LA CAPACIDAD DE ORGANIZACIÓN

El noroeste es el lugar ideal para tener un diario o una agenda de trabajo.

OESTE: LOS INGRESOS

Guarda aquí la caja fuerte, los cheques a tu nombre y todo lo relacionado con el dinero.

Cajones

El desorden obstruye el flujo armonioso de la energía chi, Mantén tus papeles y tus útiles de trabajo en orden, dentro de cajones y archivadores accesibles.

SUROESTE: LA ARMONÍA FAMILIAR

El suroeste es la dirección adecuada para las fotografías y los recuerdos de tus seres más queridos.

NORTE: LA SERENIDAD

Los lirios blancos y otras plantas contribuyen a minimizar los efectos perturbadores de la radiación de los equipos electrónicos.

SUR: EL RECONOCIMIENTO PÚBLICO

Mantén aquí premios, distinciones u otros símbolos del reconocimiento de los demás a tu trabajo.

NORESTE: LA MOTIVACIÓN

Coloca aquí aquellos estímulos para trabajar más. Pueden ser objetos materiales, como una proyección financiera o un cálculo de las ganancias futuras.

DE CARA AL ESTE

Orienta tu escritorio de modo que mientras trabajas tengas delante una dirección favorable. La energía dinámica del este es aconsejable si deseas abrirte paso rápidamente en tu carrera.

ESTE: LOS SUEÑOS FUTUROS

Coloca aquí algo que te recuerde todo lo que puedes conseguir a través de tu trabajo, por ejemplo, ese coche con el que siempre has soñado.

SURESTE: LA COMUNICACIÓN

El sureste es la posición indicada para el teléfono y el fax, si tienes, y también para tu bandeja de correo.

La posición del escritorio y la silla

SENTADO EN...	EFECTOS
NOROESTE	**MIRANDO AL SURESTE.** El noroeste favorece el liderazgo, la capacidad de organización y las responsabilidades, al igual que la dignidad y la fiabilidad. El sureste potencia la creatividad, el crecimiento y la comunicación.
NORESTE	**MIRANDO HACIA EL ESTE.** La motivación del noroeste se combina aquí con la dinámica energía del este. Esta posición resulta muy útil si te sientes desmotivado o estás buscando una nueva dirección en tu trabajo.
ESTE	**MIRANDO HACIA EL ESTE.** La energía chi del este alcanza aquí sus cotas máximas. Elige está posición si quieres empezar enseguida y crecer profesionalmente a toda velocidad.
ESTE	**MIRANDO AL SURESTE.** Los efectos de esta posición son semejantes a los de la anterior, pero el ambiente menos intenso potencia tus dotes creativas, la buena comunicación y la armonía.

Existen hasta 64 posiciones para situar un escritorio con su silla en una habitación, y cada una ofrece la combinación de diferentes energías. La dirección hacia la que miras ejerce un efecto aún más relevante.

■ **La posición del escritorio y la silla**

SENTADO EN...	EFECTOS
ESTE	**MIRANDO AL SUR.** Te sentirás más activo y podrás llevar tus ideas a la práctica. También aumentarán las posibilidades de que te asciendan y se reconozca tu trabajo. Sin embargo, es una posición poco recomendable si estás inquieto y te cuesta concentrarte.
SURESTE	**MIRANDO HACIA EL ESTE.** Esta combinación tiene efectos semejantes a los de sentarse en el este mirando al sureste, pero invierte la importancia relativa de ambas direcciones.
SURESTE	**MIRANDO AL SUR.** Es favorable para los abogados y para personas que trabajen con la comunicación. No es aconsejable si te estresas o te exaltas con facilidad, pues el flujo de energía es bastante intenso.
OESTE	**MIRANDO HACIA EL ESTE.** La energía chi del oeste está relacionada con los ingresos, las satisfacciones y el placer. Sentarte de cara al este potencia tu ambición, tu rendimiento y tu capacidad para hacer realidad tus sueños.

Los objetos que decoran tu hogar
pueden estimular la energía chi positiva
y contrarrestar la negativa.

Diseño en el **Feng Shui**

Ciertos elementos de diseño afectan de modo determinante la circulación de la energía chi. Otros ejercen sobre él un efecto menos fuerte, o bien un efecto neutral. Sin embargo, incluso los espacios entre los objetos, en las habitaciones o en los pasillos, pueden aligerar el flujo del chi, o entorpecerlo si están abarrotados de cosas.

CÓMO MANIPULAR EL CHI

El mobiliario determina tu propia posición y orientación en las habitaciones de tu casa, y su disposición debe contribuir a que pases la mayor cantidad posible de tiempo en direcciones favorables. Las puertas y las ventanas son relevantes en la medida en que el chi entra y sale a través de ellas de tu hogar. Las escaleras canalizan la energía chi en una u otra dirección. Los elementos de diseños más activos son el agua, las luces, los espejos, las plantas, las flores, los cristales, los sonidos y la sal de mar.

Los muebles, alfombras, cortinas y armarios ejercen efectos menos potentes.

Elige tus muebles con el Feng Shui

Puesto que el mobiliario y la decoración afectan el chi de tu hogar, es importante elegir muebles y adornos que transmitan energía positiva y situarlos en los lugares más adecuados. Desde luego, cada persona tiene sus prioridades, gustos y necesidades, y no siempre es fácil hacerlos coincidir con el ideal del Feng Shui. Sólo tú mismo puedes decidir qué hacer en cada caso, siguiendo algunos parámetros:

■ **Los Cinco Elementos y las Ocho Direcciones.** Revisa la tabla de los Cinco Elementos y la rueda de colores de las Ocho Direcciones para establecer qué tipo de energía chi alberga un objeto y si ésta es favorable para ti.

■ **Colores, formas y materiales armoniosos.** Revisa las tablas de colores, formas y materiales y asegúrate de que el objeto está en armonía con el lugar donde quieres ponerlo en casa.

■ **Yin y yang.** Determina si el objeto potenciará en tu hogar una energía más activa y más yang, o una más pasiva y más yin.

■ **Ubicación.** Coloca el objeto de modo que equilibre los flujos del chi: los objetos más yang en las áreas más pasivas, y los más yin en las más activas.

Decoración con chi

■ Los elementos decorativos deben ayudar a atraer y encauzar el flujo de energía en una casa para que fluya suavemente y se reparta por todo el espacio, sin estancarse. También tienen la función de ocultar o desviar flechas secretas y equilibrar elementos incompatibles.

■ Otros elementos decorativos impiden que el chi fluya demasiado rápido y se convierta en chi negativo: una planta grande, un móvil de campanillas delante de la puerta posterior, una cortina, un biombo...

■ Los objetos brillantes y luminosos atraen el chi a la habitación gracias a los sutiles fluidos que emiten y lo ceden a las personas que trabajan cerca: los jarrones de cristal con flores frescas, las lámparas, un cuadro luminoso, las plantas, móviles, espejos, acuarios, etc. Colocados en rincones oscuros, impiden que el chi se estanque. También potencian la energía de aquellos sectores del Bagua que deseemos activar.

Feng Shui en la práctica

Los siguientes ejemplos ilustran el procedimiento general aplicado a cuatro problemas habituales.

■ Cuál es la cama ideal:

Tu dormitorio se encuentra en el sureste y duermes con la cabeza apuntando hacia el este. La energía de la madera domina ambas direcciones. Quieres encontrar una cama adecuada.

Soluciones:

El vidrio y la madera están en armonía con el sureste, al igual que el color crema, el verde, el azul y el violeta, y las formas irregulares, elevadas o puntiagudas. Elige una cama alta (elevada) con base de madera. Píntala de un color adecuado, o bien usa sábanas y mantas azules, verdes, crema o violeta.

■ Dónde poner una planta grande:

¿Quieres encontrar la mejor ubicación posible para una planta de yuca? Se trata de una planta alta, con hojas puntiagudas que apuntan hacia el cielo. Su carácter más yang es ideal para estimular la energía chi.

Soluciones:

Las hojas puntiagudas necesitan bastante espacio, pues pueden generar chi cortante. Evita la cercanía de sillas y sofá, al igual que los dormitorios, y busca un rincón donde la energía tienda a estancarse. El verde de la yuca potencia la energía de la madera, pero sus formas, asociadas con el fuego, predominan sobre el color. La ubicación más armoniosa será una esquina en el noreste, este, sureste, el sur o suroeste del hogar.

■ Un sofá para el amor:

Has decidido poner un sofá en el sector oeste del cuarto de estar para potenciar el romance asociado con la energía chi de esta área.

Soluciones:

Las formas redondeadas son características del oeste, al igual que el color rojo y el metal. Partiendo de esta información, elige un sofá con respaldos o brazos redondeados y patas o soportes metálicos para potenciar la energía chi del oeste. Si es rojo, tanto mejor. Puesto que el rojo es un color fuerte, basta con que esté presente en la tapicería o en los cojines. Los colores complementarios adecuados son el blanco, el amarillo, el negro y el gris.

■ El lugar ideal para una lámpara:

¿Dónde iría bien en tu hogar una lámpara de pie negra y alargada, de metal? La luz es más activa y yang, representa la energía chi del fuego. La forma alargada potencia la energía de la madera, el metal potencia la del metal y el color la energía de la tierra. El elemento más relevante es la energía yang del fuego.

Soluciones:

Elige una esquina poco iluminada donde la energía chi sea más pasiva. En el noreste, este, sureste, sur y suroeste de tu casa, la luz está en armonía chi, de modo que tienes dónde escoger. El noreste y el sureste son particularmente aconsejables, pues la energía de la tierra y la del metal se hallan en armonía.

LA FUERZA DE LOS COLORES

Según la combinación de colores puedes transformar la energía chi de tu hogar. Además, cada uno puede asociarse al yin o al yang, a uno de los Cinco Elementos y a una de las Ocho Direcciones.

El anillo exterior de la rueda de colores recoge los colores asociados con las Ocho Direcciones. Cada color está en armonía con su dirección particular y mantiene la energía chi respectiva, lo cual es propicio si se trata de una energía favorable. Otros colores pueden emplearse para potenciar o apaciguar la energía chi de una dirección determinada.

Los colores se pueden emplear para cubrir un área grande, a modo de «fondo», o para poner un cierto acento en un área reducida. Los colores de fondo tienden a ser más suaves y tenues, aunque esto no tiene por qué ser una norma. Los colores «puntuales» suelen ser

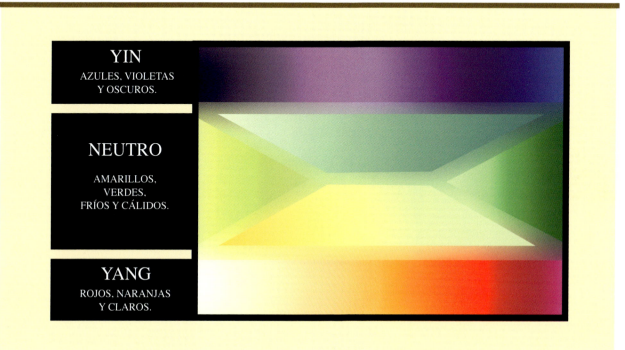

YIN
AZULES, VIOLETAS
Y OSCUROS.

NEUTRO

AMARILLOS,
VERDES,
FRÍOS Y CÁLIDOS.

YANG
ROJOS, NARANJAS
Y CLAROS.

más fuertes y vividos, aunque de nuevo no tiene por qué ser así. Dentro del Feng Shui, ambos métodos son eficaces, siempre y cuando se empleen los colores más adecuados.

Los colores que aparecen en la tabla de colores armoniosos y en la rueda de colores, corresponden a un rango amplio de matices. Estos matices comparten las cualidades esenciales del color en cuestión, pero introducen también sutiles variaciones. Los tonos fuertes, por ejemplo, son más yang que los tonos suaves. Las preferencias personales también son relevantes: si sueles asociar un determinado color con un acontecimiento desagradable, no es recomendable a pesar de lo que indiquen las tablas.

Establece qué colores son los más beneficiosos para aquello que quie-

Color y equilibrio

El color influye en las cualidades yin o yang de una vivienda. Si quieres equilibrar los elementos y las energías de una habitación, el color de las paredes te resultará muy útil. Por ejemplo, el color de una obra de arte, del sofá o de las flores son complementos ideales para realizar composiciones de elementos que equilibren un ambiente. Eso sí, es

importante que los colores se adapten bien a la función de cada habitación: en una habitación de trabajo resultará más conveniente un color vivo (yang), mientras que los tonos neutros te ayudarán a la relajación y el descanso. Cada color posee una cualidad energética determinada, es decir, se vincula a una de las Cinco Energías que simbolizan los Cinco Elementos.

- ■ La madera se asocia al color verde.
- ■ El fuego se revela en el color rojo.
- ■ El elemento tierra se manifiesta en el amarillo y el marrón.
- ■ El blanco simboliza el metal.
- ■ El negro representa el agua.

ras decorar. Luego, revisa el diagrama de las Ocho Direcciones, y decide si debes potenciar, mantener o mitigar el chi de esa dirección en cuestión. A continuación, consulta la tabla de la siguiente página para encontrar una solución adecuada. El amarillo, que es el color del centro, está en armonía con todas las direcciones.

Dentro del Método de la Brújula del Feng Shui, cada una de las Ocho Direcciones y su energía característica están asociadas con uno de los colores que aparecen en el anillo externo de la rueda representada en la siguiente página. El empleo de un color en su dirección respectiva mantendrá la energía chi correspondiente.

El anillo interior de la rueda indica los colores asociados con los Cinco Elementos que prefieren otras escuelas de Feng Shui y que pueden usarse como alternativa a los de las Ocho Direcciones.

■ Elige bien el color

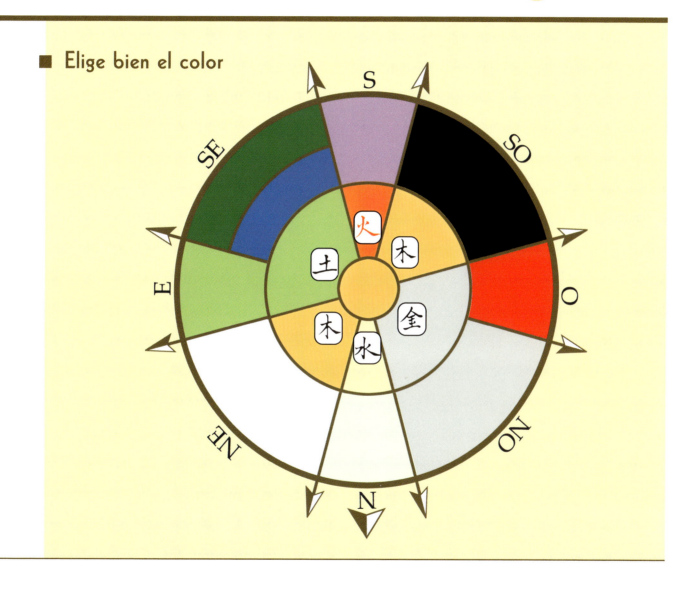

COLORES PUNTUALES

▲ Verde esmeralda

La energía de la madera propia del sureste está asociada con este verde oscuro de cálidos tonos amarillentos. Transmite sosiego y tranquilidad.

▲ Turquesa

Su matiz azulado y más yin conjura la energía chi de la madera propia del sureste. Favorece un ambiente relajado, pero también da ánimo y vigor.

▲ Azul profundo

Asociado con la madera del sureste, el azul profundo es adecuado en una habitación bien iluminada. Contribuye a crear una atmósfera armoniosa.

▲ Violeta

Cálido y fogoso, el violeta conjura la energía chi del fuego del sur. Es una llamada a la pasión, y potencia la sociabilidad en una habitación.

▲ Rosa melocotón

Este matiz del rosa convoca la energía del metal y potencia el amor y la diversión: crea el ambiente correcto para una cena íntima.

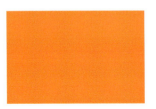

▲ Naranja

Es el color más próximo a las energías de la tierra y el metal del centro y del oeste. Sirve para aligerar el ambiente en lugares sombríos.

▲ Chocolate

Las energías de tierra y metal propias del oeste y del suroeste aparecen en este color. Bueno en los cuartos soleados. Potencia la estabilidad.

▲ Gris claro

Color próximo a la energía del metal y al noreste, dirección que contribuye a potenciar un ambiente más formal.

COLORES DE FONDO

▲ Amarillo limón

Luminoso y con un matiz atrevido, este color encarna la energía terrestre del centro. Evoca frescura y vigor.

▲ Verde lima

Este color es el más cercano a la energía de la madera del este. Simboliza los nuevos brotes y llena el ambiente de optimismo. Es recomendable para los jóvenes.

▲ Agua del Nilo

Esta combinación del verde y el azul, yin y sosegada, es la más cercana a la energía chi de la madera del sureste. Potencia la creatividad y la relajación.

▲ Azul cielo

La tonalidad suave y yin de este azul pastel apacigua el ímpetu de la energía de la madera. Ejerce un efecto calmante en el baño y la cocina.

▲ Lila

Asociado con la energía chi del sur, el lila ejerce un efecto más yin en el ambiente, y estimula la conversación.

▲ Rosa

Próximo a la energía metálica del oeste, este color es muy útil para potenciar un ambiente juvenil y alegre.

▲ Crema

Su tibieza lo aproxima a la energía terráquea del centro, pero también evoca la energía metálica del oeste. Es recomendable para los dormitorios.

▲ Marrón claro

Sirve para potenciar la estabilidad y la seguridad. Este tono en particular es el más próximo a la energía terráquea del centro.

FORMAS Y FIGURAS

Las formas en esculturas, cuadros y otros objetos, así como los diseños de papeles pintados, alfombras, cortinas y otros elementos pueden afectar el flujo del chi en una habitación.

Cortinas y telas

Establece la orientación de las cortinas o los muebles con respecto al centro de la habitación, y decide si quieres mantener, potenciar o apaciguar la energía chi en dicha dirección. Consulta las tablas, para encontrar colores, formas y diseños que estén en armonía.

En las paredes

Los diseños irregulares que se obtienen pintando las paredes con esponjas, trapos húmedos u otros medios están asociados con la energía del agua, y propician un ambiente más distendido. Los colo-

res lisos, por su parte, ejercen un efecto más yang.

Las plantillas, los estampados y los dibujos a mano son otros métodos para introducir diseños en las paredes, además del papel. Los patrones definidos son más yang. Los menos definidos, irregulares o desordenados son más yin. Si incluyen imágenes figurativas o tienen significados simbólicos, asegú-

rate de que unos y otros tengan connotaciones positivas para ti.

Patrones y figuras armoniosas

Si quieres pintar o decorar una habitación, consulta la siguiente tabla de patrones y figuras para potenciar, mantener o apaciguar la energía chi que contenga.

■ Una decoración con chi

DIRECCIÓN		LO POTENCIAN		LO MANTIENEN		LO MITIGAN
NORTE		círculos		formas irregulares		formas alargadas
		arcos		nubes		rayas verticales
		óvalos		olas		
NORESTE		formas puntiagudas		rectángulos anchos		círculos
		estrellas		rayas horizontales		arcos
		zigzags		cuadros		óvalos
ESTE **SURESTE**		formas irregulares		formas alargadas		formas puntiagudas
		nubes		rayas verticales		estrellas
		olas				zigzags
SUR		formas alargadas		formas puntiagudas		rectángulos anchos
				estrellas		rayas horizontales
		rayas verticales		zigzags		cuadros

Una decoración con chi

DIRECCIÓN		LO POTENCIAN		LO MANTIENEN		LO MITIGAN
SUROESTE		formas puntiagudas		rectángulos anchos		círculos
		estrellas		rayas horizontales		arcos
		zigzags		cuadros		óvalos
OESTE		rectángulos anchos		círculos		formas irregulares
NOROESTE		rayas horizontales		arcos		nubes
		cuadros		óvalos		olas

LOS MATERIALES

El chi del hogar se transforma según los materiales de los muebles y adornos. La correspondencia entre los materiales, los Cinco Elementos y los sectores de tu casa determina si pueden o deben mantener, potenciar o mitigar el flujo del chi en una ubicación particular. Además del material, la superficie de un objeto afecta la circulación dentro de la casa. Cuanto más amplia sea el área que ocupan, más palpables serán sus efectos.

Cuando decores tu hogar, procura elegir los materiales recomendados en las tablas de las páginas siguientes, recordando que las superficies relucientes aceleran el *chi* y las texturas más intrincadas ralentizan su circulación. Evita los materiales sintéticos y los plásticos en la medida de lo posible.

■ **Metal.** Materiales como el acero inoxidable y el hierro forjado aceleran el flujo de la energía chi, pues son todos más yang. Resultan particularmente útiles en aquellos lugares donde el chi tiende a estancarse, como el cuarto de baño, sobre todo si está situado en el norte de tu casa.

■ **Madera.** En general, ejerce un efecto más o menos neutro en el flujo del chi. Las maderas duras y pulidas, como la caoba, aceleran su circulación, y las más suaves y rústicas, como el pino, la ralentizan. La madera, por lo demás, es fácil de limpiar, propicia una atmósfera relajada y evita que el chi se estanque.

■ **Tejidos y telas.** Las cortinas, las alfombras de lana, los tapizados y las telas en general ralentizan el flujo del chi y contribuyen a relajar el ambiente. Sin embargo, el uso excesivo de estos materiales puede llevar a estancarlo.

■ **Barro y cerámica.** Los azulejos de terracota o cerámica sin esmal-

tar son más yin y ralentizan el flujo de la energía chi. Favorecen los ambientes más distendidos y sosegados. Los azulejos esmaltados y relucientes, que cubren grandes superficies reflectantes, ejercen el mismo efecto yang que el vidrio y el mármol.

■ **Mimbre, bambú, ratán.** Suelen emplearse en el mobiliario, pero también se utilizan ocasionalmente para cubrir las paredes. Su efecto es similar al de las maderas claras y al de otras fibras vegetales.

■ **Vidrio.** Entre las propiedades del vidrio destaca su capacidad para estimular y acelerar la circulación de la energía chi, sobre todo si cubre superficies grandes como ventanas, puertas, mesas o cuadros de tamaño considerable.

■ **Piedra.** Las superficies de piedra dura y pulida como el granito o el mármol aceleran notablemente el flujo del chi y favorecen la animación, pero sin embargo pueden acabar siendo enervantes. Por este motivo, no resultan recomendables para los dormitorios, puesto que la aceleración del chi mencionada invita a todo menos a dormir. Los suelos de piedra son especialmente recomendables en aquellos espacios donde no hay luz natural, como por ejemplo algunos lavabos y alacenas.

■ **Plásticos y sintéticos.** Los sintéticos y los plásticos bloquean el chi e impiden que fluya libremente a través de la casa.

■ Materiales armoniosos

DIRECCIÓN	LO POTENCIAN		LO MANTIENEN		LO MITIGAN
NORTE		metal piedras más duras		vidrio		madera mimbre, bambú, ratán fibras vegetales
NORESTE		plástico		cerámica y barro piedras más blandas tejidos y telas		metal piedras más duras
ESTE		vidrio		madera mimbre, bambú, ratán fibras vegetales		plástico
SURESTE		vidrio		madera mimbre, bambú, ratán fibras vegetales		plástico

Diseño en el **Feng Shui**

DIRECCIÓN	LO POTENCIAN		LO MANTIENEN		LO MITIGAN
SUR		madera mimbre, bambú, ratán fibras vegetales		plástico	cerámica y barro piedras más blandas tejidos y telas
SUROESTE		plástico		cerámica y barro piedras más blandas tejidos y telas	metal piedras más duras
OESTE		cerámica y barro piedras más blandas tejidos y telas		metal piedras más duras	vidrio
NOROESTE		cerámica y barro piedras más blandas tejidos y telas		metal piedras más duras	vidrio

LA ILUMINACIÓN

El flujo de la energía chi se activa a través de las ondas luminosas. La luz artificial también cumple este cometido, pero es más cruda que las velas y que la luz natural. Lo ideal es contar con suficientes ventanas, de modo que la luz artificial sólo sea indispensable por las noches. Si tu casa es bastante oscura durante el día, abre más ventanas o, si es posible, construye claraboyas en el techo. Pinta las paredes de colores claros y coloca estratégicamente algunos espejos que traigan la luz del sol a la habitación.

Actívate con la luz

La luz (artificial o natural) tiene la propiedad de atraer y encauzar la energía. Es uno de los recursos más eficaces del Feng Shui. En general, hay que procurar que las casas sean luminosas y bien aireadas. Aunque tampoco hay que iluminar demasiado una habitación: procura que hayan distintos puntos de luz para conseguir un equilibrio entre la parte clara y activa (yang) y la oscura y pasiva (yin).

Según el método del Bagua, una luz encendida tiene el poder de activar la energía del sector de nuestra vida que necesitemos fortalecer si se coloca en la habitación o área de la casa correspondiente.

Tipos de iluminación

■ Las **LUCES INCANDESCENTES** pueden emplearse en toda la casa. La luz que irradian es uniforme y puede potenciar la energía chi.

■ Los **REFLECTORES** permiten enfocar un punto particular y estimular allí el flujo del chi, por ejemplo, una esquina oscura donde tiende a estancarse la energía. Empléalas también para iluminar con más intensidad un sector de una habitación, por ejemplo, la esquina donde trabajas, y coloca luces más bajas en los demás sectores.

■ Las **LUCES VERTICALES** impulsan el chi hacia lo alto. Son particularmente útiles si tienes techos bajos o en declive.

■ Las **LUCES DE BAJO VOLTAJE** generan una luz brillante e intensa, ideal para estimular el flujo del chi en aquellas áreas que están estancadas.

■ Las **LUCES FLUORESCENTES** irradian luz de un color particular y también emiten más radiación eléctrica, y pueden dar origen a jaquecas, pérdida de concentración y fatiga mental. Las bombillas fluorescentes «económicas» tienen el mismo efecto nocivo.

■ Las **LUCES DE COLORES** también introducen distintas frecuencias luminosas. Establece su orientación con respecto al centro de tu casa y elige un color armonioso.

Evita los fluorescentes

No es recomendable la iluminación con tubos fluorescentes porque emiten sólo una parte del espectro luminoso y merman el chi de cualquier estancia, así como el de las personas que la ocupan. Deben sustituirse por bombillas que emitan el espectro luminoso en su totalidad. La iluminación por incandescencia y la iluminación halógena es mucho mejor. Siempre que puedas, reduce al máximo o elimina por completo la iluminación con fluorescentes o, al menos, evita su exposición durante largos periodos de tiempo.

ELECTRODOMÉSTICOS

Los aparatos eléctricos generan su propio campo de radiación electromagnética, que interfiere con la energía chi de los seres humanos y a largo plazo puede ocasionarles enfermedades serias. Puesto que los campos electromagnéticos suelen disiparse con rapidez, lo más recomendable es mantenerse a distancia de los aparatos en funcionamiento.

■ **COCINAS ELÉCTRICAS.** La radiación electromagnética de una cocina eléctrica afectará tu energía chi, al igual que la de la comida que cocines en ella. Es preferible usar cocinas de gas, leña o aceite.

■ **NEVERAS.** La comida que guardas en la nevera se encuentra dentro de un tenue campo de radiación electromagnética. Por ello, es preferible mantenerla en un lugar fresco como un sótano o fuera de casa durante el invierno.

■ **TELEVISORES.** Los tubos catódicos de los aparatos de televisión generan también un campo eléctrico nocivo que se va extendiendo a su alrededor, aunque su intensidad disminuye con la distancia. Cuanto más lejos te sientes, mejor te encontrarás.

■ **ORDENADORES.** La mayoría de los monitores funcionan como los aparatos de televisión. Puesto que solemos sentarnos mucho más cerca, el riesgo es aún más alto. Compra un filtro para la pantalla del monitor para reducir los efectos de la radiación.

■ **FAXES, FOTOCOPIADORAS.** Intenta alejar este tipo de aparatos de los dormitorios, la cocina y el comedor.

■ **SECADORES.** La radiación eléctrica del secador está en contacto con el área del cerebro. Es más recomendable que el pelo se seque al natural.

■ **ESTUFAS ELÉCTRICAS.** Los calentadores crean campos de radiación dentro de la habitación. Es preferible recurrir a una chimenea, una caldera central o un calentador a gas.

■ **TELÉFONOS MÓVILES.** Los móviles emiten microondas eléctricas en el área del cerebro. Esta radiación puede calentar ciertas zonas cerebrales como lo haría un horno microondas. Para reducirla, no repares en gastos y compra un modelo de última generación que emita menos radiación, aunque sería preferible el uso del teléfono tradicional.

■ **CABLES.** En el dormitorio, evita tener cables bajo la cama o cerca de las almohadas.

■ Reduce la radiación del móvil comprando un aparato de última generación con menos radiación o usando un dispositivo de manos libres.

PLANTAS Y FENG SHUI

Las plantas ejercen distintos efectos según su color, forma de sus hojas y flores. A través de estos factores están asociadas con las Ocho Direcciones, los Cinco Elementos y el yin o el yang.

Las plantas ocupan un lugar especial entre los adornos del hogar, pues son seres vivos y generan su propio flujo de energía chi. Esta energía viva renueva el ambiente y contrarresta el influjo de los materiales «muertos» presentes en las casas modernas, la radiación de los electrodomésticos y la energía estática que produce el plástico. Cuida bien de todas tus plantas. Las hojas enfermas y los tallos secos afectan negativamente el chi.

Las plantas con hojas puntiagudas son más yang y aceleran el flujo de energía. Las de hojas redondeadas o colgantes son más yin y mitigan el chi. Las bajas y frondosas, tipo arbusto, ralentizan su circulación y pueden resultar muy eficaces en los pasillos largos o al lado de las puertas. Las plantas altas potencian la energía chi de la madera, las que tienen pinchos u

hojas estrelladas puntiagudas refuerzan la del fuego y las enredaderas bajas producen energía de la tierra. Las hojas pequeñas y redondeadas estimulan la energía del metal, al igual que las formas redondeadas en general, y las plantas colgantes la energía del agua. El color verde de las hojas también incrementa la energía de la madera, pero, si dan flor, están asociadas a la energía que corresponde al color de sus flores.

Para añadir energía viva al hogar resultan ideales las flores frescas. Las vibraciones de su color, y en menor medida su forma, afectan a la energía chi de las habitaciones. Corta los tallos en diagonal para que duren más tiempo, cambia el agua cada día y retira los pétalos muertos. Las flores marchitas ejercen un efecto negativo.

Dentro del Feng Shui, las flores secas simbolizan la muerte. Por eso, se recomiendan las flores secas hechas de materiales adecuados, como la seda.

■ Flores en casa

Dentro o fuera de la casa, las flores siempre aportan buen Feng Shui, ya que atraen y estimulan el chi. Simbolizan la belleza, la vida y la naturaleza. Cerca de la entrada, unas flores en un parterre, en un patio o incluso en el alféizar de la ventana potencian el chi e invitan a entrar a la casa. Son ideales para armonizar ambientes y para suavizar líneas rectas y cantos del interior de la casa y del exterior.

La forma y el color son fundamentales a la hora de elegir la flor adecuada, ya que son manifestaciones de sus cualidades energéticas.

Una planta en flor o un ramo de flores naturales atrae la energía positiva hacia una habitación y ayuda a estimular la actividad en el sector correspondiente del Bagua.

Los jarrones y vasijas que contienen las flores pueden potenciar su efecto según su forma y el material del que están hechos. Por ejemplo, los jarrones de cristal potencian la energía sosegada del agua, y son ideales en el norte de una casa o una habitación. Las vasijas de madera alargadas potencian el ímpetu de la madera, asociado con el crecimiento profesional, y resultan ideales en el este y en el sureste. Los jarrones puntiagudos y las jarras en forma de pirámide incrementan la energía del fuego, asociada con la fama, el reconocimiento público y la pasión. Las macetas y los boles de barro cocido fortalecen la energía más sosegada de la tierra, asociada con la armonía familiar, y resultan ideales en el suroeste y el noreste.

■ Plantas de interior

YANG
DRACENA
(*Dracaena marginata*)

El crecimiento vertical y las hojas afiladas y puntiagudas de este tipo de planta combinan la energía de la madera y la energía del fuego. Son muy útiles para estimular el flujo del chi en un rincón o bajo un techo inclinado. Sin embargo, evita ponerlas cerca de los dormitorios. El este, el sureste y el suroeste son las direcciones más propicias.

YIN
COSTILLA DE ADÁN
(*Monstera deliciosa*)

Las grandes hojas colgantes de este tipo de planta generan un ambiente más yin. Resultan adecuadas en cualquier área donde quieras mitigar el chi, especialmente en el sur, el suroeste y el noreste.

■ Plantas de interior

AGUA	MADERA	FUEGO	TIERRA	METAL

HIEDRA
(Hedera helix)

Su crecimiento vertical y sus hojas frondosas hacen de la hiedra una planta relativamente equilibrada. Resulta útil en las áreas que reciben poca luz natural, porque crece bien a la sombra, a diferencia de la mayoría de las plantas. Su ubicación ideal es el norte.

JACINTO
(Hiacinthus orientalis)

Las plantas que crecen en vertical refuerzan la energía chi de la madera. El jacinto tiene flores de distintos colores (rosadas, blancas, azules, crema); elígelas según su ubicación. Se halla en especial armonía con el este y el sureste.

VIOLETA AFRICANA
(Saintpaulia)

Gracias al color y la forma estrellada de sus flores, es una planta abundante en energía chi del fuego. Si quieres llamar la atención de los demás u obtener el reconocimiento público, colócala en el este, sureste, sur, suroeste o noreste.

FLOR DE PASCUA

La poinsetia puede dar flores rojas, rosadas o color crema. Su forma estrellada está asociada con el chi del fuego. Elige el color adecuado para cada espacio.

CICLAMEN
(Cyclamen persicum)

Las enredaderas como el ciclamen refuerzan la energía de la tierra. Elige uno de flores púrpura si quieres más pasión en tu vida; uno de flores rojas o rosadas si buscas amor y diversión; uno de flores blancas si necesitas más estabilidad. Resulta ideal en el sur, el suroeste, el noreste y el noroeste.

PLANTA DEL DINERO
(Crassula ovata)

Sus hojas gruesas y redondeadas albergan la energía del metal, que favorece la estabilidad y también las finanzas, como su nombre apropiadamente lo indica. Es una planta ideal en el oeste, el noroeste y el norte.

Elige tu flor

Su color y forma pueden potenciar la energía chi de ciertas direcciones. Usa flores color crema en el norte; blancas en el noreste; frondosas en el este; de tallo largo o azules en el sureste; con forma de estrella o de color violeta en el suroeste; cortas y amarillas en el centro y el oeste; y blancas de pétalos redondeados en el noreste.

▲ **Clemátides.** Un bol lleno de clemátides de color violeta y forma estrellada potenciará la energía del fuego y la energía asociada a la pasión y el éxito social.

▲ **Pensamientos.** Estas flores cortas y amarillas refuerzan la energía de la tierra. Colocadas en el suroeste, favorecen la alegría y la armonía familiar.

▲ **Pompones.** Los pompones son casi esféricos, con lo cual refuerzan la energía del metal. En el noroeste, los de flor blanca acentúan la dignidad y la sabiduría asociadas con esta dirección.

▲ **Orquídeas.** Los colores cremosos y la forma fluida de algunas orquídeas potencian la energía acuática del norte. Combinadas con flores rojas o violeta, pueden dar aliento a una vida sexual adormecida.

▲ **Lirio de los valles.** La serenidad de esta cérulea flor blanca puede potenciar la energía del noreste. Colócalos en esta dirección de una habitación para encontrar allí calma y determinación.

Diseño en el **Feng Shui**

▲ **Claveles.** Los redondeados claveles potencian el romance y el amor, si son rojos o rosados. Los blancos añaden un toque de calma y dignidad.

▲ **Anémonas.** La forma de las anémonas está asociada a la energía del metal y, cuando son de colores fuertes, contribuye a preservar en un lugar la energía chi.

▲ **Lirios.** A pesar de su tallo largo, los lirios a menudo se inclinan hacia el suelo. Su influjo reposado ayudará a calmar el ambiente en ese sector hiperactivo de tu hogar.

▲ **Helechos.** Los helechos y, en general, las plantas de follaje verde y abundante potencian la energía de la madera. Son especialmente útiles en el este de una habitación y potencian su frescura y vitalidad.

▲ **Tulipanes.** Su cuenco alberga energía del metal. En el oeste, los rojos potencian el romance y los rosados el placer. Los blancos refuerzan la motivación del noreste y la paz del norte.

▲ **Mimosas.** La energía chi del centro se ve incrementada por estas pequeñas esferas amarillas. Colócalas en el centro de tu casa para sentirte situado correctamente dentro de tu vida.

▲ **Girasoles.** La silueta aserrada del girasol evoca la energía del fuego, pero su color es más próximo a la de la tierra. Son muy útiles para distribuir y estabilizar la energía de un lugar.

▲ **Crisantemos.** Coloca crisantemos color rojo oscuro en el oeste para potenciar tus ingresos o tus horizontes románticos. Otras alternativas son las dalias, las gerberas y los capullos de rosa.

▲ **Margaritas.** Blancas y redondeadas, se encuentran en armonía en el norte de tu hogar. En el propio norte, potencian la calma, en el noroeste la dignidad, y en el noreste incentivan la determinación.

▲ **Rosas.** La rosa en botón está asociada con la energía del metal, pero cuando abre su silueta es más fogosa. Las rosas rojas potencian la energía chi del romance y la elegancia, sobre todo si están en el oeste.

Diseño en el **Feng Shui**

EL MOBILIARIO

Es importante orientar las sillas, las camas y el resto de muebles del hogar de modo que te sitúen en una ubicación favorable. El color, la forma y el material del que están hechos los muebles, al igual que su historia si son antigüedades, también pueden afectar la energía chi de una habitación. Con ayuda del

Feng Shui, puedes elegirlos de modo que estén en armonía con su futura ubicación.

Piensa que los muebles nuevos renuevan el ambiente de una casa, y los viejos estancan la energía chi del pasado. Sus usos anteriores determinan el tipo de energía chi que habita en ellos. La mayoría de los muebles absorben pronto la energía de un entorno nuevo.

Chi cortante

A la hora de disponer los muebles, es importante prestar una especial atención a las esquinas. Si apuntan hacia ti, la energía puede arremolinarse y generar lo que conocemos como chi cortante. Esta corriente negativa puede alterar tu propia energía chi y causarte desorientación o incluso problemas concretos de salud.

La distribución de los muebles

La disposición del mobiliario en las estancias de la casa influye en su Feng Shui. Una colocación errónea puede entorpecer o estancar el flujo del chi. Para distribuir el mobiliario en una habitación ten en cuenta los siguientes puntos:

■ Los asientos y la cama no deben colocarse directamente enfrente de la puerta, ya que recibiríamos el impacto demasiado brusco.

■ Hay que procurar que el espacio no esté muy cargado de muebles.

■ Cuando una estancia tiene forma irregular, los muebles auxiliares son útiles para rellenar los rincones o zonas muertas.

■ Siempre que sea posible, elige muebles que no tengan cantos rectos y esquinas puntiagudas.

■ Procura que una viga vista no quede directamente encima de un asiento o de la cama.

■ Cuando una sola habitación recorre todo el largo de la casa, es aconsejable colocar muebles como estanterías, biombos, etc. como elementos divisorios para redirigir el chi.

■ Los muebles nuevos renuevan la energía chi, y los viejos aportan un carácter más propio, ya que albergan la energía chi del pasado.

Tipos de muebles

■ **Sillas.** Las sillas mullidas de formas redondeadas son más relajantes y más yin. Las sillas rígidas de respaldo recto invitan a levantarse y son más yang. Combina unas y otras para crear un ambiente equilibrado y recurre a los colores para crear algunos contrastes. Por ejemplo, coloca un cojín yang de color

rojo sobre un suave sillón yin. La disposición de las sillas también produce efectos.

■ **Cajones.** En este caso, la forma es el factor fundamental. Los armarios altos estimulan un mayor flujo de energía de la madera, en tanto que los muebles bajos potencian la energía más asentada de la tierra.

■ **Camas.** Los dormitorios de techos altos son más adecuados para las camas altas, que potencian la energía chi de la madera.

En las habitaciones de techos bajos, son más aconsejables los futones.

■ **Tocadores.** Deben tener bordes redondeados para evitar el chi cortante.

Evita que el espejo quede frente a la cama durante la noche. Los espejos ovalados que coinciden con la forma de tu cabeza, te harán sentir más relajada a la hora de maquillarte.

Sillas: mejor con brazos

Las sillas con buenos respaldos no sólo proporcionan una postura cómoda, sino que protegen la espalda. El Feng Shui recomienda las sillas con brazos.

Las sillas no deben colocarse de espaldas a las puertas o las ventanas. Es preferible que tengan el «apoyo» de una pared por detrás.

■ **Armarios empotrados**. Evita que el chi se estanque en ellos. En lo posible, colócalos en rincones o alcobas irregulares, para deshacerte de las esquinas internas y acentuar los ángulos de la propia habitación, sobre todo si se trata de un dormitorio. Mantén tus armarios correctamente ordenados.

■ **Mesas.** La forma de la mesa del comedor condiciona la energía de esta área del hogar. Si deseas sentirte más relajado en el comedor, prueba con una mesa ovalada. Si tu comedor forma parte de la sala y no tiene fronteras claras, usa una mesa redonda o rectangular que sea más yang para concentrar la energía del comedor en su sitio.

■ **Aparatos electrónicos.** Hoy día, forman parte del mobiliario, y ya que nos afectan negativamente, televisores y equipos de música deben colocarse lo más lejos posible de los lugares donde se permanece habitualmente, como los sillones.

Diseño en el **Feng Shui**

PUERTAS

Cuando entras o sales de tu casa por la puerta principal, estás estimulando la circulación del chi.

La energía chi circula a través de las paredes, pero se desplaza con más facilidad a través de las puertas. Las puertas exteriores afectan el flujo del chi que entra y sale de tu casa, mientras que las interiores condicionan la manera en que circula dentro de ella.

Tu campo de energía personal crea una corriente energética a través del umbral, igual que cuando viertes agua a través de un agujero. Una vez dentro, tu energía desplaza una porción del chi de tu casa, que a su vez desplaza otra porción, y el flujo se prolonga más allá de la puerta. Lo mismo ocurre cuando sales de casa. Cuanta más gente cruce el umbral de tu casa, mayor será el flujo de energía y la importancia de la puerta.

La puerta principal

La ubicación de la puerta principal determina el tipo de energía chi que entra en tu casa. La dirección hacia la que mira la puerta también tiene consecuencias. Una puerta situada en el este, que además da al este, hará aún más intensa la energía de esta dirección. En caso de que la ubicación y la orientación sean distintas, la ubicación ejercerá el efecto predominante. El diagrama de la página siguiente refleja los efectos de algunas direcciones y las soluciones en casos conflictivos.

El efecto de la ubicación y la orientación de la puerta puede potenciarse o mitigarse según lo que sea más conveniente. Si tienes niños pequeños, te gusta sentirte organizado y ocupas un cargo de responsabilidad, una puerta en el noroeste, que además mire hacia el noroeste, te resultará beneficiosa, y valdrá la pena alterar el exterior de tu casa de modo que atraiga aún más energía favorable.

El chi llama a tu puerta

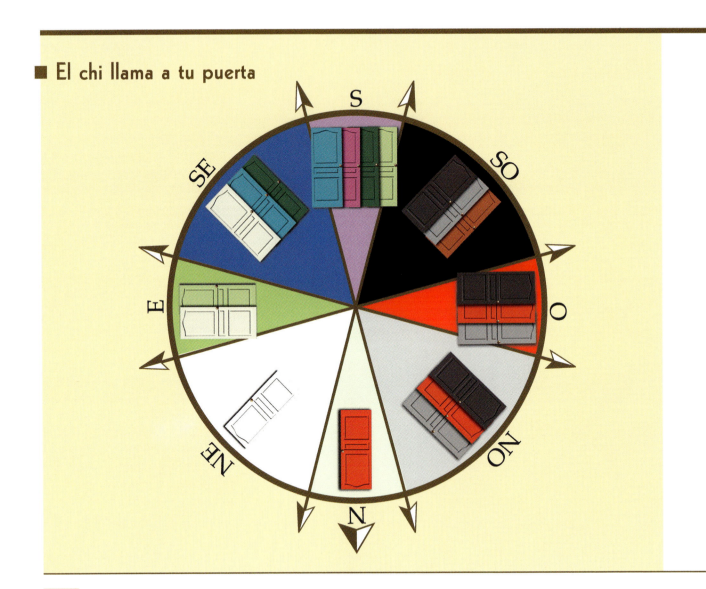

Diseño en el **Feng Shui**

SUR

La actividad del sur es recomendable si deseas llamar la atención. Sin embargo, puede estimularte en exceso, fomentar discusiones e incluso llevarte a la separación.
Solución: coloca un marco de madera y pinta la puerta de un color armonioso, verde brillante, verde oscuro, azul o violeta. El color negro contribuirá a mitigar el flujo del chi, al igual que una maceta de barro cocido llena de carbón, situada junto a la puerta.

SURESTE

Una ubicación favorable, en particular para la comunicación y el desarrollo en armonía.
Solución: el verde oscuro, el azul y el color crema estarán en armonía, al igual que los marcos de madera.

ESTE

Es una ubicación favorable, sobre todo para una persona joven que está empezando su carrera.
Solución: el color crema o el verde brillante y los marcos de madera estarán en armonía.

NORESTE

Tu casa se verá expuesta a la energía tajante e impredecible de esta dirección. Puedes llegar a tener problemas de salud.
Solución: pinta tu puerta de blanco brillante y coloca un picaporte de metal reluciente que refracte la energía del noreste en otra dirección. Un bol de porcelana con sal marina, situado dentro de la puerta, contribuirá a mitigar sus efectos.

SUROESTE

El suroeste expone tu hogar a su energía reposada y parsimoniosa.
Solución: la presencia del metal resultará armoniosa, al igual que el negro, el rojo óxido y el gris. Un pequeño bol de porcelana lleno de sal marino reforzará la estabilidad de tu hogar.

OESTE

La energía chi del oeste está asociada al placer, el amor y los ingresos, pero también puede dar paso a la pereza.
Solución: coloca un picaporte y un marco de metal. El negro, el rojo y el gris son los colores más armoniosos para la puerta.

NOROESTE

Favorece el liderazgo, la capacidad de organización y el sentimiento de que estás al mando de tu vida.
Solución: los picaportes y los marcos de metal estarán en armonía con esta dirección. Pinta tu puerta de negro, rojo o gris.

NORTE

La quietud y la calma del norte no son aconsejables para la puerta de entrada a tu casa.
Solución: potencia la energía chi de tu puerta pintándola de rojo. Coloca un picaporte de metal reluciente, luces exteriores y campanillas metálicas.

Escalones

Los escalones al pie del umbral pueden favorecer o bien obstruir el tránsito del chi dentro y fuera de tu hogar. Si ascienden hacia la puerta, ralentizarán su flujo al entrar y lo acelerarán al salir, dependiendo del número de escalones, el tamaño de la casa y el paisaje alrededor.

En algunos pisos urbanos, la puerta principal se halla al final de varios escalones descendentes, donde la energía puede estancarse con facilidad. Cada vez que alguien entra o sale, esta energía estancada se cuela dentro.

Si la escalera interna de tu casa da a la entrada principal, la energía de los pisos superiores tenderá a salir en cuanto abras la puerta. Y esta tendencia dificultará la entrada simultánea de energía del exterior, lo cual puede generar en tu hogar un déficit de energía.

Si, por otro lado, tu puerta de entrada da a un pasillo largo, el flujo del chi se acelerará al entrar en tu casa y perturbará el equilibrio energético en el interior.

Si desde la entrada alcanza a verse una segunda puerta de salida, la situación será también conflictiva, pues el chi entrará por la primera y saldrá por la segunda sin circular dentro de tu casa.

■ **Tamaño.** La energía chi puede entrar y salir más fácilmente a través de una puerta de tamaño considerable. En principio, la persona más alta de la casa debe poder pasar bajo el marco con comodidad.

Si la entrada está orientada en una dirección favorable, es aconsejable una puerta grande. En caso contrario, es preferible una puerta pequeña.

■ **Color.** Busca un color que esté en armonía con la ubicación de tu puerta. Si se halla en una dirección desfavorable, cúbrela con pintura brillante para que refracte parte de la energía chi que entra en tu casa.

▲ La puerta principal es la más importante de la casa y lo ideal es que sea más grande que las otras.

■ **Materiales.** Coloca paneles de vidrio en la puerta si deseas que entre más luz y también más energía chi.

Puertas problemáticas

El Feng Shui ofrece soluciones sencillas para lidiar con las puertas problemáticas.

■ **Campanillas de metal.** Cuelga campanillas de metal en la entrada para estimular la energía chi estancada o bloqueada por otra edificación.

■ **Marcos y picaportes.** Los picaportes y los marcos de latón brillante reflejan la energía chi –como los espejos–, alejándola en la dirección contraria. Pueden ser bastante útiles si un flujo de chi acelerado apunta hacia tu puerta, procedente por ejemplo de una calle, y también mitigan los efectos del chi cortante.

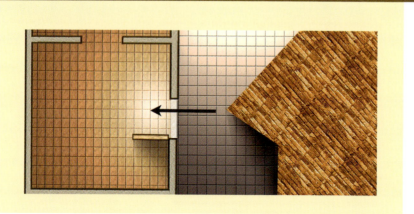

◀ Para evitar que el chi cortante de una esquina enfrentada a la puerta entre en tu casa, puedes cambiar la dirección de la energía añadiendo un muro o un armario e incluso una cubierta nueva que rompa el ángulo.

el interior, coloca varios espejos para desviar la energía chi hacia otras áreas de tu casa, en vez de dejarla salir despedida.

Puertas internas

■ **Tamaño.** Las puertas grandes potencian la circulación del chi dentro y fuera de las habitaciones. Resultan adecuadas sobre todo en la sala de estar. Una puerta pequeña propicia un ambiente íntimo, más adecuada para el dormitorio.

■ **Materiales.** Las maderas naturales, cortadas en una pieza, resultan más aconsejables que los aglomerados y los materiales sintéticos.

■ **Direcciones.** La ubicación de la puerta de un cuarto con respecto a

■ **Espejos.** Si la puerta de enfrente da a una escalera interna, coloca un espejo convexo que refleje parte del chi de vuelta a tu casa, o un espejo perpendicular a la puerta para ver el interior al abrirla. Si tu puerta da a un pasillo largo o puedes ver una puerta de salida desde

Diseño en el **Feng Shui**

su centro afecta el flujo de la energía chi. Sus efectos son similares a los de las direcciones externas, salvo que menos intensos; las soluciones son las mismas.

■ **Posición.** Las puertas situadas en hilera aceleran el flujo del chi en

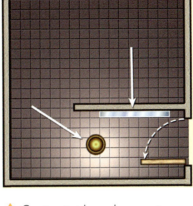

▲ Conviene instalar una luz o espejo cuando el recibidor sea demasiado estrecho.

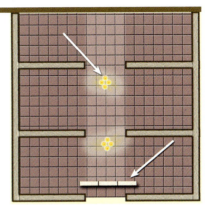

▲ Si en la casa tenemos más de tres puertas alienadas, deberíamos instalar un biombo para desacelerar la corriente de energía.

▲ Evita que las puertas se estorben entre ellas. Para conseguirlo, instala alguna que sea corredera.

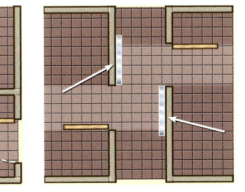

▲ Cuando las puertas estén mal alienadas, puedes colocar espejos de forma que puedan compensar esa irregularidad.

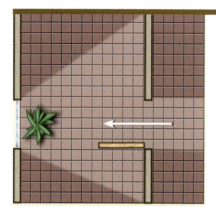

▲ Si la puerta está situada justo enfrente de una ventana, sitúa una planta para así evitar la fuga del chi.

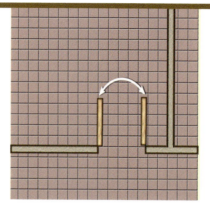

▲ Evita las puertas que abren en sentido equivocado. Para solucionarlo, pasa las bisagras al otro lado.

▲ No conviene que la puerta del cuarto de baño se halle demasiado cerca de la entrada principal.

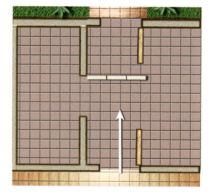

▲ Si la puerta principal está enfocada frente a una puerta trasera, coloca un biombo entre ambas.

línea recta y pueden desestabilizar su circulación dentro de la casa.

■ **Abrir y cerrar.** Coloca las puertas de modo que den al centro de la habitación, y no a una pared lateral. Al entrar, podrás ver toda la habitación, y sus ocupantes también podrán verte. Las puertas abiertas dejan fluir libremente la energía. Ciérralas sólo si quieres recluir la energía en un cuarto en particular. Mantén cerrada siempre la puerta del cuarto de baño, y cierra la puerta del dormitorio cuando vayas a dormir.

VENTANAS

La energía chi también fluye dentro y fuera de tu casa a través de las ventanas, pero en este caso el flujo no se ve potenciado por la entrada y salida de seres humanos. Sin embargo, las ventanas también dejan entrar la luz, y la dirección de la que ésta procede condiciona la energía de tu hogar. En principio, lo óptimo sería que tu casa recibiera luz procedente de todas las direcciones.

Las ventanas de tu casa deben ser fáciles de abrir. Trata de abrirlas al menos una vez cada día, para que entre aire fresco y energía chi, y límpialas con regularidad. Reemplaza en cuanto puedas los vidrios rotos o agrietados.

Por último, evita dormir junto a una ventana o sentarte de espaldas a una ventana si no está cubierta con una cortina gruesa. Te sentirás inquieto y tendrás dificultades para relajarte o dormir.

Tipos de ventana

Las ventanas grandes facilitan la entrada de la energía chi. Sin embargo, un número excesivo de ellas puede estimular demasiado su circulación e impedir que te sientas relajado en casa. Por contraste, si tienes pocas ventanas, o son demasiado pequeñas, el chi puede llegar a estancarse en el interior. Lo ideal es que el número

la arquitectura doméstica. Las ventanas cuadradas o con forma de rectángulo ancho asientan la energía más sosegada de la tierra. Son especialmente beneficiosas en el sur, suroeste, oeste, noroeste o noreste. Las ventanas circulares están asociadas con la energía del metal. Concentran el ambiente en el interior y son más adecuadas en suroeste, oeste, noroeste y noreste.

CORTINAS Y PERSIANAS

Las cortinas y las persianas pueden facilitar el paso de la energía chi, pero también pueden obstaculizarlo. Si una ventana está orientada en una dirección favorable, lo ideal será potenciar el flujo del chi; pero, en otras situaciones (en un dormitorio durante la noche, por ejemplo), es más aconsejable obstruirlo.

Las cortinas ofrecen la alternativa más flexible. En general, ralentizan el flujo de chi, pero su efecto

de ventanas esté en equilibrio con sus proporciones. Las formas de las ventanas están relacionadas con los Cinco Elementos y también tienen consecuencias.

Las ventanas rectangulares y alargadas están asociadas a la energía ascendente de la madera y generan un ambiente dinámico en el interior. El este y el sureste son sus direcciones más propicias. Las ventanas triangulares o puntiagudas representan la energía del fuego, pero son poco frecuentes en

puede variar según sean más pesadas, más ligeras, más transparentes, etc.

En las habitaciones amplias, el chi circula con fluidez, y cerrar las cortinas puede propiciar un ambiente más apacible y acogedor. Sin embargo, en una habitación pequeña pueden contribuir a que se estanque el chi. En el dormitorio, las cortinas pueden ayudarte a conciliar mejor el sueño. Si tu cama está cerca de una ventana, o duermes con la cabeza orientada hacia una ventana, coloca una cortina gruesa que ralentice el flujo del chi a través del vidrio.

Las persianas con láminas de metal impiden que se estanque el chi, pero, por lo contrario, no resultan demasiado acogedoras. Son útiles en las ventanas pequeñas, pues permiten que entre gran cantidad de luz. Las persianas de madera producen un efecto neutro en el flujo del chi. En las persianas de tela vemos un efecto similar al de las de metal.

ESCALERAS

Las escaleras son el canal por el que fluye el chi entre las distintas plantas de una casa. Rectas o empinadas, hacen que el chi circule más rápido. Las escaleras seccionadas ralentizan sus movimientos, lo cual es preferible en muchas situaciones. Las escaleras en espiral arremolinan el chi, y pueden causar desorientación en el umbral de cada planta. Los escalones de piedra o metal aceleran el chi, y los de madera tienen un efecto neutro.

Para el Feng Shui, una escalera en espiral, hecha de piedra o de

hierro forjado, resulta doblemente perjudicial. Si hay una escalera en espiral en tu hogar, cubre los escalones con materiales yin.

La ubicación de la escalera altera la manera en que el chi circula entre las plantas de una casa. También influyen en ella los puntos de partida y de llegada. La energía chi adquiere velocidad al paso de los escalones y, si el último desemboca en la puerta principal, tenderá a salir despedida de tu casa. Este fenómeno puede causar un déficit de energía en el interior. Por lo general, no es aconsejable dormir, trabajar o tratar de relajarse cerca del comienzo o final de una escalera.

Las direcciones más propicias para ubicar una escalera son el este, sureste, suroeste y norte de tu hogar. Una escalera situada en el noreste desestabilizará el flujo del chi. Una situada en el oeste o en el noroeste hará su flujo más denso, entorpeciendo el movimiento de abajo a arriba y arriba abajo. Si tu escalera está ubicada en el centro

de tu casa, puede «partirla» por la mitad. Las divisiones dentro de la familia, los extrañamientos e incluso las separaciones pueden ser la consecuencia.

Para mitigar los efectos de una ubicación desfavorable, puedes colocar una planta frondosa, un bol de sal de mar o una estatua en la base y en el final del tramo de las escaleras. En el oeste y el noroeste, son recomendables los objetos de metal; en el suroeste y el noreste un bol lleno de sal de mar; y las plantas serán ideales en el norte, el este y el sureste. En el sur coloca una maceta de barro cocido llena de carbón.

OBJETOS DECORATIVOS

La circulación de energía chi en tu casa y jardín se ve afectada por la presencia de objetos decorativos, cuadros y esculturas. El influjo de estos objetos depende sobre todo de su forma y del material del que están hechos. El contenido simbóli-

■ Escaleras en casa

En Feng Shui, las escaleras son importantes porque conducen el chi de un piso a otro. Es favorable que sean anchas, redondeadas y que lleven hacia un distribuidor ancho. Cualquier recodo que pueda parecer una flecha secreta debe suavizarse con una planta, por ejemplo. Nunca deben arrancar directamente frente a la puerta principal, porque esto provocaría la irrupción rápida y recta del chi negativo hacia la planta superior sin pasar por la baja.

■ Si las escaleras están enfrentadas con la puerta principal, coloca una estantería a modo de pantalla, un biombo o una cortina al inicio de la escalera en la planta baja.

■ Un remedio muy popular consiste en colocar frente a las escaleras la imagen de un guardián que mantenga alejado el chi negativo. Los espejos y un móvil de campanillas también pueden utilizarse para el mismo fin.

co de las obras de arte también puede ejercer un efecto importante, pues afecta la circulación de tu propio chi.

■ **Cajas cuadradas.** En el suroeste, potencian la estabilidad gracias a la energía del metal.

■ **Marcos y cajas de metal.** Empléalos en el noroeste para reforzar la energía del metal.

■ **Pájaros de barro.** Los objetos de barro tienen un efecto estabilizador. Colócalos en el noreste.

■ **Animales de madera.** Contribuyen a crear un ambiente más vital. Se encuentran en armonía en el este y sureste.

■ **Objetos de cristal.** Colócalos en el norte para lograr que se cree un ambiente más fluido.

■ **Objetos de cerámica.** Elige formas esféricas para concentrar la energía en el oeste y el noroeste.

■ **Figuras de piedra.** Las imágenes románticas dinamizan la energía lúdica del oeste.

ESPEJOS

Los espejos tienen gran importancia dentro del Feng Shui. Sirven para acelerar y redirigir el flujo de energía. Pueden emplearse para encaminar tanto la energía como la luz hacia una dirección determinada de tu casa, donde el chi se encuentra estancado. También pueden alejarlo de las áreas que acumulan demasiada energía y desviar los flujos de chi acelerado, desfavorable o cortante.

El Feng Shui emplea dos tipos de espejos: los planos y los convexos. Los espejos planos desvían la energía chi en otra dirección, y los convexos la distribuyen al mismo tiempo en muchas direcciones. La mayoría de los espejos convexos son circulares, pero los espejos planos pueden ser de formas muy diversas: rectangulares, cuadrados, circulares, ovalados, octogonales o irregulares.

Los espejos octogonales tienen un significado especial para el Feng Shui, pues sus lados se encuentran en plena armonía con las Ocho Direcciones. Sin embargo, otras formas pueden resultar igualmente

■ Reflejos con chi

Un espejo sirve para estimular y canalizar el flujo del chi y es quizás el remedio Feng Shui más popular. Además, parece duplicar las cosas y en este sentido también aumenta visualmente las dimensiones de las estancias, creando un espacio mucho más despejado y dando sensación de profundidad, lo cual mejora la circulación del chi. Es aconsejable utilizar los espejos en puntos donde el chi acabaría estancado y para desviar la adversa influencia de un rasgo amenazador o una flecha secreta. Para su correcta disposición hay que tener en cuenta que, si se pretende estimular el chi, el espejo debe colocarse de manera que curve su flujo para que no se estanque, ayudándole así en su camino. Para desviar el chi negativo, el reflejo debe dirigirse hacia el exterior del edificio.

significativas. El material y el color del marco también afectan sutilmente la energía del entorno.

Los espejos circulares y los ovalados están asociados con el chi del metal; los circulares son más yang y concentran la energía, y los ovalados, más yin, la dispersan.

Los espejos angostos y alargados potencian la energía vertical de la madera. Por otra parte, los rectangulares y anchos, asociados con la energía de la tierra, contribuyen a asentar la calma en una habitación. Los cuadrados, al igual que los circulares, concentran el chi.

Dónde debe colocarse

■ **En sitios oscuros, cerrados y sin ventanas**, como los rincones o cuartos de baño. Procura que no se reflejen los sanitarios. No lo coloques frente a la puerta del baño ni frente al cubo de la basura.

Para desviar las flechas secretas que apuntan a una ventana. Si se sitúa estratégicamente, el espejo desviará la flecha.

En el comedor, donde multiplicará por dos el esplendor de una mesa recién puesta.

No hay que instalarlos donde reflejen las puertas, especialmente la principal.

No es apropiado colocar un espejo al final de un pasillo, porque doblaría la longitud de una estructura que de por sí ya es larga. Sin embargo, poner espejos transversalmente en las puertas que dan al pasillo harán que éste parezca más ancho.

Si colocas espejos a lado y lado de un pasillo largo y recto, el chi rebotará de un muro a otro y perderá velocidad. El pasillo además parecerá más ancho. Si, en cambio, se trata de un pasillo oscu-ro que gira una o más veces, coloca espejos convexos para ver al otro lado de las esquinas. El chi circulará con más facilidad.

En las habitaciones que necesitan un ambiente animado, como una sala de estar o un estudio, los espejos propiciarán una atmósfera estimulante, energética y creativa.

Evita tener varios espejos en el dormitorio porque crean una atmósfera más estimulante que restauradora.

Si tu casa incluye un cuarto en forma de L, coloca un espejo grande para proyectar la habitación en el espacio que falta. El reflejo estimulará el flujo del chi a través de la habitación y la pared de la que cuelga parecerá más distante.

Un espejo de gran tamaño puede ensanchar un cuarto estrecho. El reflejo proyectará la energía a través de la habitación, que parecerá a su vez de mayores dimensiones.

En los vestíbulos. Si la escalera de tu casa da a la puerta principal, coloca en ella un espejo convexo para reflejar la energía chi de vuelta a tu hogar. También puedes colgar uno a un costado de la entrada, para ver el interior mientras abres la puerta.

32 remedios **Feng Shui**

El Feng Shui puede aconsejarte frente a cualquier situación que se pueda dar en la vida cotidiana.

Por ejemplo, en la oficina, siempre es mejor que estés detrás o delante de alguien que enfrentado a él. Si estás frente a una pared, cuelga un cuadro de un paisaje, si usas ordenador, coloca un ciclamen para absorber las radiaciones. Si quieres evitar los cotilleos a tus espaldas coloca la figura de un gallo en la mesa o cualquier otro pájaro de pico grande, como un loro o un tucán.

Si quieres celebrar una comida importante en casa, por ejemplo en Navidad, no olvides que si la mesa es rectangular (madera), convienen los manteles blancos y las servilletas azules, y que si es redonda (metal), vendrán mejor un mantel ocre y servilletas rojas, pero sobre todo no olvides que debes tener sobre la mesa los cinco elementos representados. A continuación, vamos a darte 32 remedios para ayudarte a vivir mejor.

1. Los colchones separados rompen parejas

A la hora de dormir con tu pareja es importante tener en cuenta este pequeño consejo Feng Shui. Procura que la cama de dos plazas tenga un colchón de una sola pieza. Una cama matrimonial de dos piezas se considera algo muy negativo para el futuro de la pareja, ya que simboliza ruptura y separación.

Otras características del dormitorio que pueden separar una pareja son dormir debajo de una viga, una cama situada entre dos puertas enfrentadas o con los pies apuntando hacia la puerta.

2. Planta un naranjo

En el sur de la China, donde el clima es favorable, es habitual plantar un naranjo en la entrada de las casas y edificios de oficinas para atraer la fortuna y la riqueza. Según el Feng Shui, casi todas las plantas traen buena suerte al hogar cuando florecen y están saludables (sobre todo los crisantemos, el bambú, las orquídeas y el ciruelo en flor). Si te decides por el naranjo y no vives en un lugar donde hay heladas, recuerda que debes plantarlo orientado hacia el sureste, porque es la parte de la casa que simboliza la riqueza.

3. Los invitados a la mesa

El Feng Shui también nos ayuda a que la reunión de amigos sea más agradable y exitosa. Sólo hay que tener en cuenta algunas consideraciones importantes:

■ No sientes a nadie a la esquina de una mesa cuadrada o rectangular.

■ No sientes a nadie debajo de una viga en el techo.

■ Sienta invitados de ambos sexos uno junto al otro para asegurar un buen equilibrio yin-yang.

■ Las mesas redondas son preferibles a las rectangulares. Evita las mesas en forma de L o T.

Los chinos siempre se decantan por las mesas redondas, porque es la forma más indicada de disfrutar de una comida armoniosa. Se cree que al tener una forma curva, los comensales están más relajados y discuten menos. Además, el círculo es un símbolo especial que representa el chi celestial, con lo que se evita que la energía se vuelva negativa y dañina.

4. Peonías para el amor

Cuenta la leyenda que Yang Kuei Fei, la mujer más hermosa de la historia china y concubina del emperador, decoraba sus aposentos con hermosas peonías durante todo el año.

En un hogar con mujeres se cree que colgar un cuadro con motivos de peonías traerá buena suerte. Cuanto más exhuberantes sean

estas flores, mayor será la fortuna en el hogar. Evidentemente, siempre es mejor disponer de peonías naturales.

También se asocia al amor conyugal y la felicidad sexual. Por lo tanto, se recomienda para reactivar la pasión en las relaciones largas.

5. No dejes escobas a la vista

Todos tenemos escobas y fregonas en casa, pero el Feng Shui recomienda guardarlas a buen recaudo y no dejarlas a la vista. Especialmente prohibidas en el comedor, se cree que barren la fortuna y el sustento de la familia.

6. Colgar fotografías en casa

Los retratos de familias en actitud feliz representan una excelente energía para el hogar. Pero a la hora de colgar fotografías en casa, ten en cuenta las siguientes pautas:

■ No cuelgues un retrato de la familia que mire directamente a la puerta de entrada de la casa.

■ No pongas fotografías de los seres queridos orientadas hacia el cuarto de baño.

■ Intenta no colgar en casa fotografías de tres personas (se cree que quien está en medio será separado de los otros dos). Si la familia está formada por tres miembros, lo mejor será tomar la fotografía con las personas dispuestas en forma de triángulo.

7. Cambia los muebles para energetizar la casa

Cuando un hogar está estancado y agotado, es el momento de remover la energía que hay en su interior. Un método sencillo consiste en abrir puertas y ventanas, sacudir las alfombras y las cortinas y mover todo el mobiliario unos 45 cm. De esta forma, harás que la energía se mueva y podrás aprovechar para hacer una limpieza a fondo. Este remedio es temporal, pero resulta ideal para recargar de energía yang el espacio y el ánimo del hogar.

8. Los pájaros de la suerte

Se dice que los pájaros son los mensajeros de los dioses y manifiestan la poderosa energía del viento. Por ello, un buen remedio Feng Shui consiste en colgar cuadros o fotografías de pájaros en el hogar para atraer la fortuna. Según los taoístas, el rey de los pájaros es el ave fénix, protector por excelencia. Pero, además, las representaciones de patos, cisnes y gansos atraen el amor; las grullas simbolizan la longevidad; el gallo significa el triunfo laboral, y las urracas traen buenas noticias.

9. Cenefas y cuadrados en el suelo

Un remedio efectivo para asentar la fortuna en el hogar consiste en crear cenefas y diseños con cuadrados en el suelo de la casa. A través de estoras, alfombras –siempre que éstan sean de calidad y hechas a mano de seda, lana o algodón–, felpudos, parquet, etc., enraizas la energía Tierra del hogar.

Por otra parte, los círculos también generan una fuente inacabable de unidad y buena fortuna.

10. Dos elefantes para activar la fertilidad

Una pareja de elefantes es el símbolo que tradicionalmente trae descendencia a un hogar. Se recomienda colocarlos en el dormitorio de la pareja, cerca de la cama y siempre con la trompa caída, ya que de lo contrario podría acarrear problemas conyugales.

11. Ondas sonoras en el ambiente

La frecuencia de las ondas sonoras influyen en tu chi y ayudan a cambiar el estado anímico. Un sonido suave (yin) sosegará la energía que te rodea, mientras que un sonido vibrante (yang) activará tu entorno y te llenará de energía.

Para llenar el ambiente de ondas sonoras positivas, es recomendable asegurarse y optar por aquellos tonos y timbres que sean de tu agrado. El Feng Shui apuesta por aquellos sonidos que empleen una campanilla metálica tradicional, ya que contribuye a estimular el ambiente cada vez que suena.

Otros sonidos ambientales recomendables son el sonido de un pequeño salto de agua, el tictac de un reloj o el golpeteo de un carillón metálico.

12. Jardineras en casa

Si quieres atraer de forma natural la energía positiva hacia tu hogar, un buen remedio Feng Shui consiste en instalar jardineras en las ventanas y balcones de casa. Este método es idóneo para intensificar el chi que procede del exterior. A la hora de elegir las plantas y flores que pondrás, recuerda que los colores más intensos aportarán un chi yang estimulante, mientras que los pálidos atraerán un chi yin relajante.

Pero no todas las jardineras son iguales. Conviene colocar las jardineras metálicas en el suroeste, noreste, oeste, noroeste o norte de la casa. Las de madera en el norte, este, sureste o sur. Mientras que las jardineras de barro se colocan en el sur, suroeste, noreste, oeste o noroeste. Prescinde de las jardineras de plástico, puesto que perturban el flujo de la energía.

13. Una pareja compenetrada

Para que una pareja se sienta más unida y compenetrada, el Feng Shui nos invita a guardar muy cerca algo que tenga el chi de tu pareja. Debe ser una prenda que esté en contacto permanente con su campo energético (por ejemplo, una pulsera, una prenda de vestir, un anillo...). De esta manera, ambas energías se funden y aportan un chi mutuo muy beneficioso para el desarrollo de la pareja.

El Feng Shui también recomienda colocar fotografías de la pareja divirtiéndose juntos en un lugar bien visible. Si es posible, en la dirección suroeste, oeste o sur del hogar o también en el dormitorio.

14. Plantas limpiadoras

Las plantas más eficaces para limpiar el ambiente y reducir la contaminación acústica y ambiental de un hogar son:
- **Aglaonema**
- **Chamaedoria**
- **Crisantemo**
- **Drácena**
- **Gerbera**
- **Hiedra**
- **Sansevieria**

Si vives en un entorno urbano, te conviene saber que las plantas frondosas o arbóreas también reducen los índices de contaminación y ruido ambiental. Las hojas asimilan las ondas sonoras y crean un ambiente más silencioso y relajante.

15. Éxito profesional desde el primer día

Para empezar tu primer día de trabajo con buen pie y ganar en confianza, entusiasmo y seguridad tienes que buscar la energía chi que procede del este.

Además, este chi también te ayudará a reactivar tu vida profesional en el caso de encontrarse estancada.

Para atraer la energía del este, coloca un cuenco lleno de agua en esta dirección. El agua refuerza la energía madera del este y aumenta su fuerza. Recuerda que debes cambiar el agua cada día y procurar que le llegue el sol matutino.

También puedes colocar plantas en la zona este del despacho. Éstas representan el chi madera y aportan grandes dosis de energía chi.

Ten en cuenta que si te es posible elegir la orientación de tu asiento, debes buscar la dirección de tu chi positivo, que de dará tu número de los Nueve Ki, y sentarte orientado hacia ella.

16. Rodéate de curvas y espirales

Un fundamento esencial del Feng-Shui es utilizar la energía del chi, fuerza universal que nos rodea, y que podemos canalizar y utilizar. Por tanto, todos los objetos redondeados y en espiral te resultarán propicios y evitarán que la energía se estanque. Evita los objetos agudos y afilados como plantas de hojas afiladas, esquinas, mesas cuadradas, vigas, columnas, etc.

17. Un hogar demasiado yang

A todos nos gusta que la cálida luz del sol entre en nuestra casa. Pero si hay demasiada claridad podemos sufrir las consecuencias de un exceso de energía yang. Esto puede afectar nuestro carácter y hacernos sentir más estresados de lo habitual. Para contrarrestar la fuerza de esta energía yang pode-mos colgar una bola de cristal justo delante de las ventanas más solea-das. De esta forma, la luz opresiva se transformará en un arco iris de colores y el interior se llenará de un chi sano y revitalizado. Según el Feng Shui, el secreto está en conseguir un equilibrio de fuerzas yin-yang en nuestro entorno, sin que predomine por exceso o defecto ninguna de ellas.

18. Activadores de Feng Shui

Existe toda una variedad de medios para activar los diferentes sectores de la casa y conseguir así mejorar un aspecto concreto de la vida. Colocando estos elementos en los rincones apropiados, podremos activar el camino hacia nuestras aspiraciones. Tales métodos se dividen en diferentes categorías:

■ Objetos brillantes y reflectantes, como lámparas, espejos, figuras talladas en cristal...

■ Elementos vivos o reproducciones, tales como plantas vivas, flores frescas, estanques con peces, acuarios o simplemente fotografías de motivos naturales.

■ Formas que generen movimientos circulares. Por ejemplo, fuentes de agua en miniatura, molinos de viento, móviles...

■ Objetos pesados generadores de energía yang (piedras de río, esculturas...).

■ Objetos largos y huecos, como flautas (preferiblementte de bambú), carillones metálicos o relojes de pared de aquellos antiguos que generen ondas sonoras en el hogar.

■ El uso equilibrado de los colores según el concepto chino de los Cinco Elementos.

Remedios sencillos para la habitación

DIRECCIÓN	POTENCIAN EL CHI	MANTIENEN EL CHI	MITIGAN EL CHI
NORTE	Vasija de plata o de hierro de forma redonda, con una planta de flores rojas.	Hiedra y plantas de flor blanca, como las lilas. Una estatuilla de vidrio o de cristal.	Plantas altas.
NORDESTE	Velas.	Flores blancas en una maceta de barro cocido.	Un plato de porcelana blanca con sal de mar.
ESTE	Fuente de agua.	Plantas altas.	Velas.
SURESTE	Fuente de agua.	Plantas altas.	Velas.
SUR	Plantas altas.	Velas.	Maceta de barro llena de carbón.
SUROESTE	Velas.	Maceta de barro llena de carbón.	Un plato de porcelana blanca con sal.
OESTE	Maceta de barro llena de carbón.	Flores rojas dentro de una maceta de hierro redonda. Un reloj o unas campanillas de metal.	Hiedra y plantas de flor blanca. Estatuilla de vidrio o de cristal.
NOROESTE	Maceta de barro llena de carbón.	Flores blancas en una maceta de hierro redonda. Un reloj o unas campanillas de metal.	Hiedra y plantas de flor blanca, como las lilas. Una estatuilla de vidrio o de cristal.
CENTRO	Mantenlo despejado.	Mantenlo despejado.	Mantenlo despejado.

32 remedios **Feng Shui**

19. Cómo activar…

■ Las relaciones familiares

Un buen remedio Feng Shui consiste en colocar plantas y flores en los sectores este y sureste de la casa, relacionados con el elemento madera. Eso sí, es importante mantenerlas sanas y bien cuidadas. Las plantas secas o enfermas generan grandes cantidades de sha, el chi perjudicial que atrae la mala suerte. Evita las plantas espinosas y decántate por las de grandes hojas, ideales para absorber el exceso de ondas electromagnéticas .

■ La carrera profesional

Instala una pequeña pecera con peces de colores en la parte norte de tu casa o estudio. No es necesario que sea un gran acuario, ya que demasiada agua podría ahogar tus proyectos.

■ La suerte de los hijos

Un remedio Feng Shui aconseja colgar un carillón en los sectores del oeste y noroeste de la casa. Sus formas huecas y alargadas permitirán que el chi fluya a través de ellos. Pero no conviene hacerlo si la casa tiene pocas ventanas, ya que su energía quedaría demasiado concentrada y produciría el desacuerdo entre padres e hijos.

■ El matrimonio

Las figuras talladas en cristal aportan energía positiva al matrimonio cuando se colocan en el sector suroeste o sureste del hogar. El cristal es un excelente estimulador de la energía chi, especialmente si se combina con la luz solar.

20. Ojo con las esquinas, columnas y vigas

En Feng Shui, estos elementos arquitectónicos son flechas envenenadas que crean un mal sha capaz de generar malas vibraciones en todo su entorno. Se consideran flechas envenenadas cualquier ele-

mento afilado, puntiagudo o recto que se dirige directamente hacia un punto concreto de la casa. Cuando afecta a la entrada principal puede llegar a provocar la desgracia, mala

32 remedios **Feng Shui**

familia y representan un obstáculo para el progreso económico.

Para evitar estas «malas compañías», se recomienda utilizar plantas para camuflar las esquinas más prominentes. Las enredaderas pueden mejorar la circulación del chi y suavizar la energía negativa de las flechas envenenadas.

Otro remedio consiste en colgar un carillón en el techo para que suavice el efecto negativo de las esquinas y bordes cortantes de las vigas y las columnas. Los carillones deben tener las varillas huecas porque de esta manera se obliga al chi a pasar a través de ellas. En China se usaban unos carillones de piedra volcánica llamados Qing muy efectivos. La vibración sonora del carillón hacen que el chi se vuelva positivo y beneficioso.

salud, pérdida de oportunidades, peleas familiares y otros serios trastornos a los habitantes de la casa. Por ejemplo, las vigas que están a la vista hieren el chi de la

21. La rana de la suerte

Uno de los símbolos más valorados en la cultura china es la rana. Su mera presencia en el hogar simboliza la llegada de riquezas inesperadas. Coloca una pequeña representación de este animal en un rincón de casa (por ejemplo, sobre la tierra de una maceta). Si la entrada principal está orientada hacia el suroeste o noroeste, se cree que aumenta todavía más la suerte, ya que estas direcciones se asocian con el elemento metal, al que pertenecen el oro y la plata.

22. El doctor melocotón

La cultura china le da a este árbol la virtud de mejorar el estado de un enfermo. Según el Feng Shui, si un familar está enfermo se debe colocar la pintura o fotografía de la flor del melocotonero en la esquina este de su habitación. Este árbol simboliza la inmortalidad, pues el dios mono la obtuvo de sus frutos, y es muy recomendable para atraer un saludable dosis de chi vigorizante a la habitación.

23. Un león guardián

Los leones guardianes son muy populares entre los chinos, quienes los utilizan como poderoso elemento protector de sus hogares y negocios. Suelen colocarse en parejas a ambos lados de la entrada y se cree que protegen la casa de influencias dañinas. Un ejemplo famoso son los leones de piedra que presiden las entradas principales de la Ciudad Prohibida en Beijing (Pekín) y numerosos templos chinos taoístas.

24. Peces y éxito en los negocios

Los peces chinos de colores, sobre todo rojos, son los más recomendados para atraer la riqueza y prosperidad en los negocios. El número de peces más positivo es el nueve, ocho de los cuales deben ser rojos y dorados, mientras que el noveno debe ser negro y servirá para absorber la mala suerte. Otro peces «con suerte» son las carpas japonesas o koi, y los arrowanas, también conocidos como «peces Feng Shui». Es una especie tropical originaria de las junglas de Indonesia, Thailandia, Malasia y Borneo. Para atraer la buena suerte deben tenerse en grupos de tres o cinco ejemplares, y siempre sin ninguna otra especie en el acuario.

25. Un jardín con Feng Shui

Un jardín delante de casa ofrece protección y aislamiento contra influjos negativos externos. Los árboles, plantas y flores conducirán el chi vital hacia la casa. Por eso, se recomienda ajardinar sobre todo el acceso, la entrada y el recibidor de la casa, ya que así se estimula el chi invitándole a entrar en el hogar.

Para combinar armoniosamente las diferentes cualidades energéticas del jardín (formas, colores, materiales...) se recomienda utilizar el modelo de los Cuatro Animales Celestiales. Así por ejemplo, una fila de árboles plantados detrás de la casa puede ofrecer la protección de la Tortuga. A la derecha, debería plantarse un árbol de cierta altura que simbolice el Dragón; a la izquierda, un árbol más bajo o arbusto (el lado del Tigre) y enfrente, una superficie de césped abierta que represente el Ave Fénix.

También es importante colocar alguna escultura para resaltar una determinada zona del jardín. Por ejemplo, para fortalecer la energía chi asociada a tu vida profesional, pon una estatua de madera alta rodeada de plantas verdes en el este. Para realzar el chi que fomenta la unión y armonía familiar, sitúa una estatua de barro baja rodeada de flores amarillas en el sector suroeste del jardín. Finalmente, para activar el amor en tu vida, coloca al oeste una estatua de carácter romántico sobre una base metálica sin aristas y rodeada de flores rojas.

26. Neutralizar el cuarto de baño

El punto de la casa más conflictivo según los preceptos del Feng Shui debe controlarse con una serie de remedios si no queremos que su energía acabe afectando a los habitantes de toda la casa. Algunas soluciones sencillas son:

■ Coloca energía tierra (por ejemplo, una vasija de barro) en los cuartos de baño ubicados en el sur de la casa. Estos lavabos pueden provocar traiciones en la familia o los amigos.

■ Coloca energía metal (una pequeña escultura) en los cuartos de baño situados al suroeste o noreste. De lo contrario, la pareja podría pasar por dificultades amorosas.

■ La energía agua (una pecera, por ejemplo) será conveniente para neutralizar un cuarto de baño ubicado en el oeste o noroeste de la casa. Esta orientación puede generar conflictos con los hijos.

■ Coloca energía madera (plantas vivas) en un cuarto de baño situado en el norte de la casa. La energía negativa de los cuartos de baño ubicados en el norte puede generar problemas laborales y bloqueos en la carrera profesional.

■ La energía fuego (servirá una lámpara de lava) resulta ideal para desactivar un cuarto de baño al este o sureste del hogar. Esta orientación puede afectar la salud de los habitantes de la casa.

27. El poderoso wu lou

Uno de los mejores símbolos de la buena fortuna es el wu lou de latón. Esta especie de amuleto en forma de pera es un poderoso símbolo Feng Shui usado para contrarrestar el chi negativo de la enfermedad. La diosa budista Kuan Yin se suele representar sosteniendo el wu lou (en China es adorada como símbolo de la curación física y emocional).

28. Tender la ropa, siempre de día

Los maestros del Feng Shui advierten no colgar ropa todavía húmeda durante la noche. ya que la ropa absorbe mucha energía yin durante esas horas. Por eso, los chinos prefieren tender la ropa al aire libre y durante el día. Eso permite que las prendas absorban la energía yang positiva del sol, en lugar de la energía yin carente de vida.

29. El dios de la riqueza

Aunque los chinos tienen varios dioses de la riqueza, el más popular es Tsai Shen Yeh y suele representarse sentado sobre un tigre que simboliza el control que ejerce sobre este poderoso animal. El mejor lugar para situar una figura de este dios es sobre una mesa alta y mirando directamente hacia la entrada de la casa. Tsai Chen atraerá el chi positivo a tu hogar y alejará los problemas.

30. La energía del jade

Cuando estamos nerviosos o nos sentimos inestables, el Feng Shui recomienda tranquilizarnos, conectando de nuevo con la energía del elemento Tierra. El jade es un aliado perfecto para conseguirlo. Se trata de uno de los minerales más duros que absorbe la energía de la Tierra durante el largo periodo que tarda en formarse. Muchos chinos tienen en casa una colección de figuras de jade que representan los animales del zodíaco y cada año muestran la figura que corresponde. También se considera un buen protector y es costumbre regalar piedras de jade a los recién nacidos y a los ancianos en señal de respeto.

31. Aporta felicidad

Intenta llenar tu hogar de experiencias positivas y felices. El chi de la risa y la satisfacción se extenderá por todas las habitaciones de la casa, impregnando cada rincón de buenas influencias. Es importante que llenes la casa de objetos que te hagan feliz, objetos o fotografías, y que aporten humor y alegría las 24 horas del día.

Piensa que los visitantes también traen energía chi consigo y, si se sienten felices en tu casa, el chi positivo irradiará el chi de tu casa, sobre todo en el caso de los niños. Una mascota también puede tener un efecto positivo.

32. Renovar el chi del hogar

Para conseguirlo es básico no acumular en casa muebles rotos ni aparatos averiados. También es importante que todas las cañerías y los cables rotos o dañados sean reparados ya que, de lo contrario, se crearán obstáculos para obtener el éxito en la vida. Asimismo, deben tirarse los vasos rotos y nunca servir la comida en platos o cuencos descantillados. Cualquier elemento decorativo roto o estropeado, a no ser que te traiga grandes recuerdos, dará malas vibraciones al hogar; no dudes en deshacerte de ellos.

Diccionario **Feng Shui**

En la siguientes páginas te ofrecemos un diccionario en el que podrás encontrar numerosos aspectos del Feng Shui que no han sido comentados en este libro todavía, y otros que ya conocerás si lo has seguido paso a paso.

Si no has entendido del todo cómo encontrar tu número ki o tu dirección personal para situarte frente a ella en casa o en la oficina te recomiendo que la busques en la entrada Dirección personal. Aquí encontrarás también una amplia explicación sobre los animales celestiales del Feng Shui, la tortuga, el dragón, el ave fénix y el tigre, y un resumen sobre decoración y sobre distribución de las habitaciones y de los muebles en su interior uno por uno.

Los colores, las piedras, las plantas asociadas con los lugares y las direcciones idóneas también tienen su lugar en estas páginas, que tienen como fin ampliar y completar lo ya dicho hasta ahora para que ningún aspecto de tu vida deje de tener la orientación adecuada.

Abanico. Especialmente útil en el recibidor y la zona de entrada, ya que expande la energía vital hacia el interior de la casa. Eso sí, debe fijarse en la pared con parches adhesivos, nunca con clavos, ya que bloquearían sus propiedades.

Acceso. En Feng Shui, se recomienda que la aproximación a la casa se haga de manera suave e indirecta. Así, se prescriben accesos en forma de curva o arco de círculo, ya que estas trayectorias facilitan el flujo suave de chi hacia la casa. Por otra parte, se desaconsejan las vías de acceso rectas y se recomienda suavizarlas ajardinando el espacio (si es un camino), o bien protegiendo la casa con un seto o una valla si se trata de una calle. Si existe una entrada para el coche, no deberá apuntar directamente a la fachada o, peor aún, a la puerta principal (ver también *Garaje*).

Accidente y desgracia. Es el nombre de un presagio desafortunado. Conviene evitar esta orientación porque se considera que atrae la mala suerte y pequeños contratiempos (pérdidas materiales, problemas laborales…). Si no hay más remedio, es aconsejable hacer el mínimo de actividad en esta área (olvidarse de ubicar en ella la cocina, el baño o el dormitorio infantil).

Acuario. Tener en casa un acuario con plantas acuáticas y peces de colores se considera un excelente estimulador del chi.
También se puede colocar cerca de la caja registradora de las tiendas y restaurantes porque aumenta la riqueza, al igual que en todos los sectores de la vivienda que según el método del Bagua se deseen estimular.
Los acuarios poseen la propiedad de aumentar el chi de una estancia, siempre y cuando el agua esté nítida y sus peces sanos.

Actividad. El Feng Shui recomienda ubicar cada actividad doméstica (comer, dormir, trabajar, estudiar, etc.) en la dirección más adecuada y según el simbolismo de cada trigrama. El plano de una casa puede dividirse en nueve áreas siguiendo el modelo del cuadrado mágico Lo Shu (pág. 49). A cada una le corresponde una dirección, un trigrama y una actividad determinada.

Ágata. Piedra protectora con capacidad para calmar los estados febriles, así como las dolencias estomacales y oculares. Potencia la sensibilidad y la comunicación.

Agua. Uno de los Cinco Elementos simbólicos en que los sabios chinos de la antigüedad dividieron el mundo. Se asocia al invierno, al norte, al color negro y a la forma fluctuante. Así, este elemento no sólo se manifiesta por la presencia física del agua misma (en forma de estanques, ríos, lagos, etc.), sino también a través de todo aquello que tenga una forma ondulada y fluctuante.
Este elemento también se revela en forma de colinas onduladas y fluctuantes y en un paisaje urbano, en edificios con formas fluidas y contornos suaves curvilíneos. Por ejemplo, los edificios construidos con grandes fachadas de cristal se consideran un elemento agua.
El elemento agua también tiene que ver con la fertilidad y el océano de los sentimientos en el que a lo largo de nuestra existencia aprendemos a nadar. Si hemos encontrado nuestro camino, nuestras acciones caerán en tierra fértil y el agua aportará al ciclo su fuerza estimulante.
El agua es el elemento de la comunicación y la transmisión de ideas. La música, el arte y la literatura se beneficiarán de la forma agua. En el ámbito de los negocios, el agua favorece la comunicación, las transacciones, el tratamiento de tex-

tos, el correo… Además, colocada a la entrada de las empresas (en forma de estanques o fuentes) intensifica los aspectos positivos del negocio.

El agua sólo se considera amenazante cuando se encuentra en la parte trasera de una casa o cuando fluye demasiado rápida, en forma de ríos en línea recta.

En el orden generador de los elementos, el agua es necesaria para que crezca la madera y en el orden destructor, el agua apaga el fuego (ver también *Cinco Elementos*).

El agua también corresponde al trigrama Kan, representado por  dos líneas yin (discontinuas) que esconden la fuerza de una línea yang (continua). Las direcciones más propicias para una persona agua son el oeste y el noroeste, que en todo caso, debe evitar la energía procedente del sudoeste y el noreste. Los colores que más se adaptan a la energía interna de una persona agua son el azul oscuro y el gris negro. Como el metal genera agua, los dorados y los plateados también pueden resultar beneficiosos. Su número es el 1 (pag. 40).

Agua subterránea. Los emplazamientos deben tener un buen drenaje del terreno. Por el contrario, cuando las aguas subterráneas se estancan, se crea un ambiente malsano que bloquea la energía chi.

Aguamarina. Esta piedra ejerce un efecto positivo sobre los ojos, la piel, la garganta, los dientes y las molestias hepáticas. Impulsa la paz interior, la tolerancia, la armonía y la comprensión

Alexandrita. Este mineral ayuda a superar las molestias estomacales, intestinales, de hígado y oculares. Promueve el amor, el desarrollo positivo y la tolerancia.

Alfombra. Para generar buenas energías en el hogar conviene elegir alfombras elaboradas principalmente con fibras naturales y dorso de yute.

Aliento generador. Es uno de los mejores presagios y la zona de la casa en que se encuentra es la ideal para propiciar bienestar y prosperidad. Esta zona llena de vitalidad está considerada como una especie de manantial cuyas buenas vibraciones fluirán hacia el resto de las estancias.

En ella se recomienda instalar el estudio (sobre todo si el trabajo es creativo) o el dormitorio (excelente para las relaciones de pareja).

Almacén. Relacionado con el trigrama Ken (tierra), el almacenaje de una empresa debe situarse siempre que sea posible en la dirección noreste, área asociada a la inmovilidad y la seguridad, ideal para guardar mercancías, cajas fuertes, y cámaras acorazadas. Si el almacenaje de mate-

rias perecederas es la función principal de la empresa, conviene que ocupe el presagio «Largos Años» (ver también Desván).

Amarillo. Este color, junto al ocre y los tonos terrosos, representa la energía unificadora del elemento tierra, el centro. En una estancia contribuye a crear ambientes equilibrados y activa la zona relacionada con la cultura, el amor y el matrimonio.

El color amarillo estabiliza y transmite franqueza y calor. Es el color de la luz del sol en su gama más brillante, del conocimiento, de la inteligencia divina, de la longevidad, del otoño y de la madurez.

El color amarillo resplandece por encima de todos los otros colores del círculo y tiene un efecto de regocijo, optimismo, cordialidad y seducción.

Consejos de decoración:

Resulta muy apropiado para el comedor, la sala de estar y la cocina. Del mismo modo, en aquellas habitaciones en las que se exige especialmente una gran actividad mental, como en el despacho o el estudio, el amarillo puede servir de gran ayuda.

Las habitaciones con paredes en tonos vainilla resultan cómodas y acogedoras. Potencian el buen humor y hacen desaparecer las preocupaciones cotidianas. Sin embargo, un exceso de amarillo puede estimular la envidia, los celos y el orgullo negativo.

Amatista. Piedra que calma el sueño y disminuye las molestias de la migraña, aleja el miedo, relaja la piel y purifica la sangre. Promueve la espiritualidad, la devoción y la transformación.

Ámbar: Esta resina, bien activada, se utiliza para disminuir los dolores de garganta, la fiebre y las infecciones de oído; también sirve para las molestias oculares y el asma. Potencia, purifica, y promueve el conocimiento, así como la riqueza y el bienestar.

Amor y matrimonio. Según el método del Bagua, este aspecto de la vida lo rige el Kun o trigrama del sudoeste. Por ello, lo ideal será situar el dormitorio conyugal en esta zona de la casa. Si no es posible orientarlo hacia esta dirección, bastará colocar un espejo que prolongue la casa hacia esta zona.

La esencia de esta área del Bagua es la tierra, la receptividad, la naturaleza pura de la humildad sincera, el corazón generoso y receptivo.

Cómo reforzar esta zona:

Esta zona puede estimularse con objetos personales asociados con el amor: fotografías de la persona querida, regalos de aniversario, parejas de objetos… Hay toda una serie de pares simbólicos que nos pueden servir para esta zona: desde deidades hindús como Shiva hasta el símbolo del yin—yang, dos delfines, etc. Aquí también puede utilizarse como estímulo positivo y como respaldo al chi de este aspecto de la vida, un objeto personal, a veces incluso hecho por uno mismo.

Esta área se basa en el trigrama Kun o «lo que acoge». Sería ideal que esta cualidad receptiva y nutridora se reflejara también en esta zona. Los muebles para sentarse, los colchones suaves y las formas redondeadas encajan aquí perfectamente.

Los colores cálidos contribuyen a la comodidad que esta habitación requiere. El amarillo, marrón y todos los tonos tierra, igual que el naranja y el rojo, son colores que revitalizan el elemento tierra.

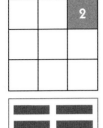

En la zona del suelo, en forma de alfombra o como baldosas de terracota, el color marrón se experimentará como natural y se reforzará en contacto con la tierra. Por el contrario, el marrón no es recomendable para el mobiliario o como color de pared ya que puede oscurecer notablemente la habitación y retener los ánimos melancólicos por más tiempo (eso no quiere decir que no se pueda utilizar la madera como material de construcción natural).

Lo mejor para la atmósfera de una habitación de matrimonio serán los tonos claros arena, vainilla y amarillo; el naranja también porque este color alegra el corazón.

Al elemento tierra se le atribuyen también piedras, cristales y recipientes de arcilla que se pueden utilizar igualmente para reforzar este aspecto de la vida.

Esta zona Bagua no sólo se refiere al matrimonio y las relaciones de pareja, sino que igualmente está relacionado con nuestro trato con los amigos y compañeros en general.

También la relación de los seres humanos con la tierra se corresponde con un matrimonio. Podemos respaldar este aspecto de la vida concibiendo la tierra como nuestra compañera y aprendiendo de nuevo a comportarnos con ella de un modo atento y cariñoso, de otro modo estará en peligro la estabilidad interior que simboliza.

Amuleto. Grabados en madera o simplemente dibujados en un papel, los amuletos y talismanes suelen colgarse para atraer la buena suerte y protegerse contra la energía negativa. La mayoría representan el Dragón y el Tigre, el símbolo del yin y el yang o la figura octogonal del Bagua.

Algunas figuras de animales también pueden considerarse como amuletos (especialmente efectivos los leones, tigres y dragones). La Tortuga —símbolo de longevidad— y los peces de colores —estimuladores de la suerte— ocupan un lugar especial entre los amuletos favorecedores del Feng Shui.

Otro amuleto recomendable para atraer la buena suerte consiste en colgar del dormitorio tu propio trigrama —representado con caracteres negros inscritos en un fondo blanco—.

An Chien Nombre chino para designar a las flechas secretas, es decir, la energía negativa que ataca constantemente un lugar y que puede debilitar la fuerza del mismo (ver también Flecha Secreta).

Ángulo. En Feng Shui son preferibles las líneas redondeadas, las formas curvilíneas y los cantos blandos. Se considera que cualquier ángulo agudo irradia una energía parecida al filo de un cuchillo o una flecha y puede producir incomodidad y obstrucción a nuestro alrededor. Este tipo de filos vienen marcados por algu-

---

Fuera trastos

En general, las reglas del Feng Shui recomiendan no acumular trastos viejos en casa, especialmente en la zona de «Amor y matrimonio». No son adecuados los trastos viejos inútiles del mercadillo, las pilas de ropa sucia u otros colecciones de cosas polvorientas. Aquellos objetos cargados de viejas historias o que aportan su energía correspondiente (como aquel objeto heredado de la abuela) sólo deben ubicarse en esta zona si su energía puede afectar al

aspecto «Amor y matrimonio». Una habitación abarrotada, aunque esté cariñosamente decorada con recuerdos, no deja sitio para lo nuevo y reduce el movimiento, condición indispensable para el desarrollo de todo matrimonio.

Los protectores del hogar

- *Oso*. Representa la valentía y la fuerza. En China se cree que colgar su imagen cerca de la entrada de la casa ahuyenta los ladrones.
- *Tigre*. Simboliza el valor y aterroriza a todas las fuerzas malignas.
- *Elefante*. Tiene cualidades de fuerza, energía, inteligencia y sabiduría.
- *Caballo*. Al igual que el elefante, es uno de los Siete Tesoros del budismo. No está considerado como un animal celestial pero es muy apreciado en China por la nobleza de su porte.
- *León*. Emblema de energía y valentía para los chinos. Allí es muy corriente situar leones de piedra en las entradas de los templos y muchas casas.

nos muebles, las esquinas de muchos edificios y los tejados inclinados que forman flechas secretas, especialmente desfavorables si apuntan directamente a la puerta de la entrada o a las ventanas.

Para neutralizar un ángulo conviene introducir un elemento controlador o realizar una composición de elementos madera y tierra. Otra posibilidad es ocultarlos tras una cortina en la ventana o un seto alto.

Animal. Tanto en interior como en exterior, los animales tienen una excelente capacidad para determinar las vibraciones de energía. Así, cuando un perro elige siempre el mismo rincón de la casa,

están mostrando justo el punto donde fluye un buen chi.

Según la astrología china, el Cielo se divide en cuatro animales celestiales: el Dragón verde en el este, el Pájaro rojo en el sur, el Tigre blanco en el oeste y la Tortuga negra en el norte. Esta ordenación de los animales celestiales también se aplica por ejemplo al ordenar un escritorio.

Antepasados. En la sociedad china se respeta mucho a los antepasados fallecidos. Se les honra y sus tumbas son escogidas y cuidadas con extraordinario esmero. Además, existe la creencia de que los difuntos que habitan en el reino

de los espíritus tienen una notable influencia sobre las circunstancias de la vida de sus descendientes.

Por eso los familiares siempre son muy cuidadosos a la hora de encontrar una disposición lo más favorable posible para las tumbas de sus antepasados, ubicándolas y orientándolas de manera muy meticulosa según las reglas del Feng Shui.

Antigüedades. El Feng Shui presta especial atención a los objetos antiguos, como elementos que han pasado por muchas manos, así como receptores de multitud de energías. Muchos de estos muebles y objetos poseen sus propias vibraciones y es por ello que cuando se entra en una habitación a menudo puede percibirse una atmósfera especial.

A ser posible, no se deben colocar muebles antiguos en la habitación de los niños, ya que éstas proporcionan crecimiento y desarrollo a los más jóvenes y no deben ser «contaminadas» con las viejas historias que la mayoría de las antigüedades llevan consigo.

Del mismo modo, la zona de la casa donde se duerme es un lugar muy importante que dentro de lo posible, debe permanecer libre de cualquier influencia extraña —y por esta razón también libre de muebles viejos-.

Aparato eléctrico. La televisión, la radio, el equipo de música e incluso el ordenador tienen un simbolismo excelente y crean un ambiente estimulante y creativo. Pero se aconseja instalarlos lejos del dormitorio ya que podrían generar interferencias en el fluir de la pareja.

Por su capacidad de simular el sonido, la vida y el color resultan excelentes para estimular la energía según la distribución que nos señale el Bagua de las ocho situaciones vitales.

Pero atención a la radiación electromagnética (REM) que generan determinados aparatos. En el caso de los ordenadores, faxes, televisores y microondas, puede resultar nociva para nuestro organismo. Para estar realmente protegidos cuando estén funcionando, deberíamos mantenernos por lo menos a dos metros de distancia
(ver también *Electrodoméstico*).

Árbol. Los árboles tienen campos de fuerza muy potentes y son excelentes transformadores naturales. Por tanto, su ubicación es muy importante: su lugar idóneo es detrás de la casa, como si le prestaran respaldo (de hecho la protegerán del frío viento del norte). Otras recomendaciones son:

- No situarlos frente a la entrada de la casa para no obstruir el flujo de energía hacia ella.
- Plantar árboles en línea o en curva alrededor de la casa, simulando que abrazan tu hogar, para atraer riqueza y buena suerte.
- No dejar que las hojas de los árboles toquen las ventanas o paredes de la casa porque estarán alejando la energía chi de su interior.
- Los árboles de follaje denso formando un seto son un buen antídoto para las flechas secretas y los objetos puntiagudos que se divisan por la ventana o puerta, ya que taparán o desviarán su efecto amenazador.
- Los árboles de tronco único y alto (palmeras o pinos) situados frente a una puerta o una ventana en el lado sur se consideran una amenaza del elemento madera que debe contrarrestarse con un elemento controlador o mediante una composición de elementos.
- Siempre que sea posible, rodearse de árboles verdes con hojas anchas o redondeadas y no puntiagudas.

Arbusto. En forma de setos son útiles si se colocan en el sitio adecuado para bloquear o desviar el efecto negativo de las flechas secretas y defender la casa de las malas energías. Si se plantan en el lado norte, protegen del viento. Tam-bién son útiles para suavizar un acceso demasiado recto hacia la casa y para equilibrar la planta irregular de un edificio.

Arco. Si en un edificio predomina este elemento arquitectónico revela la forma del metal (símbolo de la prosperidad económica). Por ello, es lógica la abundancia de arcos y cúpulas en edificios financieros y comerciales.

Áreas de la casa. Según el Feng Shui, el plano de una casa se divide en nueve áreas siguiendo el modelo del cuadrado Lo Shu. A cada una le corresponde una dirección, un trigrama y una actividad.

Es importante que los presagios sean favorables en las áreas domésticas más transitadas (dormitorios, estudio y sala de estar) y que haya una compatibilidad entre el número natal de la persona y la dirección de su dormitorio.

Si la distribución de nuestra casa no coincide con este modelo ideal conviene disponer elementos que activen la energía en cada área.

Áreas de trabajo. Para que una empresa sea próspera, cada área de trabajo debe situarse en la dirección favorable.

Cómo distribuir las áreas de trabajo:
- Al igual que en una vivienda, deben situarse en el plano los trigramas en sus respectivas direcciones. Esto identificará el tipo de trabajo que mejor podría llevarse a cabo en cada zona.
- Según la orientación del edificio, anotar los presagios de cada dirección para saber qué partes del edificio son las más exitosas. Procurar que las áreas mal orientadas se utilicen para tareas poco relevantes, como el almacén (ver también *Despacho; Estudio*).

Arista. Si la arista de un edificio vecino apunta hacia nuestra puerta o ventana, forma una flecha secreta que nos afectará desfavorablemente. Para reducir su influencia se recomienda cubrir la vista con un seto o simplemente colocar una cortina que la neutralice.

En el interior, las aristas de pilares situados junto a las ventanas y los ángulos salientes de los despachos en las oficinas también resultan amenazantes, pero se pueden suavizar fácilmente con plantas o haciéndolos recondeados.

Arquitectura. Para el Feng Shui, la principal función de la arquitectura es conseguir que un edificio se funda y equilibre los flujos de energía del cosmos, la persona y el entorno.

La ubicación de un edificio, su orientación, su material de construcción, sus elementos arquitectónicos y su distribución interior tienen como finalidad reforzar la energía en sus estancias y favorecer la prosperidad de quien las ocupe.

Arroz. En la cultura china, el arroz es el símbolo de la semilla de la suerte y el bienestar. Existe un ritual con arroz (Yu Wie) para purificar las estancias de una casa. Al inicio del ritual el arroz es bendecido y posteriormente desperdigado a lo largo de las paredes de la casa, y una vez alrededor de las paredes exteriores.

Para que el ritual sea efectivo, el arroz debe permanecer una noche en el suelo antes de ser barrido.

Arte. Una buena pintura atrae luz hacia la casa, da profundidad, llena de optimismo y fuerza una habitación, atrae los mejores pensamientos e inspiración a un espacio.

Al elegir los colores, conviene que no predominen los tonos oscuros como rojos espesos, verdes pesados, fucsia, grises, negros, y colores con poca luz ya que están asociados a energías bajas y pesadas, que sólo producen sufrimiento y problemas.

Trazos desordenados y caóticos, o pinturas abstractas pueden producir también estados mentales y emocionales confusos.

No existe una regla de oro para decorar la casa u oficina con obras de arte pero conviene decantarse por aquellos objetos o pinturas que despierten algún recuerdo agradable o sugieran un sentimiento positivo o sereno.

Así, cada vez que se contemplen, nos llenarán de inspiración y energía positiva. Respecto al uso decorativo de máscaras o figuras rituales, hay que ser prudentes e informarse sobre el verdadero significado de estos símbolos de culturas lejanas. Decorar la entrada de la casa con una máscara de aspecto aterrador no es precisamente el mejor recibimiento para los invitados.

Ascensor. Acelerador de energía cuya puerta no conviene tener justo enfrente de la entrada del domicilio o despacho, ya que cada vez que se abra, toda la energía que corre por su interior nos abordará de forma desordenada.

Aseo. Nunca debe ubicarse en la zona central ya que ésta se corresponde con el corazón energético de cualquier construcción. Tampoco debe colindar con la cocina, ni estar muy cercano a la puerta de entrada.

- Las puertas del baño estarán siempre cerradas, así como los inodoros.
- El agua está íntimamente asociada a la prosperidad, por lo que la consiguiente pérdida de ésta reflejaría en cierta forma una mala economía.

Cómo colgar un espejo

Al colgar los espejos hay que tener en cuenta de qué manera van a reflejar nuestra imagen. Nunca deben hacerlo en pequeñas imágenes, como las que reflejan los armarios de puertas de espejo o los espejos en forma de baldosa. Una imagen disgregada de nosotros mismos generará a la larga una baja autoestima. Los espejos que están colgados demasiado arriba o demasiado abajo transmiten al que se mira la sensación de ser demasiado bajo o demasiado alto. Las dos variantes afectan al bienestar de la persona. Finalmente, no colocar demasiados espejos ya que aportarían excesiva intranquilidad a la estancia.

- Como elemento **madera** utilizaremos esencias, jabones, aromatizantes en general y alguna pequeña planta verde.
- Como elemento **fuego** conviene usar ambientadores eléctricos, inciensos y una perfecta iluminación.
- El lado norte de un edificio, que se asocia al elemento **agua**, es un lugar apropiado para el aseo.
- Para el Feng Shui, la ubicación del baño y del aseo es muy importante ya que es donde se encuentran los mayores desagües de la casa. En comparación con el cuerpo humano, la entrada principal de la vivienda sería el equivalente a la boca por la que entra el alimento. Todas las demás oberturas como la puerta trasera, las ventanas y los desagües actúan como órganos de excreción por los que sale la

energía utilizada. Por esta razón, la ubicación de los desagües juega un papel muy importante en la repartición de energía a lo largo de la casa.

- A ser posible, el baño y el inodoro deberían estar lo más alejados posible de la entrada principal. Si el baño o el aseo se encuentran cerca de la puerta de entrada o justo enfrente de ella, entonces la mayor parte de la energía se escapará antes de que el resto de las estancias puedan ser revitalizadas.
- Es importante prestar atención a la zona Bagua en la que se encuentra ubicada el cuarto de baño. Por ejemplo, el peor sitio donde puede estar ubicado es la zona de *«Riqueza y prosperidad»*. El agua es indispensable en la vida y por ello en el Feng Shui se la relaciona con el

bienestar. Si en esta zona se encuentra un gran desagüe, entonces el bienestar «se escapará» por él. Por esta razón, se aconseja no dejar que fluya mucha energía hacia el baño y mantener siempre cerrada la puerta.

- Para equilibrar la falta de luz en un baño sin ventanas es recomendable que la luz artificial sea potente. Con la ayuda de espejos se puede aportar aún más claridad a la estancia y causar un efecto engrandecedor a la vez que se activa el chi.
- También los móviles o pequeñas obras de arte rompen la monotonía en el baño. El baño o el aseo siempre deben estar limpios. Los cristales, aceites esenciales o cuencos con pouporri aumentan la energía y crean una atmósfera agradable.
- La humedad debe estar regulada. Para ello es recomendable que las baldosas no lleguen hasta el techo sino hasta donde pueda alcanzar el agua. Así el techo puede absorber la humedad y dejarla ir lentamente. También es aconsejable que haya buena ventilación.

Asiento. El mejor asiento es el sillón, cuyo respaldo representa simbólicamente la Tortuga y los brazos el Dragón y el Tigre. En cambio, el taburete es el asiento que nos ofrece menor protección y confianza. La distribución de los asientos con una mesita cuadrada o rectangular en el centro simboliza los elementos tierra y madera, de excelente augurio.

La posición en ángulo es la ideal para favorecer la comunicación en el nivel afectivo ya que reproduce la forma en que naturalmente se colocan dos personas que establecen una relación amistosa. Es mucho mejor que sentarse uno al lado de otro o enfrentados.

Ningún asiento debe dar la espalda a una ventana o a una puerta porque en esta posición la persona se sentiría desprotegida. Debemos sentarnos siempre mirando a la puerta —para saber quien entra—. Tampoco conviene situar los asientos demasiado distanciados de la pared, ya

que también nos daría sensación de estar desprotegidos (ver también *Comedor; Despacho; Sala de reunión*).

Astrología. Para determinar la posición del ser humano en el universo, los primeros astrólogos chinos se centraron en el estudio de la energía procedente del sistema solar. Determinaron las distintas pautas energéticas que chocaban contra el planeta, según las épocas y los ángulos, y que después se dispersaban por la tierra en varias direcciones.

Estos movimientos de energía parecían seguir unos ciclos, de modo que la forma en que la energía afectaba a la tierra y a sus habitantes cambiaba en el tiempo.

Se detectaron nueve pautas energéticas o fuerzas solares distintas, y a cada una se le asignó un número del 1 al 9. Cada pauta energética numerada tiene también su correspondencia con el sistema de las Cinco Energías y con las Ocho Direcciones asociadas a los trigramas del *I Ching*.

El Feng Shui se centra especialmente en la Osa Mayor. Las nueve estrellas de esta constelación determinan los sectores buenos y malos de un edificio. Cada estrella presenta una característica asociada o presagio y, según la orientación del edificio, ocupará posiciones distintas y determinará direcciones espaciales positivas o negativas (ver también *Zodíaco chino*).

Atención. Uno de los objetivos del Feng Shui consiste en conseguir que el hombre esté en armonía con los ciclos de la naturaleza y con las leyes cósmicas.

Para conseguirlo conviene buscar en el propio interior a fin de reconocer aquello que es necesario para conseguir la armonía. Se trata de percibir cada momento de una manera mas consciente y darse cuenta de lo que es bueno y lo que no lo es.

Una de las metas del Feng Shui es conseguir un trato más atento hacia nosotros mismos, hacia nuestro entorno y hacia las otras personas que nos rodean. Las sugerencias y las múltiples posibilidades que nos ofrece el Feng Shui son un medio para formar nuestro sentido de la observación.

Aura. Es la fuente de energía que emiten las personas y otros seres vivos.

El cuerpo humano como cuerpo físico, se encuentra rodeado de un delicado campo de energía. Se habla, por ejemplo, del carisma especial de una persona. En esta invisible «funda» se distinguen varias capas diferenciadas según su extensión y color, que varían dependiendo de la personalidad .

El aura humana está formada por varias capas superpuestas formadas principalmente por el cuerpo etéreo (que rodea inmediatamente el cuerpo físico); el cuerpo emocional (que está conectado con el estado emocional de la persona); el cuerpo mental (en consonancia con los procesos de conocimiento racional); y el cuerpo espiritual (que refleja la conexión con la divinidad).

Ave Fénix. Este pájaro representa el viento y el sur. Las casas orientadas hacia él tendrán buena fortuna, porque el sur

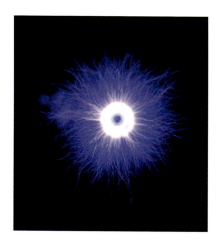

representa el verano, el calor, la época de la cosecha. En un emplazamiento ideal, debe poderse divisar una pequeña roca al sur, a lo lejos, que represente el Fénix.

El Fénix es conocido por ser el pájaro legendario de la mitología egipcia que representa la resurrección y la inmortalidad.

Según la leyenda, esta ave volaba cada cien años desde la India hasta su lugar de origen en Egipto. Una vez llegada allí se autoinmolaba quemándose viva en una pira para renacer de nuevo al cabo de tres días.

Azul. En el ciclo de los Cinco Elementos, este color está asociado al elemento agua. Se considera el color de la profundidad y la meditación. También se corresponde con el principio femenino y el yin.

Bagua. El concepto de Bagua en las antiguas grafías, proviene del chino «ba» que significa «ocho» y «gua» que es el nombre que reciben cada uno de los trigramas de los segmentos en los que se basa la cuadrícula.

Se trata de un símbolo octogonal rodeado de los Ocho Trigramas del *I Ching* o *Libro de las Mutaciones,* que representa las Ocho Direcciones de la brújula. Pero atención, en la representación gráfica china, el sur se coloca arriba, el norte abajo, el este a la izquierda y el oeste a la derecha.

Cada lado del Bagua corresponde a una orientación determinada, un trigrama, un número, y todas las demás asociaciones simbólicas (color, estación, etc.).

Según el Feng Shui, cada trigrama o dirección del Bagua representa una aspiración humana o un aspecto concreto de la vida. Cuando se quiere mejorar un determinado aspecto de la vida, deben colocarse objetos que estimulen el chi en aquella zona de la casa correlacionada con el sector del Bagua.

Al reforzar cada una de las zonas Bagua siempre hay que tener en cuenta el equilibrio del conjunto. Si se resalta intensamente una zona o un elemento, éstos pueden debilitar los otros, volviendo inestable el ciclo completo. Esto es válido tanto para el conjunto de una vivienda como para una sola habitación.

Es bueno unificar siempre todos los elementos de un lugar. La sucesión cíclica del Cielo Posterior en la que se basa el Bagua explica claramente cómo la energía de los trigramas interactúa permanentemente. Ver *Método del Bagua.*

Influencias entre las distintas áreas:
● Familia e Hijos

La familia son nuestras raíces y de ellas sacamos fuerza, también para el desarrollo de nuestra creatividad, debido a las influencias de nuestros parientes más cercanos. Si el flujo de energía se ve perturbado y nos enzarzamos en discusiones acerca de las exigencias por parte de la familia, no nos resultará fácil desarrollar la propia fuerza creativa.

Por ejemplo, un niño al que siempre se le exige mucho, está constantemente ocupado en satisfacer estas exigencias y no le queda lugar para el propio desarrollo. Las presiones y las exigencias en el rendimiento por parte de la familia o de

	Sur	
RIQUEZA Y PROSPERIDAD — Lugar de trabajo	FAMA Y REPUTACIÓN — Salón comedor	AMOR Y MATRIMONIO — Dormitorio
SALUD Y FAMILIA — Cocina	SANTUARIO — Fama y reputación	CREATIVIDAD E HIJOS — Habitación niños
EDUCACIÓN Y CONOCIMIENTO — Lugar de estudio	CARRERA PROFESIONAL — Cuarto de baño	PERSONAS ÚTILES Y VIAJES — Recibidor

Este · Oeste · Norte

otra comunidad, inhiben su libertad y creatividad. Si por el contrario, la comunidad familiar no se interesa por él, esto puede llevar —sobre todo en niños— a perder las ganas de hacer cosas y a la frustración. Un interés que les acompañe amorosamente sin grandes exigencias permite al pequeño suficiente libertad de movimiento y al mismo tiempo le ofrece el respaldo necesario.

● Fama y Personas útiles

Una persona que ha triunfado en la vida y que dispone de cierta riqueza, por lo

El libro más antiguo

El *I Ching* es, efectivamente, el libro más antiguo de China. Se cree que Fu Shi, el primer emperador de China (2953-2838 a.C.) lo escribió hace 5.000 años. A lo largo de toda la historia, multitud de estudiosos, emperadores, líderes políticos y militares lo han consultado para tomar alguna decisión. El taoísmo y el confucionismo se han desarrollado en torno al *I Ching*. Los expertos en Feng Shui siguen consultando sus páginas.

Básicamente, el libro presenta la teoría de los opuestos que más tarde se conocería como yin y yang y sostiene que la interacción de los opuestos genera energía (chi), responsable de la creación del cosmos. El *I Ching* también se conoce como *Libro de las Mutaciones*.

general se encuentra en la situación de apoyar a otras personas. Sin embargo, algunos individuos, una vez han alcanzado el éxito o están en posesión de riquezas, pierden la sensibilidad por las necesidades del prójimo: el equilibrio se ha perturbado. Aquel que invierte toda su fuerza en dar apoyo a los demás, a menudo no consigue cuidar de sí mismo. Aquel que no sólo se preocupa de los otros, sino que también lo hace de sí mismo, no agota tan fácilmente sus fuerzas y por consiguiente a largo plazo resulta de mayor utilidad a los otros.

● Amor y Educación

El conocimiento y la sabiduría son un gran apoyo para la aceptación de los que tenemos enfrente. Los conocimientos adquiridos en la «calma» de la Montaña (la Montaña es el trigrama del área «Educación y conocimiento») conducen al autoconocimiento y favorecen la paciencia y la comprensión hacia la pareja.

Cuando se empieza a comprender el orden de la vida y el lugar que uno ocupa dentro del mismo, se adquiere una mayor tolerancia por lo que tenemos enfrente. De este modo, ambos sectores se fecundan recíprocamente.

Balcón. Esta parte de la casa es ideal para reponer y estimular la energía chi. Pero es importante no convertirla en una especie de trastero desorganizado, donde se almacene todo lo que molesta en el interior de la casa. Según el Feng Shui, conviene colocar en él varias plantas y flores que reactiven la energía, sobre todo si no está bien iluminado y su orientación no goza de varias horas de sol.

Independientemente de la aplicación del Bagua no es conveniente que el balcón se encuentre directamente sobre la zona de la entrada. Bien es cierto que protege de la lluvia, pero —de manera totalmente inconsciente — a nadie le gusta sentir sobre su cabeza el peso óptico que produce. De esta forma, el flujo de chi que penetra en dirección a la entrada puede verse frenado.

Bambú. Existen diversas variedades de bambú pero todas ellas tienen algo en común: son increíblemente resistentes, aunque flexibles. Esta propiedad se ha comparado de manera simbólica con la vida de las personas. Si una persona puede ser flexible y condescendiente, tendrá la facultad que hacer que la fuerza siempre vuelva a enderezarla y nunca se quiebre.

Blanco. Simboliza el metal, el oeste, el otoño y las formas redondeadas. En China, el blanco es el color de la tristeza y de la transición y se relaciona con el abandono de lo terrenal.

Consejos de decoración:

Para que una habitación parezca visualmente más grande, el color blanco será el mejor aliado. No obstante, si se abusa puede provocar un efecto de esterilidad y frialdad.

Bola de cristal. Cristal tallado que con la luz solar directa crea un espectáculo multicolor de brillantes arco iris en miniatura. Las bolas de cristal forman parte de los objetos recomendados en el Feng Shui moderno. Se cuelgan de la ventana para frenar la corriente de chi. También aumentan la energía de la estancia y la equilibran en las zonas Bagua. Las más

efectivas son las de cristal de roca que se tallan a partir de una pieza única. Existen versiones elaboradas con polvo de cristal de roca comprimido que resultan más asequibles pero cuyo efecto es claramente inferior.

Bonsái. Las plantas que, podadas y cuidadas, mantienen un tamaño diminuto. Reciben el nombre de bonsái aquellas plantas —árboles en su mayoría— que son cortadas ya desde el principio para que crezcan en miniatura. Los ejemplares especialmente hermosos y viejos alcanzan precios exorbitantes y a menudo se venden como piezas de colección.

Desde el punto de vista del Feng Shui, no es aconsejable integrar estos peque-ños árboles en el entorno inmediato de las personas, puesto que el crecimiento controlado y el efecto inhibidor asociado a este árbol simboliza exactamente lo opuesto a la abundancia y la riqueza.

Brújula. *Ver Lo Pan*.

Butaca. Según las enseñanzas del Feng Shui, el lugar en el que uno está sentado ejerce una clara influencia sobre el estado de ánimo y el bienestar de la persona. Un buen emplazamiento en el lugar de trabajo puede afectar positivamente al rendimiento del mismo. Uno debería sentarse siempre con la espalda bien cubierta y con visibilidad directa hacia la la puerta.

Cable eléctrico. Elemento conductor de energía chi perjudicial. Es mejor no construir ni adquirir una casa situada muy próxima a una de estas estructuras.

Calendario chino. El calendario chino es lunar, a diferencia del calendario solar que usan casi todas las culturas de Occidente.

Cada mes comienza con la luna nueva y el año comienza en la segunda luna nueva (a partir del 4 de febrero).

En Feng Shui se estudian los ciclos del tiempo para comprender el comportamiento de la energía solar, que cambia constantemente debido a los movimientos de rotación y traslación de la tierra. Más allá del ciclo anual existe el cambio más largo que abarca 20 años.

Gracias al profundo conocimiento de la progresión de los cambios en los ciclos del tiempo, los expertos en Feng Shui pueden aconsejar sobre la energía que nos afectará en determinados años.

Calendario del agricultor. Es un calendario chino muy antiguo que se basa en la posición del sol y divide el año en 24 «quincenas solares», dos de las cuales hacen un «mes solar».

En el calendario del agricultor, los momentos exactos del equinoccio de primavera, el solsticio de verano, el equinoccio de otoño y el solsticio de invierno, no representan el comienzo de cada estación sino los puntos medios del segundo, quinto, octavo y undécimo mes respectivamente. Así, cuando los occidentales consideramos el equinoccio de primavera (21 de marzo) como el comienzo de la primavera, para los chinos es la mitad de ésta. Es decir, el comienzo de la primavera cae alrededor del 4 de febrero, que es el comienzo del año solar o calendario del agricultor.

Calendario lunar. Calendario chino que se rige según las fases lunares y cuyo año empieza con la segunda luna nueva tras el solsticio de invierno.

Calle. En Feng Shui, las calles urbanas y muy transitadas se comparan a los ríos rápidos en línea recta, portadores de chi perjudicial. Por lo tanto, se aconseja no vivir en una casa situada justo en la inter-sección de varias calles, en un callejón estrecho y sin salida o al final de una calle, sobre todo si la circulación parece desembocar o dirigirse hacia la casa; es mejor evitar esta situación ya que se trata de una de las manifestaciones más serias de flecha secreta.

Una casa situada justo en la confluencia de la clásica travesía en forma de «T» (una calle con tramo recto que se dirige hacia la casa) es una de las localizaciones más perjudiciales (ver *Vía pública*).

Callejón. Vivir al final de una calle sin salida, asegura estar tranquilos debido al poco tránsito, pero eso no significa que la casa esté recibiendo buena energía. Al contrario, en esta localización el flujo de chi entra por su extremo libre y al final no encuentra por dónde salir, se estanca.

Los que viven en este tipo de callejones suelen experimentar algo parecido en sus vidas: una sensación de no tener ningún rumbo ni futuro, de no saber cómo salir de las dificultades. Es poco probable que sus negocios prosperen.

Cama. La orientación de la cama es especialmente importante según el Feng Shui y de ella depende en parte el desarrollo de nuestras vidas.

Pasamos muchas horas durmiendo, por ello conviene hacerlo bajo el influjo de una determinada dirección, ya que si no es favorable, padeceremos confusión mental y una salud débil, lo cual incidirá en la carrera y situación económica.

Lo ideal para disfrutar de los beneficios del chi será orientar el cabezal de la cama hacia la dirección más favorable, siempre según el número natal o trigrama personal. Ésta debe situarse en diagonal a la puerta de entrada al dormitorio, en el extremo opuesto. Así, el ocupante puede ver la puerta sin recibir de lleno la corriente del chi entrante.

Si la entrada del dormitorio no está situada en una esquina, o si la habitación es de forma irregular, ubica la cama de manera que el ocupante no duerma con los pies apuntando a la puerta (alude al fallecimiento).

No sólo el lugar en el que se encuentran los muebles ejerce influencia sobre la corriente energética del chi, sino también su forma, calidad. Por ejemplo, se nota en el diseño de muchos muebles antiguos que han tenido en cuenta los criterios del Feng Shui. Es el caso de las camas de época, con el cabezal y los pies más elevados. El que ha pasado alguna noche en una de estas camas, recordará muy bien la agradable sensación de haber dormido sintiéndose protegido. Si uno analiza más de cerca este

tipo de mueble, podrá comprobar que a través de las partes finales elevadas, uno está a resguardo de la corriente del chi.

Por otra parte, no son nada aconsejables las camas metálicas, pues el campo magnético de la tierra puede ser desviado incorrectamente a causa de este material.

Una cama con buen Feng Shui

● Prestar atención a lo que se ve justo en el instante de despertar. Hay que evitar las flechas secretas que emanen de las aristas de los pilares o de las vigas, de esquinas salientes o incluso de las que penetran por la ventana procedentes del exterior (en estos casos mejor ocultar estas vistas con una cortina).

● Mejor que la cama no reciba la luz del sol directamente, ya que el exceso de yang trastorna el sueño. Lo mismo ocurre con los espejos: cerca de la cama producen una sobreabundancia de energía chi y pueden provocar tensiones en la pareja.

● Evitar también dormir debajo de una viga. Si no es posible evitarlas, siempre será mejor que estén a lo largo de la cama que a lo ancho y nunca justo encima de nuestra cabeza mientras dormimos.

Camino. No son favorables los caminos que se dirigen en línea recta hacia la casa o, peor aún, su entrada principal. Tampoco es favorable un camino excesivamente estrecho ya que restringe el caudal de chi que se dirige hacia la entrada. Una buena solución será colocar dos luces en el extremo estrecho: éstas disiparán el mal chi que provoca el estrechamiento.

Campo electromagnético. No es recomendable tener aparatos eléctricos dentro de nuestra habitación por que generan campos electromagnéticos que perturban el descanso; si te gusta mirar televisión o escuchar música en la habitación, acuérdate de desconectar los aparatos antes de ir a dormir.

Según el Feng Shui, los aparatos eléctricos y electrónicos tienen la energía del fuego. Según la medicina tradicional china, la desproporción de la energía del fuego afecta al corazón y al sistema nervioso y su exposición prolongada produce dolores de cabeza, ansiedad y pérdida del apetito sexual.

Campo magnético terrestre. Con este nombre se describe un campo magnético natural generado por la propia tierra. Las aves migratorias, por ejemplo, se orientan gracias a él.

Es recomendable renunciar a ejercer cualquier tipo de influjo en el campo magnético natural —especialmente en el área del dormitorio o en el entorno inmediato— por ejemplo desistiendo de utilizar

componentes de acero en la estructura de la cama.

Candelabro. Si quieres atraer el amor, también se recomienda colocar un candelabro de cristal en el área suroeste, especialmente si en esta zona está el dormitorio. Este tipo de candelabros combinan la luz con los cristales y son ideales para activar el chi y hacerlo circular positivamente por el interior de la casa.

Según el método del Bagua, un candelabro resulta especialmente eficaz para estimular un determinado aspecto de nuestra vida. Basta con colocarlo en el sector de la casa correspondiente y encenderlo todas las noches para activar la energía.

De todas maneras, unas velas o un foco también sirven (ver también *Iluminación*).

Carácter. Según la fecha y hora de nacimiento poseemos un elemento o trigrama personal. Según el Feng Shui, nuestro carácter viene predeterminado por la compatibilidad de estos dos elementos. Según esta interrelación, pueden darse los siguientes perfiles:

● Cuando en el ciclo creador, uno de los elementos genera el otro. Por ejemplo, cuando la persona es madera por el año y fuego por la hora. Esta combinación es particularmente favorable y propio de una persona de carácter equilibrado, segura y satisfecha de sí misma.

- Cuando se repite un mismo elemento. En este caso, los rasgos de la personalidad se verán acentuados. Por ejemplo: dos veces el elemento tierra se traduce en un marcado realismo y sobriedad; una persona con el elemento metal por partida doble tendrá un carácter frío y una lucidez especial. Y si es dos veces fuego será una persona muy emotiva y apasionada.
- Cuando se tienen dos elementos opuestos. La peor combinación posible puesto que se lleva el ciclo destructor consigo. Por ejemplo, una persona que es madera y metal tenderá a sentirse siempre insatisfecha consigo misma y proyectará esta conducta hacia los demás.

Carrera profesional. Sector regido por el trigrama Kan y vinculado a la dirección norte. También se asocia a la noche y al invierno, un periodo tranquilo cuya fuerza no resulta tan visible externamente. El invierno es también un momento de reflexión en el que retrospectivamente reconocemos lo que queremos cambiar y consideramos nuevos propósitos para el año siguiente. El área de «Carrera profesional» será la orientación ideal para

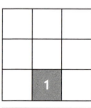

instalar allí el estudio o despacho. Según el método del Bagua, si queremos mejorar en nuestra profesión, debemos activar la energía de esta dirección. Los elementos reactivadores de esta área son el agua, el negro y los tonos oscuros, las formas libres y el cristal.

Carreteras. Este tipo de construcciones generan un flujo de chi muy acelerado y difícil de contrarrestar. Sin embargo, podemos amortiguar su desfavorable influencia plantando una hilera de árboles de hoja perenne, como encinas, pinos, abetos, cedros o cipreses y un seto vivo., sobre todo cuando un tramo recto de la carretera se dirige directamente hacia la casa o la entrada principal y cuando la casa se encuentra en una intersección de carreteras.

Casa. La forma y emplazamiento de una casa son esenciales para atraer hacia ella el chi favorable y facilitar su flujo abundante y equilibrado por cada una de sus estancias.

Consejos para un buen Feng Shui:
- Las casas con esquinas redondeadas, formas regulares y bien equilibradas son las que generan un chi más favorable.
- El elemento predominante en el entorno (madera, fuego, tierra, metal y agua) no debe generar un ciclo destructor hacia el elemento de la casa. Por ejemplo, si el elemento de la casa es madera, será muy

Equilibrarse con el Feng Shui
Cuando una persona tiene repetido dos veces el mismo elemento (según la fecha y hora del nacimiento), suele tender a los extremos. Por ejemplo, una persona que tenga el elemento metal por partida doble, apenas se altera ante el elemento fuego: las emociones fuertes no le afectan en absolu-

to. Por ello, quizá tenga una personalidad demasiado fría.
Sería recomendable que esta persona comprobara cómo se siente en casas de tipo fuego (con cubiertas acabadas en punta o cerca de una chimenea).
En este caso, quizás el fuego equilibre su exceso de metal, aunque no debe vivir en un elemento que pueda dominarle totalmente.
Por otra parte, cuando la persona tiene elementos opuestos conviene que potencie el elemento sometido y debilitar un poco el elemento agresor.
Por ejemplo, si presenta los elementos fuego y agua, será bueno que potencie el fuego mediante el elemento madera (en forma de flores, plantas, árboles, tonos rojos…).

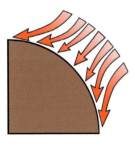

Curvas hacia afuera
Una superficie cóncava actúa como receptor, atrae la energía hacia sí. En una casa con esta forma, los lugares más seguros están en ambos extremos, con la entrada en el centro.

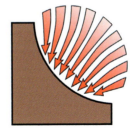

Curvas hacia dentro
Una curva convexa desvía la energía: incluso aquellas corrientes que inciden en el centro no consiguen penetrar. Cualquier lugar dentro de este espacio estará protegido.

desfavorable tener un entorno metal. Si es necesario, equilíbralos mediante un elemento controlador.

- La casa debe estar al abrigo de flechas secretas que apunten directamente a la entrada.
- El dormitorio y la sala de estar deben ocupar presagios positivos y estar en las direcciones personales favorables.
- La escalera no debe encontrarse frente a la puerta principal (para evitarlo puedes poner un biombo). Frente a la puerta principal tampoco debe haber un aseo.

Casas adosadas. Este tipo de edificaciones clónicas y alienadas tienden a generar poco flujo de energía favorable. De todas formas, siempre podemos mejorar rodeando la casa y sus vistas con elementos naturales en forma de setos y árboles frondosos que nos protegerán contra el sha.

Centro interior El centro del Bagua no tiene ningún trigrama ni tampoco un aspecto vital asociado a él. Aquí se unen todas las influencias y al mismo tiempo la energía se divide y se distribuye desde aquí hacia las ocho casillas vecinas del Bagua

El área Bagua del «Centro interior» se refiere asimismo a nuestra propia estabilidad interna, a nuestro equilibrio, vitalidad y salud. En relación con todos los demás aspectos del Bagua, el centro es al mismo tiempo el lugar de la unidad.

El centro está relacionado con el elemento tierra, el color amarillo y los tonos terrosos. También lo simbolizan las formas del cuadrado y el rectángulo.

Cerámica. Considerado un elemento tierra, es un efectivo elemento controlador cuando el metal se ve amenazado por el fuego, o el fuego es amenazado por el agua.

Chen. Ver Trueno, Este.

Chen Wu. Nombre chino que recibe un objeto o un edificio que sirve de protección contra las influencias negativas. Puede ser una estatua situada en la explanada de una casa que proteja la entrada, o una pagoda en un jardín.

Chi. Es la energía o fuerza vital universal que existe en cada ser vivo e inerte. El chi puede ser propicio, desfavorable o benigno. En general, este término se refiere a las corrientes de energía favorables que fluyen hacia un lugar bien emplazado. Debe fluir de manera suave, armoniosa y ondulada (cuando el chi fluye de manera recta y rápida se convierte en *sha*, energía perjudicial).

Debe entrar siempre por la puerta principal de una casa o de un edificio y conviene que circule suavemente por cada habitación sin estancarse.

Para reforzar y estimular el chi en el interior de una casa y conseguir que fluya suavemente, podemos tomar las siguientes medidas:

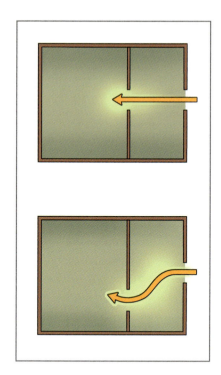

adentro). Procura que no haya puertas ni ventanas enfrentadas, ni una escalera frente a la puerta principal.

- No bloquees el flujo del chi con un exceso de muebles y zonas muertas. Los efectos de un bloqueo se suelen notar en las finanzas y las relaciones matrimoniales de las personas que ocupan la vivienda

El chi saludable nunca circula en línea recta ya que entonces se aceleraría en exceso. Por ello, conviene que en la distribución de las habitaciones, las entradas y salidas nunca estén en línea recta.

Las diferentes calidades del chi:

En el Feng Shui se distinguen diferentes manifestaciones de la energía vital del chi.

- **Chi atmosférico**: en el cuerpo humano esta calidad del chi se absorbe a través de la respiración y se expulsa de la misma manera.

Por lo general, entra en los edificios —junto con la corriente de aire— a través de la puerta y sale nuevamente a través de otras aperturas. El movimiento resulta de gran importancia para la fuerza estimulante de la energía atmosférica y por eso lo es también el movimiento del aire. En una habitación donde el aire no se mueva, el chi no fluye y se estanca con lo que la fuerza estimulante no puede actuar.

- **Chi en la luz**: la fuerza de la luz natural del sol es absorbida por los seres humanos a través de los ojos y la piel. En los edificios, la luz natural solar puede penetrar a través de ventanas y superficies de cristal. Aparte de la luz natural, las fuentes de luz artificiales aportan también claridad, aunque no pueden compararse con la energía que proporciona la luz del sol.

- **Chi que nutre o calienta**: esta calidad específica del chi se consigue por un lado a través de la ingestión de alimentos y por otro a través del sol o de fuentes artificiales de calor.

Durante las estaciones frías, la ropa que llevamos y los edificios recalentados retienen esta energía e impiden que el chi se distribuya demasiado rápidamente, desvaneciéndose en el ambiente.

Nuestras viviendas y casas están calientes durante el invierno y además llenas de vitalidad gracias a nuestra presencia. En muchas culturas antiguas, la energía nutritiva o que calienta se extiende desde el lugar donde se cocina - por lo general un lugar central — hacia el resto de la casa.

- **Chi en movimiento**: este tipo de chi fluye a lo largo de fuertes movimientos como pueden ser ríos, calles y caminos. Dentro de la casa, los caminos que se utilizan constantemente se ven estimulados por esta energía.

El flujo del chi es visto de forma parecida al modo en que la corriente de agua de un río se lleva consigo la arena y la gravilla, pero también arrastra tierra fértil.

- Dibuja un plano de la casa, de forma que pueda trazarse una línea que, comenzando en la puerta principal, pase por todas las habitaciones y salga después por una puerta diferente.

- El chi favorable entra siempre por la entrada principal de la casa. Por tanto, esta parte debe ser acogedora, visualmente equilibrada y bien iluminada. El flujo de chi se interrumpirá si, al entrar, se tropieza con una pared o un rincón muy estrecho.

- Asegúrate de que todas las puertas abren en la dirección del flujo (hacia

Este chi puede traer fortuna o privar de energía.

- **Chi propio de cada persona**: la energía vital que depende de la propia personalidad se explica a través del Jing, el chi y el Shen. Jing representa la energía vital, chi representa el potencial y la energía del metabolismo que atraviesa el Universo y que existe a nivel espiritual y corporal. Shen representa el espíritu reflexivo; interpreta, observa y diferencia.

Chi del cielo. Una de las muchas cualidades de la energía vital. El chi del cielo es la energía de los mundos celestiales y cósmicos. Fluye de arriba hacia abajo y está dirigida de fuera hacia dentro. El ser humano normalmente experimenta esta energía a través de los chakras superiores, sobre todo a través del chakra corona. Los colores que se ordenan dentro del chi del cielo son el amarillo, el rojo y el púrpura (fuerza del sol).

Disciplinas chi

En la cultura china existen varias disciplinas que trabajan con esta energía etérica:

- **Acupuntura**: regula el flujo del chi en el cuerpo humano a lo largo de los meridianos.
- **Chi Gong**: utiliza el sistema energético de los meridianos y con la ayuda de una serie de ejercicios especiales conduce el chi a través del cuerpo.
- **Shiatsu**: esta técnica de masaje hace que el chi fluya nuevamente por el cuerpo humano y soluciona los bloqueos del sistema de meridianos del cuerpo.
- **Tai chi**: al igual que otros tipos de artes del movimiento y deportes de combate, utiliza el conocimiento para dirigir el flujo del chi.
- **Feng Shui**: investiga el comportamiento del chi en las viviendas y en el entorno de la vida y lo regula para revitalizar y fortalecer a sus moradores.

Chien. Ver *Cielo; Noroeste.*

Chimenea. Instalada en la sala de estar es una potente fuente del elemento fuego. Pero esta fuerte presencia puede acabar por «quemar» el chi de la zona en que está situada. Para contrarrestar su presencia, puedes colocar cerca algún símbolo de agua o cualquier objeto de cristal.

Chi de la tierra. Con este nombre se designa una de las diferentes cualidades de la energía vital chi. El chi de la tierra es la fuerza nutritiva de la tierra que fluye. De querer asociar esta energía a algún color determinado, las tonalidades se encontrarían en una zona que abarca entre el verde esmeralda y el azul turquesa y entre el violeta y el índigo. Las personas absorben el chi de la tierra a través de las plantas de los pies.

Chueh Ming. Ver *Doloroso Destino.*

Ciclo Generador de los Elementos. (ver gráfico al lado).

Ciclo Destructor de los Elementos. (ver gráfico de la pág. siguiente)..

Cielo (Chien).

La energía del cielo es la fuerza máxima del yang. Su energía es metal y en los Ocho Trigramas le corresponde la figura del padre.

Ciclo generador de los elementos

Los elementos de la naturaleza interactúan constantemente siguiendo un modelo cíclico. Este proceso es conocido como el ciclo creador o generador, y compone el núcleo central de toda la filosofía china y del Feng Shui.
En este círculo creador, cada elemento genera el siguiente:

La madera arde y crea el **fuego** que deja cenizas, parte de la **tierra** de la cual se obtiene el **metal** que puede ser fundido para fluir como el **agua** que es necesaria para que crezca la **madera** y así sucesivamente.

El Ciclo Creador

El **FUEGO** es el hijo de la madera. El nacimiento y expansión que simboliza la madera es consumida por el pleno crecimiento y agitación que el Fuego representa.

La **TIERRA** es hija del fuego. Cuando el Ciclo Creador llega al punto culminante de su actividad, la energía estalla en sentido ascendente (el Fuego).

El **METAL** es hijo de la tierra. A partir de la acción de la tierra nace el movimiento de contracción del metal. Si la energía del metal es débil, puede deberse a que su madre, la tierra, no le da suficiente alimento.

El **AGUA** es hija del metal. La energía descendente del agua se genera a partir del movimiento de contracción de la energía del metal.

La **MADERA** es hija del agua. Conserva la capacidad regeneradora del agua, que se transforma y da vida a la fuerza creadora y expansiva de la madera.

Ciclo destructor de los Elementos

Los elementos se controlan unos a otros mediante un sistema de relaciones conocido como el ciclo de control o destructor.

La secuencia destructora de los elementos es inherente a la del ciclo generador:

La **madera** socava la **tierra** (las raíces absorben sustancias del suelo). La **tierra** desplaza y enturbia

el **agua**,

el **agua** apaga el **fuego**,

el **fuego** funde el **metal**,

el **metal** corta la **madera**.

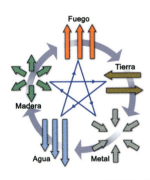

Los tonos dorados, los grises pálidos, los blancos y cualquier otro que esté dentro de la gama de los metálicos o brillantes, son los colores que mejor se adaptan a la energía de una persona Cielo. Los números más favorables son el 6 y el 7.

Cima. Según el Feng Shui, los agentes climáticos como el viento y el frío son portadores de chi perjudicial. Por lo tanto, una casa situada en la cima de un colina estará a menudo expuesta a este flujo negativo de sha, sobre todo si no está al abrigo de algún bosque o respaldada por una cima más alta a sus espaldas.

Cinco Elementos. El Feng Shui estaba basado en la teoría de los elementos. Según la noción china del universo, todo pertenece a uno de los Cinco Elementos: madera, agua, fuego, metal o tierra. Cada elemento se manifiesta en la forma de las cosas. Aunque también están asociados con los colores, estaciones, años, meses, días y puntos cardinales. Hay una interacción continua entre éstos, dando lugar al ciclo creador y al ciclo destructor. Todo el conocimiento chino se basa en este principio y también forma la teoría central del Feng Shui.

Cinco Energías. Según el pensamiento chino todo es energía. La materia e incluso todas las formas, colores, direcciones, números, actividades, son manifestaciones de un determinado tipo de energía. Y esta energía genera cinco clases de movimiento: hacia fuera, hacia dentro, ascendente, descendente y giratorio. Éstos se conocen por los Cinco Elementos que los simbolizan: fuego, tierra, metal, agua y madera.

El estudio de estos movimientos consti-

Las Cinco Energías

	Fuego	Tierra	Metal	Agua	Madera
Estación	Verano	Transición entre estaciones	Otoño	Invierno	Primavera
Dirección	Sur	Centro	Oeste	Norte	Este
Números	9	2, 5, 8	6, 7	1	3, 4
Color	Rojo	Amarillo	Blanco	Azul/negro	Verde
Sabor	Amargo	Dulce	Picante	Salado	Agrio
Olor	Quemado	Fragante	Oxidado	Pútrido	Rancio
Órgano	Corazón	Estómago	Pulmones	Riñón	Hígado

tuye la base de la teoría de los Cinco Elementos, formada por el ciclo creador y el ciclo destructor, que determina la naturaleza de todas las cosas.

Círculo: En el Feng Shui, el círculo representa al elemento metal. Simboliza la forma absoluta y perfecta ya que su línea no tiene ni principio ni final. En la mayoría de las culturas es un símbolo de protección. Su forma redonda es el símbolo del cielo, de lo mental y espiritual.

El círculo es la forma exterior del símbolo taoísta del yin y el yang. De nuevo aparece el significado de la perfección, pues contiene dos aspectos contrarios que a la vez conforman una totalidad.

También en nuestra cultura utilizamos la forma del círculo para alejar la negatividad, por ejemplo cuando colgamos en la puerta de la entrada principal una corona con flores. Los mandalas y las imágenes de meditación se representan normalmente con forma de círculo.

Ciudad. Ciudades como Tokio y Hong Kong han sido construidas bajo los preceptos del Feng Shui. Hacerlo no resulta tarea fácil puesto que existen multitud de factores a tener en cuenta para conseguir que el chi fluya con naturalidad y equilibrio.

Para detectar si una ciudad tiene una ubicación idónea, se usan los mismos criterios que para el emplazamiento de una casa. Delante de los edificios (o en la entrada)

debería haber espacios ajardinados que contrarresten el exceso de elementos yang que hay en una ciudad (ver también *Piso*).

Cinco fantasmas. Esta dirección puede ser muy desfavorable en determinados casos. Por ejemplo, propicia la enfermedad, el robo y los incendios. En este sector no deben situarse habitaciones con caja de caudales o elementos de valor.

Cocina. Es el lugar donde se prepara la comida de la familia y por lo tanto es básico situarla en el sector «Salud y familia». El Feng Shui también recomienda que sea luminosa para atraer buenas dosis de chi que impregne los alimentos. Debe ser espaciosa y de forma regular, aireada y limpia para que el chi circule con suavidad pero sin estancarse.

También es importante que la encimera de cocción y el fregadero no se encuentren en el mismo lateral de la cocina, ya que son dos elementos confrontados.

La cocina siempre ha sido un lugar de reunión familiar. Antiguamente era el lugar más caliente de la casa y un punto de encuentro ideal. Para sentirse bien en esta estancia, es importante que arquitectónicamente esté bien situada.

Una regla a tener en cuenta en la cocina es que nunca esté situada justo enfrente de la puerta principal ya que el chi procedente de la entrada se escaparía rápidamente por el desagüe del lavadero. Además, debe estar limpia, ordenada y con los fogones relucientes.

En China, la cocina representa el lugar de la abundancia y la riqueza. Esto se entiende si tenemos en cuenta que la comida nos alimenta y que su calidad determina nuestro rendimiento. Esto a su vez puede afectar de forma positiva a nuestra economía.

Cuanta más corriente energética chi tenga una cocina, más calidad tendrán los alimentos y su preparación. En una cocina desprovista de chi, los alimentos pierden energía.

Una cocina con buen Feng Shui no debería estar cerca del baño, ya que ambas estancias ejercen funciones totalmente distintas. En China se cree que la buena atmósfera de la cocina se va a través de los múltiples desagües del baño.

Si cabe la posibilidad de diseñar la cocina, es importante prestar atención al principio de la «espalda cubierta». Si es posible, los fogones deberían ubicarse de manera que la persona que cocina pudiera ver las personas que entran en la estancia. Si no hay posibilidad de cambiar la distribución, puede colgarse un espejo que refleje lo qe ocurre a nuestras espaldas.

Al escoger los muebles, es importante que no tengan las esquinas muy pronunciadas. Los muebles de formas redondeadas hacen que el espacio parezca más tranquilo y acogedor. Por el contrario, los de metal transmiten intranquilidad.

Si hay suficiente luz, pueden colocarse plantas aromáticas que sirvan como condimento o como freno de la corriente chi.

Los colores de la cocina pueden levantar el ánimo e incluso las ganas de comer.

El amarillo y el naranja despiertan el apetito y aumentan la energía, resulta por tanto ideal desayunar a primera hora de la mañana en una cocina de estas tonalidades.

Los colores fríos como el azul claro, el violeta, el verde menta y el lila más bien desganan.

Es desaconsejable que haya demasiado rojo en la cocina, ya que este color se asocia al elemento fuego, que con los fogones y el horno está más que representado.

El negro y el gris sólo deberían utilizarse para acentuar ciertas zonas. El blanco resulta ideal ya que en este entorno y hace que los alimentos luzcan mucho más. Aunque a veces puede hacer que la cocina parezca fría y poco acogedora.

Colinas y montañas. El Feng Shui dedica mucha atención al estudio detallado de las formas de las colinas y montañas. También analiza su forma para saber la influencia que ejercen en el entorno según la energía o elemento que representen.

Así, según su forma o perfil en el horizonte, las colinas se clasifican en:

- Madera: montañas que se elevan en forma de columna.
- Fuego: montañas con agudos picos.
- Tierra: colinas largas y llanas.
- Metal: colinas redondeadas.
- Agua: montañas onduladas e irregulares.

Color. Cada color se asocia a una de las cinco energías que simbolizan los Cinco Elementos:

- Madera: verde.
- Fuego: rojo.
- Tierra: amarillo (y toda la gama de beiges, pardos y marrones).
- Metal: blanco (y tonos plateados).
- Agua: negro (es el elemento que se asocia al invierno y al norte).

El color influye en las cualidades yin o yang de la vivienda. Son colores yin: el verde, el azul y el gris. Los colores yang son: el rojo, el amarillo, el púrpura y el naranja.

El Feng Shui de una habitación oscura (yin) mejorará si se pinta de un color yang puesto que atraerá el chi y la llenará de energía vitalizante. Los colores también deben adecuarse a la función de la habitación: para un trabajo creativo resultará estimulante un color vivo (yang), mientras que los tonos neutros y pastel ayudan a relajarse o a dormir.

Columna. En Feng Shui, las columnas altas suelen proyectar sha perjudicial a su alrededor debido a sus líneas rectas. Se consideran un elemento amenazador madera.

Comedor. Según el Feng Shui, el comedor no debe estar situado en un nivel más bajo que la cocina o la sala de estar. Serán preferibles las mesas redondas a las cuadradas o rectangulares. Además, la ventana del comedor debe estar orientada a una dirección diferente a la del comedor mismo, con el fin de estimular el flujo de chi.

La mejor ubicación para este lugar es cerca de la cocina ya que si se encuentra demasiado lejos de ella a la larga tan sólo se usará en festividades o comidas especiales. Para que en el comedor no haya una jerarquía de asientos mejores o peores cabe prestar atención a que todos tengan la espalda cubierta. La mesa debería ser redonda u ovalada y la estancia alegre y clara. Estos detalles convertirán el lugar en agradable y acogedor.

Cortina. La manera más económica y sencilla de contrarrestar los elementos amenazadores y las flechas secretas de los edificios vecinos que apuntan a nuestra ventana.

También se utiliza como elemento de división para evitar que la puerta trasera de una casa sea visible desde la principal, (el chi saldría de la casa rápidamente sin distribuirse por ella).

También se recomienda colocar una cortina frente a unas escaleras que dan a la puerta para evitar la irrupción brusca del chi hacia el piso superior.

Creatividad e hijos. Según el método del Bagua, este sector se sitúa en el trigrama **Tui**. En esta zona se recomienda poner el despacho o el dormitorio de los hijos.

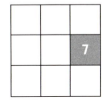

Es el tiempo para la tranquilidad, en el que uno reposa después del trabajo y disfruta tal vez con el arte o con la creatividad de los hijos. La tensión del día deja sitio a la serenidad. La creatividad puede surgir de un estado de ánimo relajado.

El concepto de «hijos» describe tanto a los hijos carnales como a los ideales, por ejemplo, un nuevo proyecto.

Para reforzar esta área:
Esta área Bagua pertenece al elemento metal y por eso para reforzarla se puede emplear todo aquello que se asocie a la madera. Entre otros, simbolizan este elemento las plantas, los muebles de madera, esculturas alargadas u otros objetos que irradien energía con gran empuje.

Esta área se relaciona con nuestra procedencia y así pues, es un buen lugar para colocar fotos de la familia o de los ante-

Cruz. Dos líneas que se cruzan también pueden encontrarse frecuentemente en la naturaleza. El movimiento horizontal y vertical que se dirige en sentidos opuestos simboliza contrarios como fuego y Cielo, vida y muerte, yin y yang...

Con las cuatro puntas de la cruz se establece la relación del mundo material con los cuatro puntos cardinales y los cuatro elementos occidentales.

Cuadrado. En el Feng Shui, el cuadrado y el rectángulo pertenecen al elemento tierra. Se consideran formas estables que irradian seguridad y sosiego. Estas formas representan lo material y lo terrenal.

Cuadros. En el Feng Shui se da mucha importancia al hecho de distribuir de manera precisa los cuadros, ya que a través de sus colores, tamaño y dinámica los cuadros influye en la atmósfera de una habitación.

Pon atención al simbolismo inherente de los cuadros y objetos. Una colección de espadas medievales puntiagudas en una zona Bagua vinculada a la Familia no favorecerá precisamente la paz en la comunidad.

Por ejemplo, en la oficina o lugar de trabajo es importante tener algún motivo que nos anime en nuestro campo visual. Si deseas colgar un cuadro detrás del escritorio, elige un motivo tranquilo y que respire estabilidad para que te proporcione respaldo.

pasados. Sin embargo, es vital que entre la foto y la persona exista una conexión positiva. Los recuerdos tristes o conflictivos suponen más bien una carga que un refuerzo.

En China, a través del respeto, se intenta hacer las paces con aquellos antepasados con los que no se mantuvieron muy buenas relaciones. De otro modo, se teme recibir influencias funestas.

La comunidad en la que vivimos o trabajamos puede proporcionarnos apoyo en la vida cotidiana. Por eso, en esta zona Bagua encaja perfectamente una gran mesa de comedor alrededor de la cual se reúna toda la familia o el círculo de amistades.

Además, el elemento madera se alimenta del agua y así pues, todas las cosas que

se correspondan con el agua estimulan esta zona, como por ejemplo una fuente o un cuenco con agua sobre el que floten flores frescas.

Otros objetos que refuerzan el área pueden ser imágenes que representen la fuerza del agua. También el color azul, ya sea en una cortina, en cojines o en la pared favorece esta área Bagua.

Cristal. Si es natural tiene el poder de atraer la energía chi favorable. Se recomienda colgarlo frente a la ventana porque así descompone hacia el interior de la casa el chi de la luz solar (muy yang), en un chi mucho más suave y equilibrado. De elemento agua, resulta excelente para equilibrar elementos incompatibles.

En los dormitorios y habitaciones infantiles es importante que los contenidos y lenguaje simbólico de los cuadros estén en consonancia con la relajación y las actividades que allí se realicen.

Cuatro Animales Celestiales. El Feng Shui usa estos animales simbólicos de la astronomía china: el Ave Fénix, la Tortuga, el Dragón y el Tigre representan las cuatro direcciones, el tipo de energía que emana de cada una de ellas y la configuración ideal que debe tener el paisaje para un buen emplazamiento.

Cada animal también tiene sus propios colores que se relacionan con las estaciones y las cuatro direcciones:

- **Tortuga**: negro, invierno, norte.
- **Dragón**: verde, primavera, este.
- **Ave Fénix**: rojo, verano, sur.
- **Tigre**: blanco, otoño, oeste.

Cuatro esquinas. Referido a la subdivisión de las cuatro direcciones principales (norte, sur, Este y oeste) que se sitúan en las esquinas del mapa Bagua: Noroeste, Noreste, suroeste y sureste. Cada una se representa con un trigrama.

Curas Bagua. Si necesitamos mejorar un determinado aspecto o aspiración de nuestra vida, el Feng Shui recomienda reactivar el chi en el sector de la casa que tiene asociado. De eso se encargan las curas Bagua.

Éstas son las principales curas Bagua, según la zona que queremos activar:

- **Norte** (sector: «Profesión»). Incorporar un acuario, una fuente o un cuenco con agua. Este elemento es el más propicio para los negocios.
- **Sur** (sector: «Fama y reputación»). Colocar cualquier tipo de luz eléctrica o velas. Son el símbolo del fuego, elemento más propicio para conseguir fama y reputación.
- **Este** (sector: «Familia y salud»). Mejorará el flujo de energía en esta zona de la casa si la decoramos con alguna planta de hojas redondas.
- **Oeste** (sector: «Creatividad e hijos»). Una cura Bagua efectiva consiste en poner elementos metálicos. Así conseguiremos que nuestros hijos mejoren su rendimiento intelectual y potenciará esta área si estás pensando en tenerlos.
- **Noreste** (sector: «Personas útiles y serviciales»). Colgar un móvil metálico hueco. Ideal para atraer amigos y buenos consejeros.
- **Sudeste** (sector: «Riqueza y prosperidad»). Instalar una pequeña fuente de agua para atraer la abundancia.
- **Noroeste** (sector: «Educación y conocimiento»). Decora esta zona con alguna pieza regular de cristal o cuarzo.
- **Sudoeste** (sector: «Amor y matrimonio»). Potencia este sector objetos simbólico en número par: dos corazones, dos velas... y si son rojas mucho mejor. Así reactivarás la relación con tu pareja

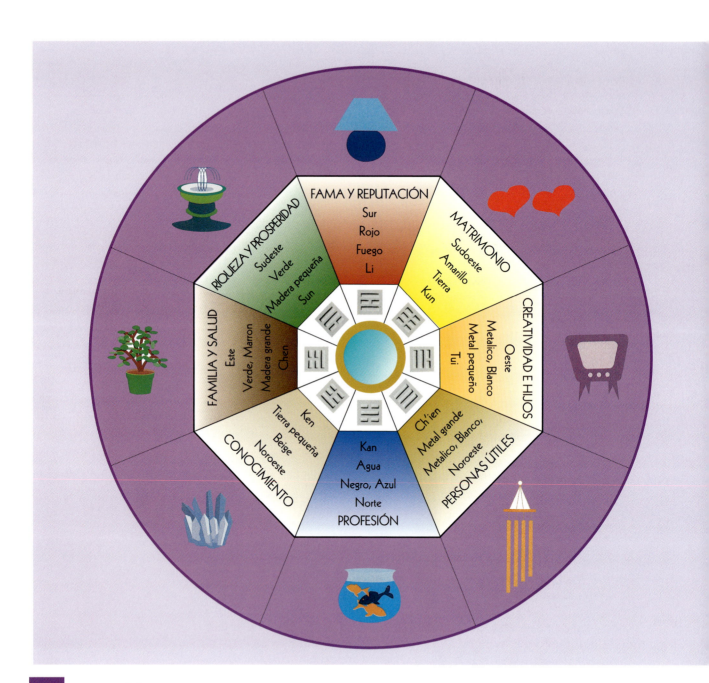

FAMA Y REPUTACIÓN
Sur
Rojo
Fuego
Li

MATRIMONIO
Sudoeste
Amarillo
Tierra
Kun

RIQUEZA Y PROSPERIDAD
Sudeste
Verde
Madera pequeña
Sun

CREATIVIDAD E HIJOS
Oeste
Metálico, Blanco
Metal pequeño
Tui

FAMILIA Y SALUD
Este
Verde, Marrón
Madera grande
Chen

Ch'ien
Metal grande
Metálico, Blanco,
Noroeste
PERSONAS ÚTILES

Ken
Tierra pequeña
Beige
Noroeste
CONOCIMIENTO

Kan
Agua
Negro, Azul
Norte
PROFESIÓN

Cómo activar cada rincón de la casa

SUR - Fama y reputación - Fuego
¿Qué pongo? Luces (eléctrica, vela o fuego).
Por qué: la luz genera energía yang, simboliza el Fuego que es el elemento de la fama y reputación.
Dónde: pueden instalarse luces en cualquier rincón de esta zona. colgadas en el techo, en la pared, sobre una mesa... No utilizar el color azul (agua) porque este elemento es destructor del Fuego, según el Ciclo Creador de los Cinco Elementos.

SUROESTE - Amor y matrimonio - Tierra
¿Qué pongo? Pares simbólicos, por ejemplo dos corazones o velas. Si son rojos, mucho mejor.
Por qué: el color rojo simboliza la pasión y está asociado con el elemento Fuego que, en el Ciclo Creador produce tierra, el elemento que domina el matrimonio y la felicidad conyugal. Dos objetos junstos simboliza felicidad en la pareja, uno solo connota soledad, y tres o más simbolizan mucha gente involucrada en una relación.
Dónde: colocar dos velas o dos corazones en el suroeste del dormitorio activará el matrimonio y la felicidad en la pareja. Pueden colocarse parejas de objetos en el sector suroeste de la sala de estar.

OESTE - Creatividad e hijos - Metal
¿Qué pongo? Energías de tipo metal.
Por qué: el elemento metal está asociado a los niños, por ello utilizar elementos metálicos en el sector oeste de la casa hará que aumenten los logros y bienestar de los niños.
Dónde: no colocar en el dormitorio, ya que crearía un mal feng shui.

NORESTE - Personas útiles y serviciales - Metal
¿Qué pongo? Carrillón metálico hueco.
Por qué: si queremos atraer buenos amigos, debe activarse el sector Noreste de la casa. Los carrillones metálicos emiten atractivos sonidos y tintineos que aumentan el chi que circula por la casa.
Dónde: hay que colgar el carrillón metálico cerca de la puerta principal (si está situada en el sector Noreste) o en el sector Noroeste del jardín, el estudio o la sala de estar.

NORTE - Profesión - Agua
¿Qué pongo? Un acuario.
Por qué: el elemento dominante de este sector es el agua y para potenciarlo se recomienda poner un acuario con peces. Eso sí, la combinación ideal será de dos u ocho peces de colores y uno negro.
Dónde: hay que colocar el acuario en el sector norte de la sala de estar o estudio, pero evitar en lo posible poner este elemento en el dormitorio. No es necesario que el acuario sea demasiado grande, ya que un exceso de agua podría «inundar» los proyectos.

NOROESTE - Educación y conocimiento - Tierra
¿Qué pongo? Cristales, pisapapeles de cristal de cuarzo natural.
Por qué: esta zona asociada a la suerte en los estudios, está gobernada por el elemento tierra. Para recibir ayuda extra en los estudios, conviene colocar objetos tierra, como los cristales, en el sector Noroeste.
Dónde: la energía debe concentrarse en la esquina Noroeste del estudio, por ello conviene colocar allí el escritorio.

ESTE - Familia y salud - Madera
¿Qué pongo? Plantas con hojas redondas.
Por qué: para preservar la salud de los tuyos conviene activar la zona este de la casa. Puede hacerse colocando allí plantas saludables, como símbolo favorable de tierra que gobierna esta zona.
Dónde: coloca la planta del dinero en el sector este de cualquier habitación, especialmente en la sala de estar.

SURESTE - Riqueza y prosperidad - Madera
¿Qué pongo? Fuentes de agua
Por qué: el agua produce madera, así que conviene colocar una fuente de agua en el sureste de cualquier habitación (menos en el dormitorio conyugal) o en un jardín. *Dónde:* los mejores sitios paa colocar una fuente son el estudio, la sala de estar y el jardín.

Decoración. La filosofía del Feng Shui puede ayudarnos a resolver los desequilibrios de nuestra casa simplemente a través de determinados elementos decorativos.

Colocados en el punto exacto atraerán y encauzarán el flujo de energía en una vivienda para que fluya suavemente repartiéndose por todo el espacio, sin estancarse.

También tienen la función de ocultar o desviar flechas secretas y equilibrar elementos incompatibles.

Los principales «aliados» decorativos:

- Objetos luminosos o brillantes que reflejan la luz. Como por ejemplo: lámparas, espejos, acuarios, móviles, objetos de cristal... Colocados en rincones oscuros impiden que el chi se estanque. También potencian la energía de los sectores del Bagua que deseemos activar.
- Objetos que emiten sonidos armoniosos, como los carrillones metálicos que tintinean bajo un ligero soplo de brisa. También se recomiendan las campanillas, gongos y xilófonos.
- El color de las paredes, que si se utilizan de acuerdo con la teoría china de los elementos pueden equilibrar y controlar el ambiente de una habitación.

Desagües. Según el Feng Shui, la prosperidad económica y familiar puede escaparse por ellos. Se recomienda mantenerlos siempre bien tapados (en la coci-

na y el cuarto de baño), en buenas condiciones y sin atascos, ya que el agua estancada es generadora de energía sha perjudicial.

Desagües del baño y el inodoro

El hecho de que un cuarto de baño o un sanitario —que por lo general disponen de muchos desagües— se encuentre ubicado en un lugar desfavorable (como puede ser enfrente de la entrada principal), puede debilitar el suministro de energía de toda una vivienda. Del mismo modo, un dormitorio que comunique mediante una puerta con un cuarto de baño puede verse afectado por esta ubicación desfavorable. Tampoco es recomendable que el dormitorio esté situado pared contra pared con el cuarto de baño.

Desagües de la cocina

Los desagües de la cocina, al no ser visibles, no se consideran un aspecto tan agravante, aunque también pueden ocasionar una merma de energía.

Desequilibrio de elementos. Según la teoría de los Cinco Elementos, puede generarse incompatibilidad entre ellos, ya sea entre un elemento del entorno y otro del edificio, o bien entre un elemento de la dirección de una habitación y nuestro trigrama personal.

Para equilibrar este ciclo destructor es necesario introducir un tercer elemento controlador, que puede estar simbolizado por su color, material o forma.

Existen dos tipos de elementos controladores: el que apoya al amenazado o el que destruye al amenazador.

Desnivel. Se recomienda que el terreno sobre el que se asienta una casa sea siempre un poco ondulado. Sin embargo, las pendientes empinadas no son favorables, sobre todo cuando la parcela es pequeña.

En cualquier caso, si hay pendiente siempre será mejor orientar la casa de manera que la parte más alta del terreno corresponda a la pared posterior de la vivienda.

Así conseguiremos un flujo suave del chi de la parte posterior hacia la anterior (siempre que la pendiente no sea muy pronunciada, porque sino el chi se alejaría de la casa y se perdería cuesta abajo).

Despacho. Todos los principios básicos del Feng Shui para la casa también son aplicables al diseño de la oficina.

Para facilitar la correcta circulación del chi, las mesas y separadores deben colocarse de manera que nadie se siente orientado hacia una esquina afilada.

Para contrarrestar las flechas envenenadas podemos utilizar cortinas, mamparas o plantas que reduzcan sus efectos negativos.

A la hora de distribuir el despacho con buen Feng Shui, debemos evitar las columnas aisladas y la puerta de la oficina interior no debe dar directamente a la calle. Tampoco estará ubicada al final de

Cómo orientar el escritorio

El objeto más importante del despacho es el escritorio. Por ello, es aconsejable ubicarlo en una estancia de fácil acceso desde la entrada principal. Es aconsejable situar el escritorio en diagonal con la puerta, de manera que la energía llegue a él después de haber pasado por el resto de la habitación, los muebles y la decoración. En el caso de que no se pueda colocar en esta posición, evitar crear una línea directa y recta entre la puerta y la mesa.

También cabe prestar atención a la situación de la puerta con respecto a la ventana. Si ambas están enfrentadas, el chi entrará por una y escapará rapidamente por otra.

Otro principio Feng Shui a respetar es el de la «espalda cubierta», es decir, mantener siempre el respaldo de la silla de trabajo orientada hacia la pared.

Asimismo, el escritorio debe estar orientado de manera que pueda visualizarse toda la habitación y la puerta. Además de permitir controlar el espacio, esta ubicación de la mesa facili-

un pasillo (éste actuaría como una flecha que enviaría el sha hacia el interior).

Si el despacho tiene vigas a la vista será mejor disimularlas con un falso techo y no colocar justo debajo de su influencia ninguna zona vital de trabajo (mejor reservar la zona como almacén o lugar de paso). Las vigas afectan a la creatividad y pueden provocar dolores de cabeza.

Si el despacho tiene forma de «L», lo mejor es corregirlo con elementos controladores.

También es conveniente activar la esquina sureste del despacho (relacionada con la riqueza) con la presencia de agua, en forma de acuario o una pe-queña fuente giratoria que simbolice un flujo continuo de las energías de la prosperidad y el dinero.

A tener en cuenta:

- Para que el chi circule libremente y no se atasque, será primordial mantener el orden en la zona de trabajo. Si en el exterior hay orden y claridad, también será fácil obtenerlas en el interior. El amontonamiento de papeles o asuntos para resolver encima de la mesa puede desmotivar mucho. Lo mejor es liberarse de papeles y objetos inutilizables.
- Resulta más agradable trabajar con luz natural que artificial, aunque una sala demasiado clara y con una única luz central puede acabar desgastando la vista.

ta el trabajo y permite mantener la atención. El escritorio debe disponer de suficiente espacio libre enfrente para que puedan circular mejor las ideas. Si el entorno que rodea el escritorio es muy estrecho, nos sentiremos atrapados. Si la mirada se ve entorpecida por una pared o una estantería repleta de libros la mente se sentirá aturdida.

Escoger la mesa

También es importante escoger bien la forma de la mesa de trabajo. Por ejemplo, las formas rectangulares se corresponden más con el principio comercial y las formas redondeadas con el artístico. Es aconsejable, en el caso de que el escritorio sea rectangular o cuadrado, que sus esquinas tengan una forma un poco redondeada. De esta manera, se evita que las esquinas generen un chi cortante (sha).

La superficie de la mesa no debería ser brillante ya que podría reflejar las imágenes y con ello acabar irritando los ojos. Tampoco son recomendables los escritorios de colores chillones. Una superficie oscura contrasta dema-siado con el blanco del papel. Una mesa de cristal también ejerce un efecto negativo puesto que aporta una sensación de intranquilidad provocada por la sensación mental de que los objetos pueden caer a través de la mesa. Lo mejor es trabajar sobre una superficie estable.

Decorar el despacho

Debe prestarse especial atención a la simbología de las imágenes y los objetos. Lo mejor es rodearse de cosas que apoyen la actividad que se lleva a cabo en la estancia.

Antes de colgar una foto o un cuadro cabe preguntarse qué relación se establece con la imagen. Según las enseñanzas de los cinco animales celestiales, esto se corresponde con el principio de la tortuga, que con su caparazón representa nuestra espalda cubierta. En la contemplación de un paisaje una montaña grande ejercería el mismo efecto.

Las zonas vitales

También sobre el escritorio se pueden analizar las zonas vitales del Bagua. Por ejemplo, la mejor zona para ubicar el teléfono -el contacto con el exterior- es la de «Fama y reputación». Puesto que el ordenador requiere mucho espacio y ocupa una zona vital completa, es recomendable colocarlo en una mesa anexa al escritorio. Por su parte, las fotos de familia o de pareja deben situarse en la esquina «Amor y matrimonio». En el caso de que existan problemas con alguien del trabajo, se pueden contrarrestar colocando una piedra de cuarzo rosa en la zona Suroeste del escritorio.

Por ello, y como los ojos necesitan alternar, es recomendable disponer más de una lámpara en la habitación, sin deslumbrar ni emitir mucho calor.

● La actividad que se lleva a cabo en el despacho puede verse respaldada por los colores del entorno. Deben escogerse tonos que motiven y faciliten la actividad. Así pues, no es recomendable empapelar las paredes con motivos llamativos o tonos rojos ya que pueden generar nerviosismo y estrés. Por otro lado, los colores grisáceos o azules son demasiado relajantes y adormecen.

Para encontrar los colores adecuados cabe tener en cuenta la situación personal de cada persona, su temperamento.

En general, los tonos **amarillos** ayudan a concentrarse y a realizar trabajos intelectuales. El **naranja claro** levanta el ánimo y transmite energía.

El **verde** y el **turquesa** son adecuados para personas que se estresan con facilidad y para aquellas que están muchas horas sentadas frente al ordenador ya que relajan la vista.

Finalmente, el tono **azul claro** facilita la expresión, y es muy recomendable en actividades que requieran hablar mucho por teléfono (ver también *Estudio; Oficina; Empresa*).

Despensa. Suele ser la zona de la casa menos transitada por lo que podemos aprovechar para instalarla en el sector ocupado por un presagio desfavorable.

Diamante. Piedra protectora, lleva consigo paz y fuerza. Repercute de forma positiva en la meditación, la claridad, la perfección y la iluminación.

Dinero. El metal es el elemento que lo simboliza y se revela en la forma redondeada, las curvas y los arcos. Según el Feng Shui, su flujo puede verse afectado por elementos arquitectónicos de su entorno, por ello muchos bancos y establecimientos comerciales adaptan sus edificios para generar un chi favorable.

Por ejemplo, si un edificio bien emplazado (con una protección por detrás) es más alto que los que le rodean por delante y los lados, dominará el entorno y, por tanto, le será más fácil atraer el dinero. Si es más bajo, los ocupantes tenderán a canalizar el dinero hacia el exterior.

Según el Bagua, el sector de la riqueza, dinero y prosperidad se relaciona con el sureste y puede activarse colocando una cura en el área de la casa que ocupe.

Direcciones. Hay cinco direcciones principales: norte, Este, sur, oeste y Centro que a su vez se subdividen en ocho posibles orientaciones (norte, Noreste, Este, Sudeste, sur, Sudoeste, oeste y Noroeste).

La base del Feng Shui se fundamenta en el estudio de las direcciones favorables para cada persona y la orientación de los edificios.

De cada dirección emana un tipo de energía diferente y se le atribuye un determinado elemento, trigrama, cualidad, actividad, número, color, estación etc. Son manifestaciones de esta energía que influyen en la salud, el bienestar y la prosperidad de los ocupantes de una casa.

Dirección personal. Son las direcciones favorables para cada persona según su trigrama personal (el cual se obtiene a partir del Número Natal).

El flujo de energía de estas direcciones estará en sintonía con su energía interna y en ellas la persona se sentirá recargada, optimista, percibirá una atmósfera agradable, serena y ganará lucidez mental y equilibrio.

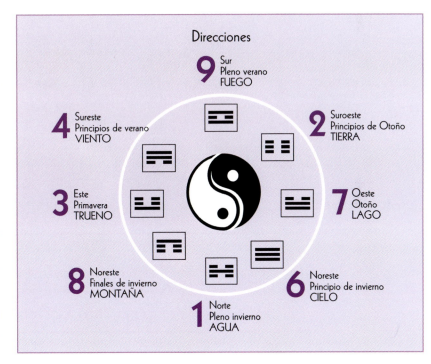

Direcciones

9 Sur
Pleno verano
FUEGO

2 Suroeste
Principios de Otoño
TIERRA

4 Sureste
Principios de verano
VIENTO

7 Oeste
Otoño
LAGO

3 Este
Primavera
TRUENO

6 Noreste
Principio de invierno
CIELO

8 Noreste
Finales de invierno
MONTAÑA

1 Norte
Pleno invierno
AGUA

Dirección

Número natal	N	NE	E	SE	S	SO	O	NO
Agua 1	▲▲	◆	▲	▲	▲▲	◆	▲▲▲	▲▲▲
Tierra 2	▲▲	▲▲	◆	◆	▲▲▲	▲▲	▲	▲
Madera 3	▲▲▲	▲▲	▲▲	▲▲	▲	▲▲	◆	◆
Madera 4	▲▲▲	▲▲	▲▲	▲▲	▲	▲▲	◆	◆
Tierra 5	▲▲	▲▲	◆	◆	▲▲▲	▲▲	▲	▲
Metal 6	▲	▲▲▲	▲▲	▲▲	◆	▲▲▲	▲▲	▲▲
Metal 7	▲	▲▲▲	▲▲	▲▲	◆	▲▲▲	▲▲	▲▲
Tierra 8	▲▲	▲▲	◆	◆	▲▲▲	◆	▲	▲
Fuego 9	◆	▲	▲▲▲	▲▲▲	▲▲	▲	▲▲	▲▲

▲▲▲ Muy favorable.
La energía de la habitación apoya la de la persona. Atmósfera revitalizante y beneficiosa. Ideal como estudio o dormitorio.

▲▲ Favorable o neutra.
Si la energía de la dirección coincide con la de la persona crea una atmósfera estable y confortable. Si la energía de la persona destruye la energía de la dirección, la habitación será neutra (ni perjudicial ni beneficiosa).

▲ Débil.
La energía de la persona genera la energía de la habitación. Atmósfera debilitadora (mejor utilizarla como estancia secundaria).

◆ Muy desfavorable.
La energía de la habitación absorbe la energía de la persona, una atmósfera debilitadora (no pasar mucho tiempo en ella).

Una dirección es favorable para una persona cuando el elemento de su trigrama personal es compatible con el elemento de la dirección. Si por el contrario se siguen en el ciclo destructor, aquella dirección tenderá a anular la energía de la persona.

Distribución. Para que el chi favorable se distribuya de forma equilibrada por todas las estancias de la casa es importante conseguir una distribución interior armoniosa, evitando las zonas muertas y estancadas. Para comprobarlo, será necesario dibujar el plano de la casa de manera que pueda trazarse una línea recta que, empezando desde la entrada principal, pase por todas las habitaciones. Busca el centro de la casa dibujando un plano y colocando una aguja bajo el papel hasta que se mantenga en equilibrio.

Según el Feng Shui, las estancias principales de una vivienda (dormitorios, estudio y sala de estar) deben situarse en las direcciones personales favorables y bajo presagios positivos.

Según el método del Bagua, la distribución ideal de las estancias de una casa depende de que su uso coincida con los sectores vitales, es decir, que el dormitorio se halle en la zona de «Amor y matrimonio», el despacho en la asociada a «Carrera profesional» o la «Riqueza», la cocina en la zona de «Salud y familia» y el estudio en «Creatividad» (ver *Plano*).

Doloroso Destino (Chueh Ming).
Esta ubicación representa el peor de los desastres posibles o la mala suerte que puede afectar a cualquier miembro de la familia. Según el Feng Shui, es la peor de las ocho ubicaciones y se recomienda no colocar en este sector la puerta principal o el dormitorio de la pareja. Lo mejor será ubicar una habitación en la que se pase poco rato, como un almacén o trastero.

Si la puerta principal está dirigida hacia esta dirección o hay una función central en este espacio, es posible que nos ocurra alguna desgracia.

Dormitorio. Se pasa mucho tiempo en él y por ello es importante que sea compatible con el trigrama personal de su ocupante. El dormitorio sirve para regenerarse y relajarse. El ser humano mientras duerme está más indefenso que durante la vigilia, por esta razón el acondicionamiento de esta estancia ejerce gran influencia sobre su bienestar.

Las ubicaciones ideales para instalar un dormitorio son «Aliento generador» *(Sheng Chi)* y «Longevidad con gran descendencia» *(Nien Yen)*. Además, cuanto más alejado se encuentre de la entrada principal, más armonía habrá entre los miembros de la familia.

Con el fin de que el chi favorable circule sin interferencias, conviene no abarrotarlo de muebles.

El dormitorio es un espacio íntimo que siempre debería quedar protegido. Por esta razón, no es nada recomendable que se encuentre situado cerca de la puerta principal. A la vez, es necesario que disponga de suficiente corriente energética chi. Así, cuando el dormitorio se encuentre al final de un pasillo, deben tomarse las medidas necesarias para dirigir hacia allí la corriente de energía. Esto se puede conseguir mediante mandalas, luz u otros medios.

Una **decoración yang** es la ideal para este tipo de estancias. **Ahí van algunos consejos:**

- Las formas suaves resultan más idóneas que las dinámicas o agresivas. Deben evitarse los cantos puntiagudos (flechas ocultas) enfocados hacia la cama.
- No es recomendable ubicar plantas grandes cerca de la cama. También un ramo de flores olorosas disminuye el aire fresco en la estancia y puede entorpecer el sueño.
- Cuidado con la temática de las obras de arte y los libros, ya que puede afectar directamente a la atmósfera del lugar. Tampoco deben colgarse objetos voluminosos tales como estanterías, lámparas grandes, o cuadros con marcos pesados encima de la cama.
- No es recomendable almacenar objetos debajo de la cama. Los libros viejos, las fotos de familia, o las mantas llenas de polvo y las carpetas con documentos no son un buen colchón para descansar. El

dormitorio debe estar ordenado para que así no se disperse el chi.

- Colocar espejos en la habitación es desaconsejable pues contrarrestan la calma. Los espejos reflejan la luz, nuestra imagen y la energía chi que circula por la estancia. Actúan de forma especialmente negativa aquellos espejos grandes en los que uno puede verse completamente reflejado. Un espejo enfocado hacia la cama se dice que trae mala suerte a los que duermen, pues constantemente envía corriente energética independientemente de que haya luz o sea oscuro. Lo mejor es prescindir totalmente de ellos en el dormitorio.

  Naturalmente, el tamaño y la distancia a la que esté situado juegan un papel importante. Para comprobar el efecto que ejerce en el dormitorio se puede hacer la siguiente prueba: dormir con el espejo tapado o con el espejo descubierto y observar en qué casos se descansa mejor. Antiguamente, en los dormitorios había armarios-espejo, y por las noches era tradición taparlos con cortinas.

- Determinadas características arquitectónicas afectan la calidad del sueño. Si, por ejemplo, el dormitorio se encuentra puerta con puerta con el cuarto de baño hay que llevar a cabo una separación energética. También un guardián, como un ángel, un buda, un Dragón o un símbolo personal protector, pueden llevar a cabo esta tarea. Si además se quiere evitar que la corriente energética

chi se escape desde el dormitorio hacia los desagües del baño entonces también puede colgarse al lado de la puerta interior del dormitorio otro objeto protector.

- En el caso de que las estancias no estén unidas puerta con puerta, sino pared con pared con el baño o la cocina —algo nada recomendable según las reglas del Feng Shui—, entonces nunca debe colocarse el cabezal de la cama contra la pared en la que se encuentran las instalaciones: esto conllevaría intranquilidad y pérdida de energía.

- La arquitectura de hoy en día pone especial énfasis en dejar visibles las vigas de la construcción. Lo que aparentemente parece decorativo ejerce una influencia negativa a la hora de dormir. El chi que se reparte en la estancia es presionado hacia abajo por las vigas, ejerciendo presión sobre nuestra cabeza. Generalmente, no existe ninguna posibilidad de cambiar este tipo de construcción, pero es posible reducir los efectos de las vigas colgando una tela en el techo.

- Los aparatos electrónicos también entorpecen el sueño nocturno. Lo mejor es retirarlos del dormitorio, o alejarlos en lo posible de la cama. También es aconsejable prescindir de las lámparas halógenas.

- Las camas de metal no son nada recomendables ya que el metal puede desviar el campo magnético de la tierra.

- El efecto que ejercen los colores sobre el ser humano es incuestionable. También por la noche, cuando tenemos los ojos cerrados y la habitación se encuentra a oscuras, la corriente energética de los colores influencia la atmósfera de la estancia y nuestro bienestar. En la zona de descanso son recomendables los colores suaves.

Las personas que tienen la presión alta o que están sometidas a mucho estrés durante la vigilia necesitan rodearse de colores distintos a los niños o las personas melancólicas a las que cuesta levantarse por la mañana. El color **rosa** y el **verde** calman y sosiegan. Para las personas que tienen la presión baja y dificultades para salir de la cama por la mañana se recomienda el color verde.

El color **albaricoque** ejerce un efecto equilibrante y cálido. Este tono también es aconsejable para las personas que disponen de poca energía a primera hora. El **azul** actúa también como tranquilizante. En espacios grandes no es aconsejable pintar las paredes de color azul oscuro ya que la estancia se vuelve triste y fría.

El **blanco** en las paredes es neutral pero puede resultar frío si no se combina con otros tonos. Las sábanas de color blanco o crema resultan muy frescas y claras. El **lila** actúa como el rosa y el verde. Los colores **rojo**, **naranja** y **amarillo intenso** no son nada adecuados para la zona del dormitorio. Si se utilizan debe hacerse

muy poco. En cambio un tono **amarillo pastel** resulta ideal para la zona de descanso (ver también *Cama*).

Cómo orientar la cama

En el dormitorio es muy importante colocar la cama en el lugar correcto. Al dormir nos gusta sentirnos protegidos. Por esta razón, el cabezal de la cama debería apoyarse contra la pared. Esta ubicación asegurará la calidad del sueño y hará que al dormir nos sintamos más seguro. Aunque no se perciba, nuestro inconsciente lo siente así. La parte del cabezal puede también protegerse con un biombo o una tela. También pueden obrar como guardianes del sueño determinados objetos, como por ejemplo la representación oriental de una tortuga o bien un ángel.

Si desde la cama puede verse la puerta, esto nos aportará seguridad y sensación de control sobre la zona, pero nunca debe situarse justo enfrente, pues la energía chi demasiado directa resultaría amenazante (sha). A menudo, las dimensiones del espacio no facilitan ubicar correctamente la cama.

En tal caso, lo principal es interrumpir la línea directa entre la puerta y la ventana, para que el chi no abandone el lugar antes de revitalizarlo.

La mejor manera de situar la cama es en diagonal con la puerta y lo más alejada posible de ella.

Dormitorio infantil. Los niños necesitan espacios grandes donde puedan moverse con libertad. Por esta razón, es muy recomendable ofrecerles un espacio amplio donde poder desarrollar su personalidad y creatividad.

Ya que los niños necesitan moverse en un entorno distinto al de los adultos, las habitaciones infantiles deben acondicionarse según sus necesidades. Hay que tener en cuenta que en ellas dormirán, jugarán y trabajarán. El mobiliario debe ser mínimo para que haya suficiente espacio para jugar. Es mejor que las esquinas sean redondeadas para evitar golpes y rasguños innecesarios.

Para que los niños duerman bien es importante, al ubicar la cama, tener en cuenta el principio de la espalda cubierta. Así se sentirán seguros y protegidos. Las sábanas y las almohadas no deben ser muy llamativas, ya que podrían entorpecerles el sueño. A los lados de la cama no deben amontonarse juguetes u otros objetos.

En las habitaciones infantiles se llevan a cabo distintas actividades, por esta razón es difícil decidir de qué color deben ser sus paredes. Ante todo debe evitarse el color rojo ya que desencadena hiperactividad y nerviosismo. Los niños disponen de mucha energía, por esta razón no hace falta acrecentarla con tonos llamativos. Lo mejor es utilizar tonos pastel como el amarillo, salmón, rosa, verde claro o beige.

Dragón. Según la tradición china, es una de las Cuatro Criaturas Celestiales (junto al Ave Fénix, el Tigre y la Tortuga) y se le atribuyen virtudes sagradas y poderes espirituales.

El Dragón o Lung representa la fuerza y la bondad, la valentía y la decisión, la prudencia y la perseverancia. Su imagen es particularmente favorable a los nacidos en un año del Gallo. En China se cree que el aliento del Dragón es energía vital (chi) que aporta riqueza y prosperidad. Allí el Dragón se considera un símbolo de buena suerte y se encuentra representado en todo tipo de objetos.

La figura del Dragón como objeto está presente en Oriente, simboliza el elemento madera y su color vinculado es el verde. En China se venera especialmente la figura del Dragón que lleva una perla entre las garras.

Según la leyenda, el Dragón duerme bajo tierra durante el invierno y aparece al segundo día del segundo mes chino. Su aparición trae consigo las primeras lluvias del nuevo año, que fecundan la tierra.

Este día se celebra en toda China la multitudinaria fiesta del Dragón. En la Escuela de las Formas del Feng Shui, el Dragón desempeña un papel determinante, ya que como uno de los cinco animales celestiales, protege tradicionalmente la parte Este de una casa bajo la forma de una formación del paisaje.

Las venas del Dragón

Son caminos de energía que se encuentran en el paisaje y que pueden leerse en las formas del mismo. Todas estas formas del paisaje reciben el nombre de «venas del Dragón». En la Escuela de las Formas se recurre a la interpretación de la forma de un Dragón — por lo general, una montaña o una colina del paisaje— en búsqueda de una zona adecuada de construcción

En China se trata de evitar dentro de lo posible erigir un edificio sobre dichas líneas o separarlas. Se siente un gran temor por la desgracia que se puede esperar como consecuencia de tales intromisiones en las formas de la naturaleza.

Cuando el concepto de las venas del Dragón apareció en su variante artificial, en forma de calles y líneas ferroviarias, las leyes que se observaban en la naturaleza se transfirieron a estas nuevas corrien-

tes telúricas «artificiales». Sin embargo, puesto que las venas del Dragón han dejado de ser onduladas, puede ocurrir que por ejemplo el agua ya no pueda ser frenada, alcanzando gran velocidad y por consiguiente mayor fuerza y energía sha. Debido a esta energía acelerada —consecuencia de un proceder descuidado del ser humano hacia el entorno natural— pueden originarse destrucciones de todo tipo. Por eso, del mismo modo que con las vías ferroviarias, en el Feng Shui se intenta evitar por todos los medios que las calles y las corrientes de agua transcurran de forma recta, al igual que se evita colocar puentes que crucen estas líneas y travesías en el ángulo derecho de las venas del Dragón.

Caballo-Dragón.

Representación en forma de figura de un animal con cuerpo de caballo escamado y cabeza de dragón. Esta figura expresa riqueza, éxito, gloria y honor. El Caballo-Dragón podría equipararse a nuestro unicornio occidental. Las figuras de Caballo-Dragón se colocan tradicionalmente en los hogares chinos a modo de talismanes.

Drenaje.

El emplazamiento ideal de una casa según el Feng Shui es un terreno bien drenado, con corrientes subterráneas o cursos de agua que fluyan libremente y sin estancamientos. No son convenientes las corrientes de agua debajo de las casas.

El animal de las ocho suertes

La Tortuga-Dragón atrae ocho tipos diferentes de suerte. En la mitología china, el Dragón expresa la energía yang —severidad y valor—.

La Tortuga, por el contrario, se identifica con la energía yin y se corresponde con las cualidades de perseverancia y modestia —propias de la Tortuga—. En la unión de ambas fuerzas por medio de la Tortuga-Dragón, se da una perfecta combinación de estas cualidades opuestas.

Según la leyenda, las lágrimas derramadas por los dragones se solidifican al caer a la tierra, convirtiéndose en cristales.

Educación y conocimiento.

Este aspecto trata sobre la facultad de nuestro intelecto, pero también del conocimiento profundo que incluye una comprensión intuitiva de las cosas. La energía estabilizadora vinculada a esta área Bagua se corresponde con el elemento tierra.

Todo lo que se atribuye a la tierra o también al elemento fuego se puede utilizar para fortalecer esta zona. Por eso, aquí se consideran favorables los tonos amarillos y terrosos.

El trigrama correspondiente a esta casilla es montaña, llamado también «Lo que permanece quieto». Para adquirir saber y madurar los conocimientos necesitamos un momento de interrupción. Por eso, esta área Bagua se brinda para crear un pequeño lugar de retiro, que puede ser por ejemplo, un rincón con nuestro sillón preferido o un lugar destinado a la meditación.

También, aquellos cuadros que expresan un momento de tranquilidad en la naturaleza, como puede ser un paisaje adormecido, justo antes de la salida del sol, pueden servir aquí de apoyo.

En esta área surte efecto todo aquello relacionado con la sabiduría, como por ejemplo los libros, máximas, imágenes de maestros, lugares y símbolos sagrados, como elefantes —que en la cultura hindú representan la sabiduría— y búhos —que en la mitología griega están vinculados a Atenea, diosa de la sabiduría—.

Edificio. Para que un edificio tenga buen Feng Shui debe estar situado en un correcto emplazamiento, protegido de flechas secretas. Algunas situaciones propicias son: una casa con exposición hacia el sur (aprovecha la fuente de vida del sol); una casa protegida por una colina o edificio más elevado al noroeste; una casa protegida por un río y colinas a ambos lados.

También se valora el equilibrio y compatibilidad entre el elemento propio del edificio con el elemento de su entorno. Según el elemento predominante, existen cinco tipos básicos de edificios:

- **Edificio madera**. Es alto y vertical, como una columna, o una torre. También corresponde a este elemento si está hecho de madera.
- **Edificio fuego**. Tiene tejados con una inclinación pronunciada, y siluetas agudas y angulosas.
- **Edificio tierra**. Se trata de construcciones cuadradas y aplanadas, o bien construi-

Un edificio con Feng Shui

El Banco de Hong Kong y Shangai (en la ciudad de Hong Kong), diseñado por el arquitecto Norman Foster, se construyó siguiendo los principios del Feng Shui. Las escaleras principales del edificio fueron diseñadas para que las de «subida» desde la puerta de entrada potenciaran el flujo de dinero hacia el interior del edificio. Asimismo, las escaleras de «bajada» se situaron de modo que detuvieran la salida del mismo.

dos con componentes procedentes de la tierra (como el ladrillo).

- **Edificio metal**. Con rasgos curvados, cúpulas, arcos...
- **Edificio agua**. Suelen ser de formas irregulares y asimétricos, o bien construidos con abundante cristal.

En general, cuanto más equilibrada y regular sea la forma de un edificio, más prometedor será su Feng Shui.

Los edificios también se clasifican según su orientación —se conocen por los nombres de sus trigramas respectivos—, dependiendo de la dirección a la que dé la puerta principal. El interior de un edificio tiene sitios que son intrínsecamente más favorables que otros según el área que ocupen los presagios.

Electrodoméstico. Se recomienda no mezclar elementos opuestos entre sí y que puedan suponer un riesgo para los habitantes de la casa. Así, en la cocina evitaremos colocar cerca la nevera, lavaplatos o lavadora (elemento agua) del horno (elemento fuego)

Electricidad. Según el Feng Shui, cualquier aparato electrónico debe situarse lejos de las zonas de descanso y los dormitorios. Las ondas electromagnéticas que generan pueden acelerar la energía chi de forma desfavorable.

Los postes y tendidos eléctricos son flechas secretas conductoras de sha perjudicial. Para neutralizarlas, conviene utilizar un elemento controlador fuego o una composición de elementos (ver también *Luz*).

Electrosmog. Es un campo eléctrico que a partir de determinados valores se sospecha que puede tener un efecto perjudicial en la salud de las personas. Dado que el entorno humano, debido a los numerosos campos eléctricos y electromagnéticos existentes, se encuentra sometido a gran cantidad de ondas magnéticas invisibles que lo recorren, se habla en este contexto de «smog», es decir de contaminación electromagnética

Elemento amenazador. Elemento de la casa o su entorno más inmediato que resulta negativo o provoca un desequilibrio hacia sus habitantes. En este caso debe introducirse el elemento controlador que destruya al elemento amenazador o bien realizar una composición de elementos (ver *Rasgo amenazador*).

Elemento controlador. Se introduce para armonizar dos elementos que son incompatibles. Su función consiste en destruir o debilitar los efectos del elemento amenazador o apoyar la fuerza del elemento amenazado. Esta disfunción entre dos elementos puede darse entre el elemento del edificio y el de su entorno, o a más pequeña escala, entre el elemento de la dirección de una habitación y el trigrama personal de quien la habita.

Elemento personal. Es uno de los atributos más importantes del Feng Shui y determina si una habitación es favorable o no. Se obtiene a partir de la fecha de nacimiento y refleja nuestra personalidad. Existen técnicas muy variadas para interpretar a qué elemento se pertenece. Para investigarlo es esencial conocer el año de nacimiento. Puesto que el Feng Shui se ha orientado en distintas direcciones, también existe un principio mediante el cual se tiene en cuenta el mes del nacimiento, lo que ofrece un resultado totalmente distinto. Por eso, el elemento al que uno pertenece varía en función del libro o teoría que se haga servir. Generalmente, en el Feng Shui la fuerza del elemento se aplica dentro del entorno directo de la persona para que éste la respalde de una forma determinada.

Emplazamiento. El lugar ideal para vivir, estudiar y trabajar es aquel donde existe el mayor caudal de chi, el elemento más vital del Feng Shui. Los emplazamientos más favorables son aquellos que están soleados y bien protegidos.

Hay que evitar lugares azotados por el viento, con exceso de humedad y niebla, en terrenos muy inclinados y rocosos.

Un buen emplazamiento Feng Shui debe estar protegido por los cuatro símbolos o Animales Celestiales (Dragón, Ave Fénix, Tigre y Tortuga).

Si vives en una ciudad, esos animales se representarán en los edificios colindantes

Empresa. En la mayoría de países orientales se tienen muy en cuenta los criterios del Feng Shui a la hora de abrir un negocio o hacer cambios en la empresa. Veamos algunos consejos para organizar con éxito una empresa:
- La **ubicación** es fundamental. Son favorables las esquinas y los accesos a estaciones de tren y autobús, donde la energía permanece muy activa. Son desaconsejables las calles sin salida y zonas cercanas a un puente.

- Una vez ubicados, conviene identificar las **flechas secretas** para neutralizarlas.

Las amenazas:

En el Feng Shui clásico, las corrientes de agua juegan un papel esencial, pues determinan la riqueza. En una ciudad, las calles sustituyen a los cursos de agua. Un edificio jamás debería ser atacado (sha) ni recibir poco chi. Llega poco chi al edificio si las calles que conducen a él tienen esquinas y se estrechan a medida que se avanza por ellas. También actuaría de forma desfavorable una corriente energética chi demasiado rápida que

condujera directamente al edificio. También los callejones sin salida ejercen un efecto negativo sobre los despachos y oficinas.

Es muy importante que la entrada no se vea amenazada por esquinas muy pronunciadas (flechas ocultas procedentes de edificios contiguos).

Asimismo, los árboles que se encuentran demasiado cerca de la puerta principal son considerados molestos pues obstruyen la entrada al edificio disminuyendo eventualmente el número de visitantes. Las empresas vecinas también deben ser tenidas en cuenta. Deben evitarse ante

todo la cercanía de mataderos, fábricas o centrales eléctricas, ya que se asocian con aspectos negativos e irradian mala energía.

● **La entrada principal:**

La primera impresión es la que cuenta, por esta razón es muy importante prestar atención a la entrada principal. Su tamaño debe estar acorde con las dimensiones del edificio.

Las puertas deberían poder abrirse hacia fuera por ambos lados (para los visitantes es agradable no tener que retroceder unos pasos antes de entrar). Las puertas giratorias hacen que entre más chi revitalizante en el edificio, aunque están diseñadas para evitar que entren las corrientes de aire.

Un método muy utilizado y que sirve para indicar la entrada es colocar un árbol a cada lado.

Encimera. Por el riesgo que comporta este elemento fuego, el Feng Shui presta especial atención a su orientación. Al igual que el horno, la encimera debe disponerse de manera que el cocinero dé la espalda a la puerta de la cocina.

Los elementos fuego y agua son incompatibles, por lo que también conviene no disponer juntos la encimera o el horno con el lavaplatos, fregadero o nevera.

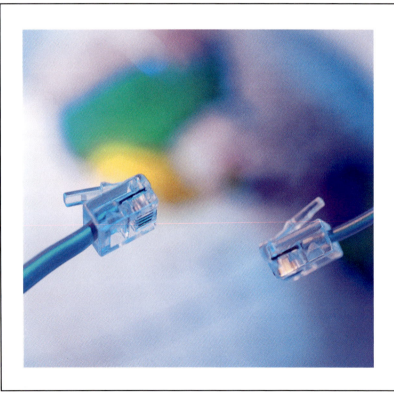

Tenlo en cuenta

Por desgracia, la contaminación electromagnética no se puede evitar. Sin embargo, pueden tomarse algunas medidas para reducir sus efectos negativos:

Los espejos reflejan las ondas electromagnéticas por toda la habitación, así que conviene tenerlos fuera del dormitorio si queremos dormir sin problemas.

Los transformadores de las lámparas halógenas aumentan el electrosmog y deben suprimirse de los espacios destinados al trabajo y descanso.

Los despertadores eléctricos (radiodespertadores) hasta una distancia de 60 cm son una fuente inagotable de contaminación electromagnética.

Televisor en el dormitorio: se recomienda no dejar toda la noche el aparato en modo stand-by y apagarlo por completo cuando nos vayamos a dormir.

Los Cinco Elementos controladores

- **Elemento controlador madera.** Se utiliza cuando el elemento Fuego es amenazado por el agua. En forma de plantas, esculturas de madera, suelo de madera o columnas.
- **Elemento controlador fuego.** A él se recurre cuando la tierra está amenazada por la madera. En forma de chimenea, flores rojas y velas

- **Elemento controlador tierra.** Cuando el metal está bajo la amenaza del fuego. En forma de cerámica, elementos cuadrados y planos.
- **Elemento controlador metal.** Sirve cuando el agua está bajo la amenaza de la tierra. En forma de hierro forjado, esculturas y objetos metálicos, arcos y cúpulas.
- **Elemento controlador agua.** Si la madera está amenazada por el metal. Con fuentes de agua y objetos de cristal.

Energía. Según el Feng Shui, todo lo que nos rodea es energía en continuo movimiento. Un movimiento que puede ser centrípeto (cuando la energía se contrae hacia dentro, se empequeñece) y centrífugo (cuando la energía se mueve hacia fuera, se agranda). El Feng Shui utiliza este principio para comprender las fuerzas cíclicas que nos rodean y armonizarlas con nuestra energía interna. (ver también *Cinco Energías, Chi*).

Entrada. Por aquí penetra el flujo de energía chi. Lo más importante es que ninguna flecha secreta se dirija de forma directa hacia ella.

Lo ideal será que un camino o vía bien marcada y visible se dirija de forma ondulante y suave hacia la entrada principal de la vivienda o negocio, sin obstáculos, ni rincones estrechos o muros que interfieran el chi. Conviene ubicar la entrada principal en una zona de buen presagio, pero si no es posible hacerlo, puedes colocar la figura de dos animales guardianes en la entrada o un picaporte de metal.

Según el método del Bagua, el lado de la casa que corresponde a la entrada principal es el punto de partida para superponer el Bagua, a partir del cual se ubicarán todos los sectores vitales de la casa (ver *Recepción*).

Escaleras. Sirven para conducir el chi entre las diferentes plantas de un edificio, pero para hacerlo correctamente deben ser anchas, redondeadas y describir una curva suave y sin ángulos agudos. Nunca deben empezar frente a la puerta de la calle (provocaría una corriente excesiva de chi hacia la planta superior en forma de sha).

Escritorio: Un escritorio también puede ubicarse según los principios del Feng Shui. Un criterio importante es colocarlo siempre de forma que la espalda quede bien protegida y se tenga buena visibilidad hacia la puerta.

Escuela de la Forma. Es el Feng Shui más antiguo y se basa en el examen de los rasgos y formas del entorno para encontrar emplazamientos llenos de energía vitalizante y lograr un equilibrio de elementos entre el entorno y la casa. Se da gran importancia a las formas del terreno, como el contorno o la estructura de las colinas y las montañas, así como a la posición y dirección de los ríos o arroyos.

La Escuela de la Forma se originó en el sur de China, donde un paisaje de numerosas colinas y onduladas corrientes de agua ha dado como resultado un aspecto de lo más variopinto..

A fin de evitar el infortunio, en la antigüedad se observaban muy detenidamente las formas de la naturaleza y el curso de las mismas antes de llevar a cabo la construcción de establecimiento y casas.

El erudito chino yang Yün-Sung precisó en el siglo IX d.C. la llamada Escuela de la Forma. Este sabio desarrolló la teoría de la estructuración y la distribución, el llamado Hsing shih, un componente fundamental del ejercicio del Feng Shui..

Conforme a los Cinco Animales Celestiales, las diversas formas del paisaje reciben un nombre simbólico. Dicho nombre se encuentra asociado a los Cinco Elementos, con lo que se puede distinguir si se trata de un lugar positivo o negativo.

Así por ejemplo, según los principios de la Escuela de la Forma una casa puede estar protegida del viento y del temporal desde su parte posterior por una montaña. Sin embargo, la casa no debe estar situada en una pendiente demasiado pronunciada, ya que si no existe el peligro de los corrimientos de tierra. Del mismo modo, debe evitarse emplazar una casa en el fondo de un valle, puesto que sus habitantes podrían verse amenazados por inundaciones.

La Escuela de la Forma no sólo es aplicable a un entorno paisajístico, si no que también puede transferirse su aplicación al paisaje urbanístico.

Escuela de la Brújula. Es el Feng Shui que se centra en las cualidades energéticas —y el simbolismo— de los puntos cardinales.

Utiliza los Ocho Trigramas del I Ching, el símbolo del Bagua de nueve lados y el cuadrado mágico Lo Shu para evaluar la calidad del lugar.

La principal diferencia con la Escuela de la Forma es que presta escasa atención al terreno y sus configuraciones, centrándose en una compleja mecánica de cálculos.

Actualmente, los expertos en Feng Shui combinan los dos sistemas (el de la Forma y el de la Brújula). Primero analizan los rasgos del entorno y las formas del paisaje para detectar un buen emplazamiento. Después consultan la brújula para saber cómo influyen las cualidades energéticas de las direcciones en cada habitación del edificio. También consideran el trigrama personal o energía particular de cada residente para equilibrarla con cada dirección.

Un despacho con Feng Shui

En cuánto a la decoración de los despachos y oficinas debe existir un equilibrio entre los colores, las formas y los materiales.

La elección de los colores se determina a partir del principio de los Cinco Elementos y la filosofía de la empresa. Los tonos amarillos estimulan la actividad intelectual y dan al lugar un aspecto confortable.

Además este color respalda el elemento tierra. Los tonos verdes se ordenan dentro del elemento madera y la zona Bagua «Riqueza y prosperidad». Cuánto más claro y fresco sea el verde más representará la energía de la primavera y el crecimiento. Los tonos rojizos representan el sur y el elemento Fuego, son muy luminosos y deben utilizarse con moderación, sólo para acentuar ciertas zonas.

Escuela del maestro Lin Yun. Ver *Método del Bagua*.

Espacio negativo. Ver *Zona ausente*.

Espalda cubierta. Describe uno de los principios básicos del Feng Shui. Con ello se hace referencia al componente psicológico de que una espalda «protegida», a la que no amenaza ningún peligro, proporciona una tranquilidad y un sosiego determinados y fortalece la propia posición.

Una espalda «descubierta», por el contrario, provoca intranquilidad e inseguridad ya que la persona no ve lo que ocurre detrás de ella. La atención no es total y la posición de la persona se debilita porque se encuentra tensa.

Naturalmente, en la vida real es muy difí-

El entorno ideal

Ya sea rural o urbano, el entorno más inmediato que rodea una vivienda o negocio puede afectar considerablemente el flujo de energía chi. Se trata del conjunto de formas y rasgos —topográficos y arquitectónicos—, que pueden divisarse desde un edificio y que afectan a su Feng Shui. Hay cinco tipos de entorno, según las formas que predominen:

- Entorno madera. Árboles, bosques, montañas, postes, pilares, edificios altos y estrechos.
- Entorno fuego. Edificios con tejados inclinados o picos montañosos acabados en punta y distantes.
- Entorno tierra. Llanuras y mesetas, edificios vecinos de techo plano (bloques de pisos).
- Entorno metal. Colinas redondeadas y edificios con cúpulas prominentes o arcos.

cil que uno sea atacado por la espalda, pero aún así el cuerpo se encuentra en continua alerta. Esto consume mucha energía y desvía la atención.

El principio de la espalda cubierta es importante para todo tipo de actividades. Por ejemplo, en el trabajo es especialmente importante tener detrás una pared. En el dormitorio también es importante tener cubierta la espalda cuando dormimos. La parte en la que se ubica la cabeza debería estar apoyada contra una pared o cabezal.

Finalmente, en el exterior se recomienda tener una colina detrás de la casa que proteja esta zona y aporte estabilidad al edificio.

Espejo. Es muy importante valorar cómo un espejo refleja nuestra imagen. Así, no conviene colgar en la casa espejos divididos. Estos parten nuestra imagen en pequeñas cuadrículas y desde un punto de vista psicológico no resultan de ninguna ayuda.

Más bien al contrario, si lo primero que uno ve a primera hora de la mañana en el armario del baño es su imagen dividida en tres partes, esto puede producir cierta desestabilización.

Puesto que los espejos son de cristal, tienen esquinas afiladas que actúan como flechas ocultas desde las que fluye el chi negativo. Estas esquinas no deberían enfocar hacia ningún lugar importante. Los espejos enmarcados son una solución. Los espejos redondos u ovalados no tienen flechas ocultas y por tanto emiten una radiación yin armónica. Los espejos cuadrados emiten por el contrario yang. Un espejo triangular con la punta hacia arriba simboliza por su forma el elemento fuego y por su reflejo el elemento agua. Esta combinación es considerada desfavorable porque lleva consigo intranquilidad.

Además, la forma triangular tiene tres esquinas puntiagudas que deben ser tenidas en cuenta.

Es importante no colgar un espejo demasiado bajo ni demasiado alto. En la medida justa para que las personas puedan verse. También es importante pensar en los niños pues les gusta verse y conocer su imagen.

Los espejos también reflejan todo tipo de energías, positivas y negativas. Por esta razón, son el medio más apreciado para dirigir la energía cósmica. Pero su poderoso reflejo no puede ser considerado en todas partes igual de favorable, pues remueve las energías y crea inquietud. Por ello, es mejor evitarlos en los dormitorios y otras zonas.

Alguno de los usos más habituales de los espejos en Feng Shui:

- Aumenta y despeja visualmente los espacios, dando una sensación de profundidad ideal para la correcta circulación de la energía chi.
- Contrarresta los efectos nocivos de una columna cuadrada (envía chi negativo en todas direcciones). Si la revestimos de espejos, disiparemos esta emisión nociva y transformaremos este elemento envenenado en otro más positivo y benéfico.
- Refleja hacia el interior de la casa un paisaje agradable.
- Desvía las flechas envenenadas (tanto en el interior como en el entorno de la casa).

Espiral. La forma espiral es tan fascinante que incluso su aspecto simboliza nuestro origen, el ADN.

Es una forma natural que se encuentra en remolinos de agua y de aire, caracolas, formas de flores, etc.

La espiral se relaciona con la vitalidad y el agua. Es una forma con movimiento hacia fuera o hacia dentro.

Por esta razón, simboliza los cursos cíclicos.

Esquina. Muchos de los edificios que nos rodean suelen formar afiladas esquinas que apuntan hacia nosotros. Se trata de flechas secretas y conviene protegerse de ellas porque son especialmente perjudiciales. En el interior de la casa también debemos protegernos de algunas esquinas negativas (por ejemplo, las que forman las columnas cuadradas). Podremos suavizarlas fácilmente disimulando sus aristas con plantas trepadoras.

Estación. La rotación cíclica de las estaciones son el símbolo más evidente del incesante movimiento de las Cinco Energías, simbolizadas por los Cinco Elementos. Una energía que eclosiona en primavera, se refuerza en verano, empieza a contraerse en otoño y finalmente cierra su ciclo en invierno.

Cada estación se asocia a una dirección, un color, un elemento… Así, la madera es el símbolo de la primavera, cuando se inicia la vida de las plantas, todo el paisaje es verde y el sol amanece por el Este (madera). El verano es el mediodía del año, cuando el sol está en su punto más cálido, en el sur. Otoño es tiempo de cosecha, la naturaleza se recolecta y trabaja con elementos de metal y el blanco plateado es su color. El invierno es la medianoche del año, cuando todo está oscuro, negro y frío (norte) y la luz del sol cede paso a las lluvias, de donde el agua es el elemento.

Estanque. Para el Feng Shui, el agua es un poderoso conductor de energía nutriente y creadora, capaz de mejorar nuestro bienestar personal y económico. Tener un estanque o piscina en casa es un excelente elemento protector, pero hay que tener en cuenta ciertas condiciones. Su tamaño debe guardar proporción con la casa, tener forma curvada o de riñón (como si abrazara a la casa) y estar situada en una zona propicia del patio o jardín. Es importante mantener siempre limpia el agua y mantenerlo al abrigo de las flechas secretas y otros elementos amenazadores.

Es muy favorable tener peces de colores en el estanque, ya que al moverse activan el chi.

Estanterías. En el Feng Shui se menciona una y otra vez que las estanterías de libros no necesariamente han de estar descubiertas. La razón es la inquietud y distracción que comportan las superficies abiertas. Es recomendable pues cerrarlas mediante puertas o cortinas.

Dónde colocar un espejo

- Un gran espejo en el comedor «duplicará» la cantidad de alimentos puestos en la mesa y, por extensión, la prosperidad de la familia.
- Si refleja la zona de la caja registradora o de contabilidad hará que la empresa duplique sus ingresos.
- En zonas sin luz natural y cerradas, como los rincones, o cuartos de baño. En estos últimos nunca deben reflejar los sanitarios, ni situarse frente a la puerta.
- Para activar un determinado sector del Bagua.
  Al instalar un espejo, recuerda que su reflejo nunca debe «cortar» la cabeza o las piernas de las personas que pasen por delante.
  En el plano simbólico del Feng Shui esto representa un mal augurio para la salud de los residentes.

Si se desea exponer algún ejemplar, lo mejor será agrupar los libros por tamaños y colores o, dentro de lo posible, colocarlos en una fila ordenada en el borde exterior del listón de la estantería.

Una vez ordenados, la habitación recibirá una emisión clara y fresca que favorecerá aún más la lectura.

Este (Chen). Dirección representada con el trigrama chen. Se compone de una línea yang (continua) y dos líneas yin (discontinua). Representa la firmeza, lo imprevisto y la energía inesperada. Chen simboliza al hijo mayor. Su color es el verde, elemento madera y número 3.

Según el método del Bagua, el este corresponde al sector de la Familia y salud.

Éxito profesional. Desde el punto de vista del Feng Shui, los aspectos de la vida de las personas no son independientes ni están separados unos de otros, sino que todo está entrelazado y de este modo, todos los aspectos del Feng Shui contribuyen al éxito profesional.

Aunque si se desea prosperar en la vida profesional hay cosas que uno puede hacer especialmente con las áreas Bagua de **Riqueza y prosperidad** y **Profesión**. ¿En qué condiciones se encuentra actualmente esta zona Bagua en tu vivienda o lugar de trabajo? ¿Está ordenada y despejada o reina allí el caos y los montones de trabajo inacabado? En

Estación	Color	Elemento	Dirección
Primavera	Verde	Madera	Este
Verano	Rojo	Fuego	Sur
Transición	Amarillo	Tierra	Centro
Otoño	Blanco	Metal	Oeste
Invierno	Negro	Agua	Norte

este caso, una de las primeras medidas a tomar según el Feng Shui consistirá en ordenar y desechar.

Para ello, conviene arreglar un rincón en la zona de **Riqueza y prosperidad** donde alojar objetos especialmente valiosos o imágenes que representen simbólicamente la abundancia y la riqueza. También se puede estimular esta zona poniendo plantas, aunque fijándose que estén en perfecto estado de salud y crezcan de forma exuberante.

Fábricas. Ver Chimenea.

Falla geográfica. Según el Feng Shui, este desnivel del entorno es perjudicial ya que se le considera como portador de energía sha adversa (sobre todo si se dirige en línea recta hacia nuestra casa). Su efecto adverso puede ocultarse mediante un seto o arboleda que haga de pantalla.

Fama y reputación. Según el método del Bagua, esta aspiración se sitúa en el trigrama Li o dirección sur. Según la simbología del Feng Shui, representa la imagen de la hija mediana, su símbolo es el fuego, el 9 es su número, y el rojo su color. Li se forma con una línea yin entre dos líneas yang. Representa a un chi triunfador, brillante y cálido. Li representa el verano.

Los temas como tener conciencia de uno mismo, el reconocimiento, la fama, el prestigio, así como la importancia que le damos a la opinión de los demás, se refle-

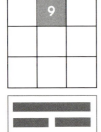

jan en este aspecto. Interiormente, la luz nos ayuda en el camino hacia la conciencia de nosotros mismos y nos libera de los juicios de las otras personas o del ansia de reconocimiento externo.

Cómo reforzar esta zona:
Este aspecto de la vida se corresponde con la estación del verano y el tiempo de floración. Dependiendo de los gustos personales, se puede reforzar con un diploma, obras de arte, un foco o un cuadro con una flor abierta.

También conviene prestar atención a pequeños detalles en la oficina, como por ejemplo una silla que cojea (que puede reflejar un puesto de trabajo inseguro o un prestigio dañado) o una papelera demasiado visible (señal de

que no podemos deshacernos de aquello que no deseamos).

Familia. Los Ocho Trigramas se consideran una familia que empieza con el cielo (padre) y termina con la tierra (madre). Las líneas discontinuas simbolizan el yin, o principio femenino; las continuas simbolizan el yang o principio masculino. A cada persona de la familia le corresponde una pauta energética fundamental, representada por uno de los Ocho Trigramas en el cuadro siguiente:

- **Padre** (Chien, el creativo). Su nombre en chino significa «cielo».
El diseño de su trigrama consiste en tres yang (líneas ininterrumpidas). Representa la energía fuerte y persistente (chi). Situado en la posición noroeste, simboliza el padre o esposo. Las habitaciones más propicias son el estudio y la sala de estar. Su ciclo estacional se halla entre finales de otoño y principios de invierno. Elemento: metal. Número: 6.

- **Hija menor** (Tui, lo agradable). Su nombre en chino significa «lago». Su trigrama se compone de una línea yin (discontinua) sobre dos líneas yang (continuas). Representa un chi feliz y satisfecho. Situado en la posición oeste, su estación es el otoño. *Color*: blanco, plateado. Elemento: metal. Número: 7.

- **Hija mediana** (Li, el poco independiente). Su nombre en chino significa «fuego». Su trigrama se forma con una línea yin (discontinua) entre dos líneas yang (continuas). Representa a un chi triunfador, brillante y cálido. Situado en la posición sur, representa el verano. Color: rojo. Número: 9.

- **Hijo mayor** (Chen, el estimulante). Su nombre en chino significa «trueno». Su trigrama se representa con una línea yang (continua) y dos líneas yin (discontinuas). Representa la firmeza, lo imprevisto y la energía inesperada. Situado en la posición este, representa el ciclo estacional de principios de primavera. Elemento: madera. Color: verde. Número: 3.

- **Hija mayor** (Sun, el suave). Su nombre en chino significa «viento». Su trigrama se compone de una línea yin (discontinua) debajo de dos líneas yang (continuas). Representa la totalidad, una mente sana y estable y gran fuerza interior. Situado en la posición sureste de la casa, representa finales de primavera y principios de verano. Elemento: madera. Color: verde. Número: 4.

- **Hijo mediano** (Kan, el abismo). Su nombre en chino significa «agua». Su trigrama consiste en una línea yang (continua) entre dos líneas yin (discontinuas). Representa un chi ambicioso, impulsor y diligente. Situado en la posición norte, representa el invierno. Elemento: agua. Color: azul, negro. Número: 1.

- **Hijo menor** (Ken, la quietud). Su nombre en chino significa «montaña». Su trigrama se compone de una línea yang (continua) y dos líneas yin (discontinuas). Representa un chi sólido, estable e intuitivo. Situado en la posición noreste de la casa, representa finales de invierno. Elemento: tierra. Color: amarillo. Nú-mero: 8.

- **Madre** (Kun, el receptor). Su nombre en chino significa «tierra». Su trigrama se compone de tres líneas yin (discontinuas). Representa el chi protector y receptivo. Situado en la posición suroeste, representa el ciclo estacional de finales de verano. Elemento: tierra. Color: amarillo. Número: 2.

Es conveniente seguir el posicionamiento familiar de los trigramas a la hora de sentarse a comer; también es útil consultarlo para saber qué habitaciones deberían ocupar dos miembros de la familia que tienen las mismas direcciones personales (ver también *Comedor*).

Trigrama	Símbolo	Relación Familiar	Dirección	Elemento	N° natal
Chien	Cielo	Padre	NO	Metal	6
Sun	Viento	Hija mayor	SE	Madera	4
Li	Fuego	Hija mediana	S	Fuego	9
Ken	Montaña	Hijo pequeño	NE	Tierra	8
Tui	Lago	Hija pequeña	O	Metal	7
Kan	Agua	Hijo mediano	N	Agua	1
Chen	Trueno	Hijo mayor	E	Madera	3
Kun	Tierra	Madre	SO	Tierra	2

Feng Sha. Es el nombre en chino para designar al «viento venenoso que puede traer el infortunio». Ver *Sha*.

Feng Shui. Estos dos caracteres chinos significan «viento» y «agua», palabras que los antiguos chinos usaban para simbolizar las dos fuerzas principales de la naturaleza. De hecho, cuando se inició esta disciplina hace 6.000 años, Feng Shui significaba encontrar una ubicación protegida sin viento (Feng) y con abundante agua (Shui). Su propósito es equilibrar la energía o chi del lugar donde vivimos o trabajamos.

Los principios del Feng Shui recorren todo el panorama del pensamiento chino, desde su primitiva religión (el taoísmo), la ciencia (astronomía, geología, magnetismo) hasta la astrología y el chamanismo.

El Feng Shui se usa principalmente para determinar una ubicación agradable, la relación de un edificio con el entorno y la relación de un edificio con las personas.

Flecha secreta. Hace referencia a cualquier ángulo agudo o línea recta que apunte directamente hacia la vivienda o lugar de trabajo. Las peores son las que inciden hacia la puerta principal y se consideran una fuente amenazadora de energía sha.

Forman flechas secretas o venenosas los ángulos de un techo, un árbol solitario, torres y postes de electricidad, un cruce, una esquina que sobresale, una viga elevada o una calle que parezca desembocar en nuestra casa.

Existen varios remedios Feng Shui para mitigar sus efectos, como ocultarlas con un seto, un conjunto de árboles o un espejo que desvíe su reflejo hacia el exterior.

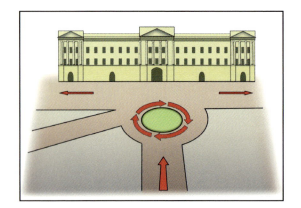

Flor. Las flores son portadoras de buen Feng Shui. Hay cinco especies que gozan de especial predilección en la tradición china:

la **peonía**,
el **crisantemo**,
el **loto**,
la **magnolia**
y la **orquídea**.

La peonía es el elemento yang que describe la primavera. Simboliza el amor y es la representación de la belleza femenina. El crisantemo simboliza el otoño, pero también la muerte.

El loto simboliza la fecundidad y es la flor del verano. En las casas significa paz y sosiego, así como el afán de elevación espiritual. La magnolia simboliza la dulzura, mientras que la orquídea expresa el amor y el refinamiento.

Cerca de la entrada, unas flores en un parterre, en un patio o en la ventana potencian el chi y le invitan a entrar a la casa. Son ideales para armonizar ambientes (sobre todo cuando hay elementos incompatibles) y para suavizar líneas rectas y cantos del interior de la casa (rincones, pilares, pasillos, etc.) y del exterior (camino y accesos).

Flores cortadas

El propósito de las flores es desarrollar el polen que sirve de alimento a muchos insectos que además transportarán este polen. Incluso cortadas pueden cumplir con esta finalidad natural. En un ramo de flores siguen viviendo su ciclo, desde que florecen hasta que se marchitan.

A través de su ciclo natural, las flores nos acercan al principio del cambio constante. Difunden una atmósfera positiva, aunque nunca alcanzarán la irradiación que despiden aquellas flores que han crecido en circunstancias naturales. Procura

Fluorescente. Los tubos fluorescentes emiten sólo una parte del espectro luminoso y merman el chi de cualquier habitación, así como el de las personas que la ocupan. La iluminación por incandescencia y la iluminación halógena es mucho mejor.

Foco. Son útiles para que una habitación tenga distintos puntos de luz y el chi no se estanque en ningún rincón o zona muerta. Suelen emitir una luz muy directa y recta y hay que procurar que haya un equilibrio entre los focos que proyectan la luz hacia arriba y los que la dirijan hacia abajo.

De hecho, al margen del Feng Shui chino, en los grandes almacenes y otros establecimientos se ha ideado un sistema de regulación diferenciada de los focos de luz, que invita a los consumidores a ir hacia las áreas en las que se desea incitar los impulsos de compra. (ver también *Iluminación*).

Forma. Se prefieren las formas regulares a las irregulares, así como las simétricas mejor que las asimétricas. Es básico que haya un buen equilibrio de formas, que exista armonía combinando adecuadamente las dimensiones, la distribución espacial, los colores, la iluminación, la temperatura, las líneas suaves (yin) y las líneas duras (*yang*).

Cualquier forma que pueda interpretarse como incompleta (por ejemplo, un semicírculo, un perfil escalonado o un espacio en forma de «L») puede bloquear el flujo adecuado de energía en una estancia.

Para que un edificio tenga buen Feng Shui es importante que el elemento (o forma) predominante en el edificio y el de su entorno sean compatibles, se apoyen, es decir, que ambos elementos se sigan en el ciclo generador.

Las formas elevadas, verticales y altas (como los árboles) son expresión del elemento madera. Pertenecen a este elemento las colinas que se elevan mucho, o estructuras como columnas, pilares, chimeneas de fábricas, rascacielos estrechos. La forma en punta manifiesta la energía del fuego, que, como sus llamas, se expande hacia arriba. Son los agudos picos de las montañas, los tejados empinados y en punta, las agujas de las iglesias son también emblemáticas del elemento fuego.

La forma plana se asocia a la energía de la tierra: altiplanicies, mesetas y edificios cuadrados.

La forma redondeada se asocia al metal. Las colinas redondeadas, los edificios con arcos, bóvedas y cúpulas son una manifestación de la energía hacia dentro del metal.

El agua no tiene forma o es irregular y se adapta a todo. Se revela en colinas onduladas e irregulares y en edificios con estructuras extrañas, aunque redondeadas más que angulares.

Fregadero. Para el Feng Shui, la posición ideal del fregadero es debajo de una ventana con buenas vistas. Como elemento agua debe alejarse de la encimera (on) ya que no son compatibles.

Fuego. Es uno de los Cinco Elementos en los que se basa el arte del Feng Shui. Está asociado al color rojo, de buen augurio. Representa el verano y su dirección es el sur.

El fuego destruye el elemento metal y consume el elemento madera. A su vez, el fuego es destruido por el agua. Pero el fuego produce la tierra y así también es consumido por la tierra.

En el entorno, este elemento se revela en todo aquello que tenga una forma puntiaguda y angulosa: en los agudos picos de las montañas, los tejados empinados y en punta, las agujas de las iglesias son también emblemáticas del elemento fuego, las chimeneas, las farolas.

Por estos rasgos rectos y acabados en punta circula el sha y, si se encuentran delante de la casa, son elementos amenazadores que deben neutralizarse mediante un elemento controlador o una composición de elementos.

En el hogar, los fogones de la cocina y

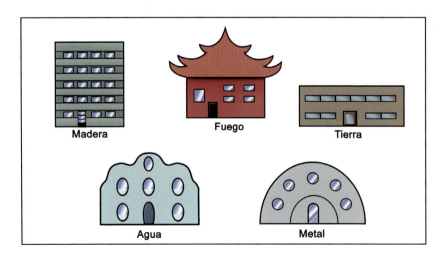

Madera · Fuego · Tierra · Agua · Metal

Jardines de agua

En Hong Kong, los restaurantes importantes suelen tener jardines de agua en sus entradas y vestíbulos; también se ven cascadas al lado de las escalinatas de los bancos o los grandes centros comerciales. Un turista que se pasee por la ciudad puede pensar que tienen una función meramente ornamental, pero su verdadera finalidad es estimular y canalizar el chi hacia la entrada del edificio, es decir, potenciar su buen Feng Shui y neutralizar el adverso sha.

tro corazón y puede obsequiarnos con profundos conocimientos. Su orientación más propicia es el sur y su número el 9.

Evidencia, como fuerza, todo lo que está oculto. Su claridad e inteligencia confieren a la persona fuego perspicacia, inspiración e independencia. La hija mediana de la familia simboliza su energía.

El color que mejor se adapta a la energía interna de una persona fuego es el verde (madera) ya que necesita este combustible constantemente.

Fuente. Un excelente y eficaz canalizador de energía chi hacia el interior de la casa. Si la fuente está situada cerca de la entrada de un edificio, en un espacio ajardinado, emitirá un chi vibrante y favorable hacia el recibidor.

En el caso de los negocios, suele instalarse en la puerta de las empresas financieras y los bancos para atraer la prosperidad y el movimiento de dinero.

Según el método del Bagua, el sector de la vivienda más indicado es el de la Riqueza, es decir, el sur de cualquier casa, piso o habitación.

Allí donde haya caminos largos y rectos que conduzcan directamente a una propiedad, una fuente situada en el lugar adecuado puede aportar un flujo poco armonioso del chi, ya que la energía se ve cada vez más acelerada debido al rumbo recto de los caminos de acceso. Este flujo correspondería más bien al sha

la chimenea son representativos del elemento fuego. También puede encontrarse en todo tipo de iluminación (ya sea natural, eléctrica o con velas), animales de compañía, obras de arte y cualquier objeto de color rojo.

El fuego está asociado al trigrama Li, cuya energía es explosiva, y su poder es capaz de separar dos

fuerzas, tal como muestran sus dos líneas continuas yang separadas por la fuerza de una sola línea yin.

Simboliza el sol, la claridad, la luz, el calor y la sequedad. Indica algo de apariencia firme e inflexible, pero débil y vacío en el interior. Este elemento se asocia al área Bagua «Fama y reputación».

Se refiere en general a la fuerza, al calor y a la luz.

La fuerza transformadora del fuego resplandece también en el interior de nues-

agresor. Recuerda que el agua es un poderoso limpiador de energía negativa (y de bacterias) en los saltos y corrientes espumosas.

Al igual que un río encauzado que lleva mucha agua, esta energía concentrada puede tener un efecto desagradable. En un caso desfavorable como éste, una fuente situada delante de la casa haría que el flujo directo del chi rodeara primero la fuente, viéndose así frenado. Como consecuencia, seguirá fluyendo haciendo una trayectoria ondulada, desplegando en la casa su fuerza estimulante.

Por otra parte, la decisión de ubicar una fuente detrás de la casa debe meditarse bien. Si se trata de una fuente pequeña, cuyo murmullo sirva de accesorio de jardín resultará inocua, y bien ubicada contribuirá al fortalecimiento de la correspondiente zona Bagua.

Por el contrario, una fuente grande situada en la parte trasera de la casa probablemente debilitará la protección de la retaguardia. Dado que el agua es flexible y bulliciosa, bajo la forma de fuente, el principio de la protección de la retaguardia se «ablanda».

Naturalmente, en este caso hay que tener en consideración el tamaño de la propiedad. Si se trata de un gran parque que se extiende por detrás de la casa, resultará sencillo encontrar un lugar para una fuente.

Fu Wei (presagio). Ver *Entrada*.

Garaje. Lo ideal es mantenerlo apartado de la vivienda, a ser posible en el lado norte. En el caso de estar en el mismo edificio, es mejor siituarlo en una planta subterránea y que su entrada quede escondida respecto a la puerta de entrada.

Como premisa principal debe imperar el orden y la limpieza, así como mantener siempre guardados todos los utensilios punzantes, cortantes y peligrosos en general.

El garaje no debe ubicarse cerca del dormitorio o debajo de éste ya que además del ruido existe el peligro de que los gases se filtren a través de las paredes. Desde el punto de vista energético, el garaje desprende mucha intranquilidad que afecta a las habitaciones que se encuentran cerca. Si por causas arquitectónicas, el dormitorio se encuentra encima del garaje entonces se pueden contrarrestar los efectos negativos acondicionando la estancia de forma que el elemento tierra se vea fortalecido. Esto puede hacerse con la ayuda de piedras, figuras de cerámica y paredes de tonos tierra o amarillos.

Gris. Por medio de este color puede manifestarse la demarcación y la limitación contra las influencias externas.

Consejos de decoración:
El gris siempre debe unirse a un componente de color. El efecto luminoso de los otros colores destacará de esta forma con mayor intensidad.

Habitación. Por regla general, el Feng Shui aconseja las habitaciones con formas regulares para evitar posibles «zonas muertas» en las que el chi pueda quedarse estancado.

Para la correcta orientación de cada habitación debe tenerse en cuenta la dirección personal de las personas que vayan a ocuparla, así como los presagios de cada zona.

Con el método del Bagua puede comprobarse si el chi circula sin bloqueos por todas las estancias. Para ello, dibujaremos una línea en el plano de la casa de manera que, comenzando en la puerta principal, pase por todas las habitaciones.

La entrada es la vía de acceso de la energía hacia la habitación. Asegúrate de que todas las puertas de las habitaciones abren en la dirección del flujo (hacia adentro) y procura no bloquearlo con un exceso de obstáculos en forma de muebles que impidan su paso. Procura que no haya puertas ni ventanas enfrentadas.

Hai Huo. Ver *Accidente y desgracia*.

Hexagrama. Los hexagramas están compuestos por seis líneas entrecortadas y continuas. Las entrecortadas se corresponden con el principio del yin y las continuas con el principio del yang. A partir de los Ocho Trigramas se pueden crear 64 hexagramas cuyo significado está muy bien descrito en el *I Ching*. Ver *I Ching*.

Hijos. Ver *Familia* y *Creatividad e hijos*.

Hojas. Las plantas con hojas puntiagudas pueden acrecentar el chi de una habitación y enviar flechas secretas dentro de la misma. Este tipo de plantas, situadas a una distancia inmediata de un asiento o de la zona de entrada pueden producir una sensación bastante incómoda. Por ello conviene colocar plantas de hojas redondeadas en aquellos lugares donde se pasa más tiempo.

Horóscopo. Definición que procede del mundo de la astrología y que se utiliza tanto en Occidente como en la cultura china. Las descripciones chinas del horóscopo son muy diferentes de las que se utilizan aquí.

El horóscopo chino se ordena principalmente dentro de la rama terrestre del año correspondiente. Los signos del zodíaco se denominan Rata, Buey, Tigre, Liebre, Dragón, Serpiente, Caballo, Cabra, Mono, Gallina, Perro y Cerdo. A cada año se le añade además uno de los Cinco Elementos.

Según el mes ascendente se construyen definiciones como Tigre-madera, Tigre-fuego, Tigre-metal, Tigre-agua, Tigre-tierra. El trabajo con el horóscopo tan sólo es una pequeña parte de la astrología china, pero es muy apreciado para averiguar posibles matrimonios u otras uniones importantes. Se trata de averiguar si los signos del zodíaco de las partes integrantes armonizan unas con otras. También mediante el horóscopo se pueden determinar las ventajas y desventajas que tiene determinado año para una persona nacida bajo un signo determinado.

Hsüeh. Palabra china que significa nido del Dragón, un buen lugar en el que se ha almacenado chi revitalizante. El túnel más largo de Taiwan recibe este nombre: Hsuehshan. Tiene casi 13 km de longitud y el segundo del sudeste de Asia.

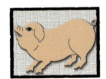

¿Qué animal eres?

Las características de los 12 signos del zodíaco son las siguientes:

- **Rata**. Considerada como un animal que se orienta bien en la oscuridad. Está marcada por el yang y es astuta. Su dirección es el norte que se corresponde con el invierno.

- **Buey**. Es pacífico y tranquilo. Está marcado por el yin, su dirección es norte-noreste y se corresponde al periodo invernal.

- **Tigre**. Es peligroso, valiente salvaje y acentuadamente yang. Su dirección es este-noreste y se corresponde al periodo primavera.

- **Liebre**. Es un animal romántico y feliz rodeado de su descendencia. Está marcado por el yin. Su dirección es el este y como estación anual se corresponde con el inicio de la primavera.

- **Dragón**. Es un animal poderoso, a menudo vuela alto entre las nubes y se acerca al Cielo. Está marcado por el yang, su dirección es el este-sureste y su estación la primavera.

- **Serpiente**. No llama la atención y trabaja de forma retirada y solitaria. Está marcada por el yin y se encuentra en el sur-sureste. Su estación es el final de la primavera.

- **Caballo**. Tiene una naturaleza intranquila y asustadiza y puede precipitarse en cualquier momento, aunque se caracteriza por ser fiel. El Caballo está marcado por el yang y su punto cardinal es el sur-sureste y se corresponde al verano.

- **Cabra**. Es sociable y le gusta el calor. Está marcada por el yin. Su dirección es el sur-suroeste y se asocia al verano.

- **Mono**. Es a la vez tímido y juguetón. Está marcado por el yang. Su dirección es el oeste-suroeste, su estación final de verano.

- **Gallo**. Es disciplinada, vigila su posición en el grupo y le gusta presumir. Está marcada por el yin, se encuentra en el oeste y se corresponde con el inicio del otoño.

- **Perro**. Es obediente, fiel y leal. Está marcado por el yang. Su dirección es oeste-noroeste y su estación del año el otoño.

- **Cerdo**. No es especialmente exigente y es poco llamativo. Es muy inteligente y sabio. El cerdo está marcado por el yin. Su punto cardinal es el norte-noroeste, su estación es el final de otoño o invierno.

I Ching. El *I Ching* está considerado como el libro más antiguo de la China. Se cree que Fu Hsi, el primer emperador documentado de China (2952-2838 a.C.) lo escribió hace 5.000 años. Cuenta la tradición que Fu Hsi se encontró en la orilla de un río una tortuga con un caparazón en el que había estampado un dibujo especial.

Según la leyenda, el emperador tuvo una revelación y comprendió que esta imagen representaba, con sus líneas entrecortadas y continuas (el denominado trigrama), el orden del mundo. Sea cual sea su origen, esta milenaria obra ha tenido un profundo efecto en el desarrollo de la cultura china. A lo largo de la historia, estudiosos, emperadores y líderes militares lo han consultado a la hora de tomar una decisión; el taoísmo y el confucionismo se desarrollaron en torno al *I Ching*; los expertos y maestros en Feng Shui siguen consultándolo con frecuencia. Esta obra describe las normas básicas de la transformación de la energía, cuyo flujo constante crea y transforma el mundo. Las características del cambio se analizan y representan mediante 64 hexagramas, codificados en secuencias lógicas de líneas continuas (yang) y discontinuas (yin).

El *I Ching* también se utiliza como oráculo. Las combinaciones de los trigramas representan las formas básicas del cambio y cada uno de ellos revela un mensaje para quien los consulta.

La base del *I Ching* son los trigramas que están compuestos por tres líneas. Mediante la diferenciación de las líneas entrecortadas y continuas se describe la dualidad del mundo. Las líneas continuas representan el principio fuerte del yang y las entrecortadas el principio suave del yin. Se dan ocho posibilidades distintas de combinar tres líneas: Así se crean los Ocho Trigramas, también denominados «Kuas» o «Guas». Cada línea dentro de un trigrama se corresponde con una posición. La línea inferior está para la tierra, la del medio para el ser humano, y la línea superior representa el cielo. El hombre es el mediador entre el cielo y la tierra.

En el orden del Cielo Anterior y en el orden del Cielo Posterior se relacionan los Ocho Trigramas. Junto a las imágenes de los trigramas, que describen los procesos de la naturaleza, también existe un orden abstracto de los miembros de la familia. En este caso, el padre y la madre representan la pareja contraria Cielo y tierra. Los hijos representan el movimiento (con el inicio del movimiento, el peligro en el movimiento y la terminación del movimiento).

Unos mil años después de Fu Shi, el rey Wen Wang (fundador de la dinastía Chou) desarrolló junto al duque de Chou el orden dinámico y cíclico del Cielo Posterior.

Incluyendo el componente tiempo en su contemplación, describieron el ciclo de la vida. La vida está en continuo cambio. Nada permanece como es. El estancamiento o la no transformación son contemplados como contrarios a la vida. No se trata del momento sino del paso de un momento a otro en el que tiene lugar la transformación.

Así encontramos los trigramas en el orden del Cielo Posterior, acordes con su aparición en el transcurso del año o del día.

Con el rumbo del sol, que sale por el este, se da una relación clara con las direcciones del cielo.

- **Trueno**. En el este se encuentra el trueno, «el provocador», el que estimula el renacer en la naturaleza con el inicio de la primavera o por la mañana con la salida del sol.

- **Viento**. Al trueno le sigue el viento, en el sureste, el que con su fuerza suave y penetrante está para el desarrollo interior y para el crecimiento (mundo vegetal a principios de verano). Esta energía también se denomina madera.

- **Fuego**. El calor del fuego en el sur deja madurar las cosas y su luz las hace visibles. Como el sol que en verano alcanza su punto más alto, también el fuego está en el punto más elevado de la conciencia individual y de la fuerza vital. La hora del día se corresponde con las 12 del mediodía.

- **Tierra**. En el suroeste se encuentra la tierra, «la que acoge». Alimentada por el calor y la luz del fuego, la tierra madura puede presentar sus frutos y a la vez procurar por su alimentación. Así está

relacionada con el periodo de la siembra a principios de otoño. Su parte del día es la tarde.

- **Lago**. Tras la siembra viene un periodo de descanso y alegría. En el oeste se encuentra el lago, «el alegre». Tras el trabajo realizado también viene el momento de mirar atrás. La clara superficie del Lago refleja lo que ha sido.
- **Cielo**. A finales de otoño, los días se vuelven más cortos y oscuros. En el signo del cielo, en el noreste, reflexionamos y dejamos reposar las actividades exterio-

res. Nuestra atención se dirige hacia dentro. Se abre un lugar para las fuerzas creadoras.

- **Agua**. En el norte sigue el agua. A este elemento corresponde el frío y oscuro periodo de invierno. El agua se corresponde con la medianoche. Como el agua llega hasta el punto más profundo, también nos permite entrar en lo más profundo de nosotros mismos. Es un tiempo espiritual y para profundizar.
- **Montaña**. El ciclo finaliza en el noreste con la montaña y empieza de nuevo. El

«quedarse quieto» describe el momento del paso de un ciclo al otro. Finalización e inicio, muerte y renacimiento se encuentran unidos en la imagen de la montaña. El invierno se acerca a su fin mientras que la semilla empieza a crecer. Es el momento de iniciar la transformación, de abandonar el pasado. La noche ha finalizado. Dominan la calma y el sosiego antes de que aparezcan los primeros rayos de luz y llegue el día, la primavera, el renacer y las ideas nuevas que impulsan el desarrollo personal.

Las ocho fuerzas fundamentales que se representan en los trigramas fueron ordenadas por el emperador Fu Hi. Este orden de los trigramas se conoce como Cielo Anterior.

- **Cielo y tierra**. Conforman el punto principal y describen dos polos opuestos de la misma fuerza que se complementan: lo espiritual y lo material como fuerzas universales.

- **Fuego y agua**. Se ordenan dentro del eje horizontal. El fuego claro está en el este, por donde sale el sol y se dirige hacia arriba, hacia el cielo. El agua por el contrario está en el oeste, donde la luz se oscurece y fluye hacia abajo, hacia la tierra.

- **Trueno y viento**. En una de las diagonales se encuentra el principio estimulante del trueno, que da a la materia un impulso revitalizante, junto a la fuerza suave y extendida del viento.

- **Montaña y lago**. La otra diagonal es determinada por el lago y la montaña, que representan la solidez y la claridad.
  La montaña es inquebrantable, el lago por el contrario es transformable, a veces refleja la montaña, otras evapora su agua hacia las nubes que se encuentran encima de la montaña.

Lanza las monedas y pregunta

En Europa, el *I Ching* se utiliza como oráculo. Los Ocho Trigramas se combinan y se obtienen 64 hexagramas distintos (compuestos por seis líneas). Estas 64 combinaciones describen la transformación y su dirección. Mediante una forma determinada de lanzar las monedas o pequeñas piedras, que se lleva a cabo a partir de reglas determinadas, se obtienen seis líneas que conforman un hexagrama. Para cada combinación de líneas, el *I Ching* ofrece un texto para interpretar hacia qué dirección podría cambiar una situación, hacia dónde lleva el movimiento y qué posición ocupa el ser humano.

Incienso. Los rituales de purificación con incienso se llevan a cabo en muchas culturas de Asia, normalmente con un trasfondo religioso.

Quemar barritas de incienso crea una energía especial en el entorno y purifica el aire. En el Feng Shui, el incienso se utiliza para limpiar la atmósfera de por ejemplo energías antiguas que se han ido acumulando a lo largo de los años.

Ahumar con incienso ofrece también la posibilidad de clarificar energéticamente nuevas estancias. Por ejemplo, en el momento de mudarse a una casa nueva es muy efectivo ahumar con salvia. Para ello, hacen falta hojas secas de salvia o bien té de salvia, un recipiente resistente al fuego y algo de tiempo.

Se colocan las hojas en el recipiente, se encienden y se apagan rápidamente soplándolas. Este proceso debe repetirse ya que la salvia se apaga fácilmente. Una vez las cenizas empiezan a ahumar, debe tomarse el recipiente y pasear con él de estancia en estancia para que el humo llegue a todos los rincones de la casa. Pasados unos minutos y siguiendo el orden inicial se van abriendo las ventanas para que las salas se aireen. Al abrir la ventana, la energía negativa sale por ella.

Iluminación. Junto a las plantas, la luz es el elemento del Feng Shui más sencillo y efectivo de utilizar (en forma de velas, bombillas, lámparas halógenas... excepto los tubos fluorescentes).

La luz simboliza el elemento fuego, produce la tierra y hace que la madera florezca. La luz eléctrica resulta de gran eficacia para activar los sectores sur, Sudeste, este y noreste de la casa. La luz, como yang, también contribuye a equilibrar y armonizar los flujos de energía chi.

En general, hay que procurar que las casas sean luminosas y colocar puntos de luz en aquellas zonas excesivamente oscuras. En una casa de campo, lo ideal es un lucernario en el lavabo.

Una luz (encendida día y noche) activará la energía del sector de nuestra vida que más necesitemos fortalecer si se coloca en la habitación o área de la casa correspondiente (ver *Candelabro*).

Ionización. La palabra «ionización« procede del griego «ion» que significa «partícula cambiante». Un ión es una partícula nuclear o molecular cargada eléctricamente. La ionización define análogamente el proceso de carga de los átomos y las moléculas.

La calidad del aire juega un papel importante. El aumento del uso de los aparatos eléctricos ha conducido a empeorar el ambiente en el que vivimos. Estos aparatos convierten los iones negativos en iones positivos.

Abriendo las ventanas esto se puede equilibrar hasta cierto grado. El aire fresco agradable que por ejemplo se encuentra cerca de un salto de agua, se debe a la cantidad de partículas negativas que allí se liberan. Muchos iones negativos significan por tanto frescor. Y contrariamente, cuantos más iones positivos haya en el aire, más pesados y cansados no sentiremos.

Jade. Piedra agradable para el corazón, el sueño y el descanso. Promueve la alegría, el agradecimiento y respalda la meditación. Este mineral atrae y refuerza la energía del elemento tierra en una vivienda. En la actualidad, la costumbre de usar jade se está sustituyendo por el cristal natural tallado que también se asocia a la energía de la tierra, a pesar de ser menos potente.

Jardín. Según la tradición china, el jardín es una extensión del espacio vital y por lo tanto se le da mucha importancia al equilibrio y buena sintonía de sus elementos. En la ciudad vivimos rodeados de hormigón y un espacio ajardinado, por pequeño que sea, será ideal para compensar este desequilibrio a base de flores, plantas y arbustos.

Un jardín bien planificado puede almacenar mucho chi. Y cuanta más corriente energética fluya en el jardín, más cantidad podrá introducirse en la casa.

Jardín Feng Shui

Para mejorar el jardín introduciremos:

- Pequeños arroyos o riachuelos en miniatura que serpenteen entre las plantas y árboles.
- Fuentes artificiales, sobre todo las de forma circular.
- Estanques con peces de colores, tortugas y flores de loto.
- Rocas y piedras que simbolicen pequeñas colinas y montañas.
- Por supuesto, abundancia de plantas, flores y árboles.

En los jardines chinos también es costumbre incorporar animales decorativos con el fin de atraer la prosperidad, el éxito y la fortuna personales. Es común la presencia de murciélagos rojos de porcelana o madera, así como tallas de tortugas, aves fénix y dragones.

Las figuras en bronce de ciervos, caballos, leones y unicornios simbolizan buena suerte, fuerza y protección.

Los jardines son una excelente manera de corregir un desequilibrio de elementos. Las plantas y las flores simbolizan el elemento madera, por lo que se pueden utilizar para equilibrar un entorno dominado por el elemento tierra (la mayoría de los edificios actuales).

También el jardín puede dividirse en las zonas Bagua:

- La zona Familia y salud resulta ideal para fijar un lugar de encuentro familiar. Este espacio se ordena dentro del elemento madera, así que conviene utilizar mobiliario de este material para facilitar las relaciones. Como el elemento agua nutre la madera, se puede reactivar esta zona instalando cerca una pequeña fuente.

- En la zona Amor y matrimonio pueden colocarse esculturas u objetos que conformen una pareja. Un banco para dos o un saloncito de té son ideales para ubicar en esta zona junto todo lo que se ordene dentro de los elementos tierra o fuego.

- En la zona Hijos y creatividad puede emplazarse el cajón de arena para que jueguen los niños. También puede utilizarse este espacio para practicar alguna afición o bien para decorarlo de forma creativa y divertida. Este lugar se corresponde con el elemento metal.

Los colores de las flores y las plantas pueden escogerse y ubicarse siguiendo el principio de los Cinco Elementos. Puesto que cada zona Bagua está ordenada dentro de un elemento determinado, el color que se corresponde con éste es el que actúa de forma más favorable. Trabajar con contrastes como lleno y vacío, ancho y estrecho, sol y sombra, etc. consigue crear un efecto relajante y despertar los sentidos.

K

Kan. Trigrama (ver *Agua; Norte*).

Ken. Trigrama (ver *Montaña; Noreste*).

Kun. Trigrama (ver *Tierra; Sudoeste*).

Lago (Tui). Trigrama correspondiente a la creatividad y los hijos. Se compone de una línea yin discontinua sobre dos líneas yang completas. La energía del trigrama lago es muy refrescante y tiene la cualidad del estado de alerta y la atracción personal. Expresa el sentimiento del buen corazón abierto a los demás, la fuerza de la comunicación y la capacidad para disfrutar del placer.

Los colores que mejor se ajustan a la energía interna de una persona lago son los dorados, los grises pálidos y los metálicos o brillantes, ya que estos colores son expresiones de la energía del metal. Los números son el 6 y el 7.

Lámpara de sal. Están compuestas, como su nombre indica, por cristales de sal. Bloques pequeños de sal que son ahuecados y transformados en lámparas que podrán alumbrar eléctricamente o mediante una velita. Los tonos de las lámparas pueden ir desde el blanco, pasando por el rosa, hasta el naranja.

Existen diferencias cualitativas entre unas lámparas y otras. Las muy económicas suelen estar fabricadas a partir de una disolución que con el tiempo se desintegra. Se dice que las de alta calidad proceden de una mina antiquísima de los Himalayas.

No forman parte del Feng Shui tradicional, pero las lámparas de sal, con su luz cálida, crean una atmósfera agradable. Además de esta característica visual, este tipo de iluminación ofrece otras ventajas. La mayoría de las estancias están cargadas, a causa de gran cantidad de aparatos eléctricos, de electrosmog e iones positivos. Diversos ensayos clínicos han de-mostrado que la somnolencia, el cansancio, la falta de concentración y los dolores de cabeza van asociados a estos fenómenos.

A pesar de que su nombre indica lo contrario, los iones positivos no son nada saludables. Favorables son los iones *negativos* a los que las radiaciones de los aparatos eléctricos invierten la polaridad.

Lámparas. Ver *Iluminación*.

Lapislázuli. Esta piedra protectora es buena para la zona de la garganta, para curar infecciones, neuralgia, y molestias menstruales. Fomenta la claridad de pensamiento, promueve el idealismo, la meditación y la inspiración.

Largos Años (Nien Yen). Este presagio positivo permite mejorar la calidad de las relaciones domésticas y familiares. Esta ubicación debe activarse cuando los miembros de la familia discuten demasiado o no pueden tener hijos. También resulta efectiva para aquellos hijos ya adultos que tengan dificultades en encontrar la pareja apropiada. Es una ubicación excelente para el dormitorio principal. También se puede reforzar esta zona colocando un símbolo de suerte.

Lavabo. Ver *Cuarto de baño*.

Letrero. Ver *Logotipo*.

Li. Ver *Fuego*; *Sur*.

Libro de los ritos. Libro sagrado que guarda las doctrinas básicas de las milenarias creencias religiosas chinas. Muchos de los principios que rigen el Feng Shui están basados en los preceptos de este libro, todo un clásico de la cultura china.

Líneas ley. Como Líneas ley se designan aquellas líneas energéticas que se estiran a lo largo de la tierra en línea recta y que

Ilumina y atrae el chi

Para iluminar correctamente la vivienda es aconsejable tener en cuenta los siguientes consejos:

- La luz nunca debe resplandecer demasiado.
- Es recomendable ubicar distintos puntos de luz.
- Las esquinas desamparadas pueden revitalizarse dirigiendo la corriente chi hacia ellas mediante puntos de luz adecuados.
- Es importante que la entrada de la vivienda, negocio o empresa esté bien iluminada.
- Hay que reparar rapidamente las lámparas defectuosas, así como cambiar las bombillas fundidas.
- No colocar lámparas halógenas en lugares donde se pasa mucho tiempo, pues este tipo de lámparas generan mucha contaminación eléctrica.

sobre nuestro estado de ánimo. La luz hace visibles todas las cosas. Un iluminado, así se cree, puede ver y comprender todo.

Las habitaciones destinadas a la relajación deberían estar provistas de mucha luz indirecta ya que ésta crea un ambiente acogedor y suave. En las estancias en las que tiene lugar mucha actividad debe haber una fuente de luz principal, aunque también es aconsejable ubicar puntos de luz independientes enfocados directamente hacia los lugares de trabajo. Una buena iluminación es muy importante ya que ésta decide si los ojos se fatigan rápido o no.

Hoy en día existen gran cantidad de medios o lámparas lumínicas que dan distintos tipos de luz. Se habla entonces de luz fría, cálida, suave, dirigida, deslumbrante, difusa y dispersa. Generalmente, la luz fría es antinatural. El ser humano prefiere en general más bien la luz cálida ya que convierte el lugar en más confortable.

Luz natural. La luz del sol o luz natural es una portadora excelente de energía chi. Por el contrario, deben evitarse aquellos rayos solares que incidan oblicuamente sobre las ventanas (habituales durante las últimas horas de la tarde).

Una casa que reciba en exceso este tipo de luz puede acabar produciendo un desequilibrio y un exceso de yang en sus habitantes. (ver también *Iluminación*).

M

Madera. Según la teoría de los Cinco Elementos, base del Feng Shui, la madera se coloca como la primera de la serie. Está representada por el color verde en todos sus matices y su estación es la primavera. La orientación de la madera es el este, por donde amanece el sol.

En esencia, la madera simboliza la creación, la nutrición y el crecimiento.

En el ciclo productivo y destructivo de los elementos, la madera produce el fuego y es consumida por él. El metal destruye la madera y ésta a su vez destruye la tierra.

Este elemento está relacionado con la zona Bagua Familia y con el área siguiente Riqueza y prosperidad.

La madera se relaciona con el inicio de una acción, el impulso inicial en el área Familia, con la primavera que sacude la

naturaleza simbolizando el surgimiento de los primeros jóvenes brotes o el crecimiento constante del bosque tropical. Un esfuerzo continuo y activo que lo penetra todo, hace posible también nuestro crecimiento interior y nos conduce hacia el éxito. El elemento madera simboliza este desarrollo.

Malaquita. Esta piedra cura cicatrices, alivia los dolores y las infecciones. Potencia en el sentido positivo las emociones, el inconsciente, la espiritualidad y la meditación.

Mármol. Mejora los valores cálcicos del cuerpo. Promueve el equilibrio entre la conciencia y el alma. Sobre el mármol se puede incrementar el contenido energético de los alimentos.

Marrón. El marrón es el color de la tierra, da la sensación de seguridad y posee un efecto cálido, natural y de arraigo.

Consejos de decoración:

Este color puede resultar favorecedor cuando se combina con colores y materiales claros y naturales. Utilizado apropiadamente provoca un sentimiento de confort y calidez. Los tonos marrones resultan especialmente apropiados para los suelos ya que favorecen la firmeza. Sin embargo, puede resultar demasiado agobiante utilizarlo en las paredes.

Materiales naturales. En la época en la que se originó el Feng Shui, se construía con materiales naturales y todavía no existía la necesidad de pensar en la construcción ecológica. Actualmente, el empleo de materiales de dudosa calidad puede acarrear consecuencias perjudiciales para la salud. Aquellos asesores de Feng Shui conscientes de su responsabilidad deben centrar su atención a los aspectos de la bioconstrucción.

Matrimonio. Ver *Amor y matrimonio*.

Meditación. La meditación se utiliza para llevar a cabo distintas técnicas de contemplación interior con el fin de conseguir el uno con la totalidad. En el ensimismamiento interior, las visiones obtenidas pueden ser muy útiles para la comprensión humana de la vida.

Actualmente, existen muchos métodos de meditación. Desde la retirada hacia el silencio total, hasta técnicas dinámicas y de movimiento. De esta manera, la meditación en relación con el Feng Shui puede respaldar de una manera distinta nuestro proceso de desarrollo.

Cuando se trabaja con el Feng Shui es importante no sólo considerar de forma consciente el entorno y cambiarlo, sino también incluir en la contemplación el hombre y su percepción.

Nuestro entorno refleja nuestra vida interior. Si cambiamos nuestro entorno, éste nos animará también a trabajar sobre nosotros mismos. La meditación es un camino para ello.

Mesa. Según los preceptos del Feng Shui, una mesa debe estar situada en una estancia que no sea ni demasiado grande ni demasiado pequeña para ella. Es decir, debe guardar equilibrio y armonía con su entorno.

Si se trata de la mesa del comedor, se recomienda instalar un espejo en una de las paredes que duplique la imagen de los alimentos simbolizando prosperidad para toda la familia.

La forma ideal para el comedor es la redonda, aunque también se acepta la rectangular siempre que no sea excesivamente larga y los miembros de la familia se sienten según las posiciones de los Ocho Trigramas.

(ver también *Comedor*).

Los ocho atributos del Bagua

Sur. Fama y reputación. Festividad. Rojo. Número 9. Pájaro. Verano. Fuego.
Suroeste. Amor y matrimonio. Maternidad. Amarillo. Número 2. Tierra.
Oeste. Creatividad. Niños. Blanco. Número 7. Metal. Tigre. Otoño. Meta.l
Noroeste. Fama y reputación. Festividad. Rojo. Número 9. Pájaro. Verano. Fuego.
Norte. Carrera. Éxito en los negocios. Negro. Número 1. Agua. Tortuga. Invierno.
Noreste. Conocimiento. Inteligencia. Turquesa. Número 8. Montaña. Tierra.
Este Salud y familia. Verde. Número 3. Madera. Dragón. Verano. Trueno.
Sureste. Riqueza y prosperidad. Verde. Número 4. Viento. Madera.

Metal. Uno de los Cinco Elementos del pensamiento chino que está representado por los colores blanco y plata. Su estación es el otoño y en el mapa del Bagua sus orientaciones son el oeste y el noroeste.

En el ciclo productivo y destructivo de los elementos, el metal genera agua y destruye la madera. La forma del metal se manifiesta en las estructuras que tienen cúpulas, bóvedas, arcos y elementos curvados. Predomina en edificios de naturaleza monumental, religiosa o civil. En un entorno rural, el metal se manifiesta en colinas suavemente redondeadas.

El metal es el elemento simbólico del dinero y las monedas, por lo que en los bancos y empresas financieras suelen predominar los vestíbulos, cúpulas, arcos y otros elementos arquitectónicos redondos.

El elemento metal estimula establecimientos comerciales y fábricas. Si bien el metal augura ganancias comerciales, no es un elemento que beneficie los sencillos y cotidianos procesos de vida y crecimiento). En el hogar, cualquier zona metal debería destinarse a taller.

Método del Bagua. Es la escuela más reciente de Feng Shui, desarrollada en Berkeley (California) hace unos 50 años por el maestro Lin Yun. Es el método más sencillo de utilizar y por ello se ha extendido popularmente a todo Occidente.

El Bagua es un símbolo octogonal que representa los cuatro puntos cardinales principales de la brújula (norte, sur, este y oeste) y los cuatro rumbos intermedios (noreste, noroeste, sureste y suroeste).

Eso sí, hay que tener en cuenta que en la representación geográfica china habitual, el sur se coloca arriba, el norte abajo, el este a la izquierda y el oeste a la derecha.

Cada una de estas Ocho Direcciones contiene un trigrama que es una combinación de yin y yang formadas por tres trazos de línea continua o partida.

Para determinar los sectores de la vivienda que corresponden a las diferentes aspiraciones vitales se superpone el Bagua sobre el plano de la casa realizado según las instrucciones pertinentes. Para superponer el Bagua, se toma como referencia la puerta principal de la casa. Se considera que la energía chi entra por la puerta principal, así que se toma como el punto de referencia clave para localizar las zonas Bagua.

Es decir, fija el Bagua de manera que el trigrama kan (norte) quede paralelo a la puerta principal.

Cualquiera que sea la forma de la casa, debe encajarse totalmente dentro del mapa Bagua. Si ésta tiene varias plantas, la orientación de los sectores será la misma en todas ellas:

- **Chien** (noroeste): sector de las personas que nos ayudan y los viajes.
- **Kun** (suroeste): del amor y matrimonio.
- **Chen** (este): de la familia y la salud.
- **Sun** (sureste): sector de la riqueza y prosperidad.
- **Kan** (norte): de la carrera profesional.
- **Li** (sur): de la fama y la reputación.
- **Ken** (noreste): sector de la sabiduría y los estudios.
- **Tui** (oeste): sector de la creatividad e hijos.

Mineral. Puede utilizarse de manera efectiva por sí solo o bien junto con otras curas del Feng Shui.

Ming Tang. Se traduce como «Sala clara» y se refiere a un lugar libre delante de una casa o propiedad en la que puede circular o acumularse la energía chi. Si antes de entrar se atraviesa el Ming Tang entonces se transporta buen chi al edificio.

Principalmente, el Ming Tang se encuentra en el sur y al mismo tiempo en la entrada de la construcción. En su representación simbólica en el paisaje, el Ming Tang se corresponde con uno de los animales celestiales, el Ave Fénix.

Mónada Celestial (Tien Yi). Es la mejor ubicación de una vivienda para aquellas personas enfermas o delicadas de salud. También es muy efectiva para aquellos que hayan experimentado mala suerte o sufrimiento y sientan una necesidad de regeneración, física, mental, espiritual o incluso de reconocimiento social y económica.

Monedas. En el Feng Shui moderno se utilizan como recurso para activar la riqueza. En China existen monedas desde hace más de 2.700 años.

Son redondas y con una obertura cuadrada en el centro. El círculo simboliza el cosmos y la obertura cuadrada el centro la tierra.

Montaña (Ken).  En el *I Ching*, Ken significa meditación, paz e introspección.

Su trigrama está formado por una línea yang completa sobre dos yin interrumpidas. Representa un chi sólido, estable, intuitivo.

Ken simboliza el hijo menor, le corresponde el elemento tierra, su orientación es el noreste y en el ciclo estacional representa finales de invierno.

Móvil. Son objetos que se cuelgan y en los que se balancean varias partes decorativas o artísticas. Los móviles son conocidos como elementos decorativos de habitaciones infantiles o bien como una de las manualidades escolares.

En Occidente se han rescatado de nuevo los móviles como parte integrante de la casa. Es aconsejable colgar móviles en las esquinas consideradas «muertas». Como alternativa pueden colgarse móviles con formas sencillas, coloridas, claras, etc.

Un móvil de viento de seis barras neutraliza la mala suerte en la casa.

Su movimiento y sonido estimulan el flujo de chi allí donde se cuelga. Se recomienda colgar un carrillón (móvil con pequeños tubos huecos de metal) del techo. Éste también suaviza el borde cortante de las esquinas. Los carrillones deben tener las varillas huecas, ya que así obliga al chi a pasar a través de ellas. Los sonidos tintineantes del carrillón hacen que el chi se vuelva amistoso y positivo.

También es aconsejable colocar un móvil de campanillas en la entrada, el porche o el balcón o terraza ya que el tintineo de su movimiento atrae el chi hacia el interior de la casa.

Mueble. A la hora de elegir un mueble, se recomienda hacerlo teniendo en cuenta la estimulación del flujo de energía chi, así como las formas, colores y estilos que correspondan a los elementos y sectores del Bagua de las Ocho Direcciones.

Una colocación errónea puede entorpecer o estancar el flujo del chi por la habitación.

Múltiples usuarios. Si una habitación va a ser utilizada por más de una persona, a menudo resulta complicado que la organización de la misma se ajuste a todos los gustos. Se aconseja pues tomar en consideración a todos los usuarios de la estancia y renunciar a cualquier objeto que resulte desagradable a alguno de ellos.

Música. La música ejerce gran influencia sobre el ambiente de una zona. Para un entorno armónico, es muy importante la elección de la música ya que ésta afecta mucho a la atmósfera del espacio, así

¿Cómo coloco los muebles?

Para distribuir el mobiliario en una habitación ten en cuenta los siguientes puntos:

- Ninguna silla o sofá debe estar de espaldas a la puerta o entrada de la habitación.
- No abarrotar la estancia con demasiados muebles. Mantener la armonía y el equilibrio parra que el chi pueda circular sin interrupciones.
- Elige muebles que no tengan cantos rectos y esquinas puntiagudas ya que forman flechas secretas. Si tu mobiliario tiene aristas y ángulos rectos, procura que no apunten directamente a los asientos, la cama, ni a la puerta.
- Las antigüedades y los objetos heredados aportan la influencia de su historia a la habitación en la que se encuentran.

como al estado anímico de las personas, animales y plantas.

La música es especialmente interesante para zonas en las que uno se siente incómodo sin motivo aparente. En estos lugares, los sonidos pueden servir de mucha ayuda y levantarnos el ánimo. El sonido de los cuencos tibetanos, tambo-

res o trompetas tienen como característica la capacidad de purificar espacios. Los cuencos tibetanos son muy efectivos ya que pueden emitir tonos muy variados. Con ellos es posible llevar a cabo de forma regular rituales de purificación que pueden combinarse con incienso.

Naranja. Este color se encuentra entre los elementos fuego y tierra. El naranja tiene un efecto especialmente cálido y alegre y se considera el color de la osadía, la libertad, la alegría de vivir y la conquista.

Consejos de decoración:

Es adecuado para cualquier lugar donde se pretenda favorecer la organización y el trabajo práctico. No obstante, un exceso de naranja en la decoración puede ejercer un efecto molesto, ya que este color pone de relieve todas las formas y por ello debe evitarse en aquellas habitaciones demasiado pequeñas.

Negro. Es el color del elemento agua, al igual que la dirección norte y el invierno. Deben evitarse las habitaciones decoradas en negro. Alternativamente, se pueden crear unos contrastes interesantes con muebles negros, siempre y cuando el resto de la decoración sea de colores muy claros.

Nien Yen. Ver *Largos Años*.

Noreste (Ken). Esta dirección representa el elemento tierra en forma de montaña. Simbólicamente paraliza el movimiento y sus características asociadas son el reposo, la meditación, la paz, el realismo y la introspección.
Se representa con una línea yang continua sobre dos líneas yin partidas y representa al hijo pequeño. Así, la parte correspondiente de la casa será la más adecuada para él.
Este trigrama se relaciona con el conocimiento y con el ciclo estacional de finales de invierno. Su número es el 8.

Sureste (Chien). Dirección con tres líneas yang completas. Se asocia con la figura del padre, el cabeza de familia, un líder o jefe de empresa y representa la energía fuerte y persistente (chi).
La estación que representa es finales de otoño y principios de invierno.
Su elemento es metal, y su número el 6. En el Método del Bagua, chien se asocia a las personas útiles y serviciales y a los viajes.

Norte (Kan). Trigrama vinculado a la dirección norte, se representa con una línea yang completa entre dos yin incompletas. Simboliza la figura del hijo mediano y representa un chi ambicioso, impulsor y diligente. Kan representa el invierno, el agua es su elemento y su número, el 1.
Según el Método del Bagua, este trigrama se asocia a la carrera profesional.

Número ki. Según el Feng Shui, existen nueve pautas energéticas o fuerzas solares distintas, y cada una tiene asignada un número del 1 al 9, de acuerdo con el cuadrado Lo Shu.
A su vez, cada pauta tiene también su correspondencia con las Cinco Energías y con las Ocho Direcciones asociadas a los trigramas del *I Ching*.

- **Numero 1**. Representa la energía del agua, su ubicación es el norte y le corresponde el trigrama agua. Es una energía en constante movimiento y afecta a la armonía de nuestras relaciones con los miembros del sexo opuesto.
- **Número 2**. Corresponde la energía de la tierra, su ubicación es el suroeste y le corresponde el trigrama tierra.
- **Número 3**. Representa la energía de la madera, se ubica en el este y le corresponde el trigrama trueno.
- **Número 4**. Su energía es la madera, se ubica en el sureste y al trigrama Viento.

El número de la buena suerte

En China y Hong Kong, los hombres de negocios que creen en las consideraciones Feng Shui suelen hacer mucho caso de lo que presagian los números que aparecen en su actividad cotidiana. Las cifras se consideran de buen o mal augurio cuando se trata de la matrícula del coche, el número de teléfono o de la calle.
El número de mejor augurio es el 9. Representa la plenitud del cielo y de la tierra, es el mayor de los dígitos y se le atribuyen connotaciones mágicas porque la suma de varios nueves siempre da nueve (9+9= 18 y resulta que 1+8= 9).

- **Número 5**. Se sitúa en el Centro y no tiene las mismas correspondencias que el resto de números.
- **Número 6**. Representa la energía del metal, se ubica en el noroeste y le corresponde el trigrama cielo. Su energía se asocia a toda clase de movimientos, como viajes o cambios de domicilio o trabajo.
- **Número 7**. Representa la energía del metal, su ubicación está en el oeste y le corresponde el trigrama lago.
- **Número 8**. Representa la energía de la tierra, se sitúa al noreste y le corresponde el trigrama montaña.
- **Número 9**. Representa la energía del fuego, se ubica en el sur y le corresponde el trigrama fuego. Aporta calidez y felicidad en nuestras relaciones.

Número anual. Según el Feng Shui, cada año tiene su propio número, del 1 al 9. Pero hay que tener en cuenta que el año chino es lunar y empieza hacia el día 4 de febrero, por ello si has nacido antes de esta fecha deberás tener como referencia el año anterior.

Además, el Número Anual de un hombre es distinto al de una mujer debido a las variaciones en el movimiento de energía interna en la mente y el cuerpo de lo femenino y lo masculino (ver también *Número Natal*).

Número natal. Es el resultado de una serie de cálculos que se basan en la fecha de nacimiento. Es la clave para

Nº Natal	Trigrama	Dirección	Elemento
1	Kan	Norte	Agua
2	Kun	Suroeste	Tierra
3	Chen	Este	Madera
4	Sun	Sureste	Madera
5	Ken	Noreste	Tierra
6	Chien	Noroeste	Metal
7	Tui	Oeste	Metal
8	Ken	Noreste	Tierra
9	Li	Sur	Fuego

conocer qué direcciones, áreas o habitaciones son las más adecuadas para cada persona en particular.

Cada Número Natal o número ki personal tiene su trigrama personal, dirección y elemento correspondiente que revelan aspectos de la energía interna de la persona, la mayoría de los cuales se reflejan en su personalidad.

¿Cómo se calcula?

Antes de nada, hay que tener en cuenta el calendario solar chino, según el cual la primavera y el año nuevo comienzan el 4 ó 5 de febrero. Así, en el caso de haber nacido antes del 4 de febrero, deberá tomarse como referencia el año previo.

- **En las mujeres**:
— Tomar el año de nacimiento.
— Sumar las dos últimas cifras.
— Si el resultado es más de 10, sumar las dos últimas cifras para reducirlas a un dígito.

— Sumar 5 a ese número.
— El resultado es el Número Natal.

- **En los hombres**:
— Tomar el año de nacimiento.
— Sumar las dos últimas cifras.
— Si el resultado es más de 10, sumar las dos cifras para reducirlas a un sólo número.
— Restarlo al número 10 ese número.

Numerología china. Basada en el cuadrado mágico de los nueve números y aspecto central en la comprensión del Feng Shui. Utiliza el mismo sistema que la numerología occidental en el que todos los números se pueden reducir, por adición de sus dígitos, a un dígito simple, entre el 1 y el 9. En la numerología china, la posición y la relación de cada número respecto al resto tiene un significado que se utiliza para analizar o predecir numerosos fenómenos: desde la salud de una persona, el trabajo y las finanzas hasta sus relaciones personales.

Objeto. Elementos cotidianos que pueden ayudarnos a reactivar o debilitar el flujo de energía chi que fluye por el interior y exterior de una vivienda.

Objetos artísticos. En el Feng Shui siempre se da prioridad a un objeto artístico cuya emisión sea positiva. Cuando se trata de crear un entorno armónico, algunos objetos artísticos melancólicos pueden corresponderse por un tiempo con nuestro estado de ánimo, pero no son nada adecuados para emplazarlos durante largo tiempo ya que pueden traspasar sus propiedades a la estancia. Se tiene en cuenta la emisión que ejerce un objeto. ¿Transmite el objeto artístico una sensación negativa? ¿Contiene elementos destructivos, cómo por ejemplo una lanza que perfora un cuerpo? Entonces el objeto, según las reglas del Feng Shui, no es adecuado para decorar. Por otra parte, una vivienda decorada

con nuestras propias obras nos permite sentirnos rápidamente a gusto. Las fotos que hemos hecho, los objetos o los cuadros que hemos creado aportan sus propias emisiones a la estancia y pueden respaldar el desarrollo de la personalidad. Eso sí, aquí no cuenta la opinión de los vecinos o familiares sino que se trata del propio bienestar y crecimiento personal.

Obsidiana. Piedra que mitiga el dolor, las tensiones y las enfermedades cardiovasculares; las cicatrices sanan mejor. Aumenta la propia oscilación, la conciencia relativa y la estabilidad.

Ocho Trigramas. Símbolos sagrados del *I Ching* que representan todos los estados fundamentales de la tierra y el cosmos.

Cada uno se compone de tres líneas rectas que se interpretan de abajo hacia arriba. La línea inferior representa la tierra, la línea intermedia representa la humanidad y la línea superior, el Cielo. La hilera inferior de cada figura determina si el símbolo general es yin (línea discontinua) o yang (línea continua).

Cada uno tiene su propio significado y le corresponde un símbolo, un elemento, un color, un número, una estación y un punto cardinal. También representan y personifican a un miembro de la familia. El Método del Bagua se basa en una nueva interpretación de los Ocho Trigramas. Cada uno de ellos o cada

lado del Bagua representa una aspiración vital o un tipo de suerte que se vincula con diferentes sectores de la casa o zonas Bagua.

(Ver *I Ching, Viento, Tierra, Trueno, Cielo, Lago, Fuego, Montaña, Agua* y *Trigrama personal*). Ver también el gráfico de la pág. 347.

Octógono. Figura geométrica regular, equilibrada, cerrada y sin ángulos rectos considerada muy favorable.

El octógono es una forma que une el círculo con el cuadrado. En el Feng Shui, el octógono se origina en el *I Ching*. Este símbolo ejerce un potente efecto de protección y se encuentra en China en forma de múltiples objetos decorativos. También el Bagua es un octógono. En el Bagua todos los puntos cardinales así como los subpuntos cardinales se relacionan con los trigramas del *I Ching*. Generalmente, este octógono se representa con un símbolo yin-yang en el centro. En algunos octógonos, que se emplean como símbolo de protección, se encuentra un espejo en el centro.

Oeste (Tui). Dirección cardinal asociada al trigrama tui cuyo símbolo es el lago y es conocido también como «lo agradable». Tui se compone de una línea yin (discontinua) sobre dos líneas yang (continuas). Representa un chi feliz y satisfecho. Simboliza a la hija menor. Tui representa al otoño. Se asocia al elemento metal, su color es el blanco y el 7 su número.

Según el Método del Bagua, este trigrama representa la creatividad y los hijos.

Oficina. Todos los principios Feng Shui para la distribución de una vivienda son también aplicables al diseño de la oficina. La idea es vaciar y proteger la oficina de los efectos perjudiciales del sha.

Para empezar, conviene distribuir las distintas áreas de manera que coincidan con las direcciones y presagios más favorables. Otro elemento a tener en cuenta es la colocación correcta de la mesa y la silla donde trabajaremos. También es importante localizar las flechas secretas, como esquinas prominentes, columnas cuadradas o vigas que puedan afectar nuestro rendimiento laboral. (ver también *Módulo; Despacho; Sala de reuniones; Recepción; Negocio*).

Olores. El sentido del olfato humano reacciona de una manera muy sensible. Por medio de los olores recordamos, somos advertidos, nos repugnan algunas cosas y también nos atraen.

El sector de la publicidad ya hace tiempo que ha descubierto para su propio beneficio el modo de acción de los olores y utiliza las sustancias aromáticas para atraer a sus clientes, para crear una atmósfera agradable y para prolongar el tiempo de permanencia de los clientes en sus comercios.

Así por ejemplo, en los concesionarios de coches se camufla el olor a goma propio de los coches nuevos con el perfume —mucho más exclusivo— del cuero. Las salas de venta aromatizadas predisponen a los clientes a comprar. En las oficinas se emplean fragancias que fomentan la concentración, mediante dispositivos para perfumar el ambiente.

Las diferentes culturas han usado durante siglos las diferentes sustancias aromáticas. Todas las culturas han utilizado perfumes en forma de humo con fines religiosos, para rituales de purificación y para favorecer el contacto con el más allá.

Los perfumes son un tipo de recurso con el que los consejeros de Feng Shui han trabajado tradicionalmente, empleándolos por ejemplo para purificar lugares y habitaciones.

En el mundo occidental, el uso del perfume se ha generalizado, pasando del uso religioso al ámbito del bienestar personal. Dado que la calidad del aire que respiramos influye entre otras cosas en nuestro bienestar, no resulta sorprendente el hecho de que el Feng Shui moderno haya desarrollado también numerosas creaciones aromáticas. Aceites esenciales, vaporizadores para las habitaciones, varitas de incienso y piedras aromáticas artificiales, todos ellos son elementos destinados para conseguir un efecto deseado.

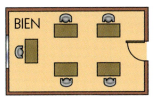

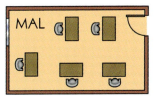

Feng Shui en la oficina

Situaciones favorables:
- Mesas orientadas de manera que los ocupantes nunca den la espalda a la puerta de entrada.
- Una pared detrás de la silla. Simboliza la Tortuga, uno de los cuatro Animales Celestiales que ofrecen protección y respaldo.
- Una planta sana ayuda a estimular el crecimiento del dinero.

Situaciones desfavorables:
- La mesa debajo de una viga. Según el Feng Shui, una viga expuesta en el techo representa una energía opresiva sobre la persona que trabaja debajo.
- Una fuente de luz justo encima de la cabeza.
- Mesa frente al pasillo, un rincón saliente, o la puerta de los lavabos.

Fragancias a través del humo

Para purificar habitaciones se utilizan frecuentemente perfumes que se generan al quemar incienso.

Hay una gran selección de sticks (palitos o varillas) y conos de incienso y todos ellos son muy sencillos de utilizar. Existe asimismo una extensa variedad de soportes adecuados para éstos, destinados a proteger de quemaduras y contener la ceniza que se origina.

Las mezclas sueltas para quemar, como pueden ser las hojas de salvia secas, pueden utilizarse perfectamente mezclándose con carbón.

El carbón —que se vende preparado para esta función en las tiendas especializadas- se pone en un recipiente resistente al fuego y al calor y se le prende fuego. Después de apagarse la llama, empieza a arder muy rápidamente. Es el momento de esparcir por encima del carbón el incienso en grano que dará lugar así al humo deseado.

Quemadores de aceite

Otra manera de generar perfumes consiste en utilizar aquellos aceites esenciales que mejor desarrollen su fragancia al entrar en contacto con el calor.

Los quemadores de aceite tienen un platillo que se llena con agua y un par de gotas de aceite esencial. Bajo el platillo hay un espacio donde se quema una pequeña vela de té, gracias a la cual se produce el calor deseado y la evaporación del agua.

Las gotas de aceite esencial también pueden verterse sobre un paño húmedo y utilizarse para el agua del baño o pueden diluirse en agua caliente e introducirlas en un vaporizador que generará un agradable perfume al planchar o humedecer el aire de la habitación.

Bagua y perfume

Hemos reunido una selección de propuestas aromáticas apropiadas, que nos pueden ayudar para favorecer las diferentes zonas Bagua.

Familia y salud: notas olfativas que huelan a madera, bosque o prados, como por ejemplo el pino.

Riqueza y prosperidad: fragancias muy valiosas como el cedro o el ciprés.

Profesión: fragancias frescas y nobles como el sándalo, el cardamomo y el jengibre.

Amor y matrimonio: notas olfativas sensuales y fogosas como el perfume de rosa, jazmín, almizcle e ylang-ylang.

Creatividad e hijos: fragancias alegres y florales como la lavanda y la mandarina.

Personas útiles y serviciales: perfumes me-tálicos o dulces como el pachulí.

Educación y conocimiento: fragancias que favorezcan la concentración, claras y frescas y también perfumes terrosos como el eucalipto y el limón.

Onyx. Piedra protectora para el páncreas y el plexo solar. Fortalece, disminuye la melancolía y conduce a la transformación.

Opalo. Piedra curativa que revitaliza. Hace tomar conciencia de lo positivo y lo negativo. Está relacionado con el signo Acuario del zodíaco.

Orden. El orden es un aspecto muy importante en el Feng Shui, pues se ocupa de forma intensiva de la energía vital, el chi, y su corriente, sus formas variadas de aparición, y sus manifestaciones en tiempo y espacio. El orden y el desorden juegan en ello un papel importante ya que pueden influenciar sobre esta corriente. El desorden puede impedir que el chi fluya. En una habitación repleta de objetos el movimiento energético puede quedar paralizado.

Cuando el chi se queda estancado en una esquina pierde su fuerza. Se queda parado y empieza a pudrirse y a extender aire negativo, se convierte en sha. Por ello es importante mantener el orden para no frenar la corriente de chi. Las esquinas repletas de periódicos, papeles u otras cosas hacen que en la habitación circule el sha.

El Feng Shui se basa en la interacción del entorno exterior y el bienestar interior. Si se contempla el orden desde este punto de vista entonces se ve claro que el orden en el exterior aporta claridad en el interior. En una habitación desordenada y llena no tiene sentido colocar un ramo de flores para que se incremente la energía del espacio.

Su energía positiva se pierde en el caos de la estancia. Pero si en cambio se coloca el ramo de flores en una habitación vacía en la que sólo haya una mesa y un sillón bonito, el efecto positivo de las flores actuará en toda la sala.

Perfumes que purifican

Por lo general, se utiliza el incienso para purificar las habitaciones. El acto de la quema del incienso favorece la energía de la transformación. Para los rituales de purificación resultan especialmente apropiados la salvia, el incienso y las fragancias cítricas. Una mezcla para quemar que contenga salvia, incienso y sándalo no sólo purificará el aire, sino que también incrementará la energía de la habitación. También es muy indicada para su utilización en un ritual de entrada a una casa.

● Para relajarse

Existe toda una serie de perfumes para favorecer la relajación. Pueden emplearse en quemadores de aceite, sales de baño o aceites para el cuerpo. Entre ellos se encuentran el perfume de rosa, lavanda y sándalo. Estas fragancias son ideales para crear un ambiente de relajación en los dormitorios.

● Para favorecer la concentración

En aquellas habitaciones donde se trabaja puede fomentarse la concentración mediante la utilización de perfumes cítricos como el limón, la naranja y el pomelo. Estas fragancias frescas pueden estimular el metabolismo y despejar la cabeza.

● Contra la depresión

En estos casos, la fragancia de la bergamota ha probado su eficacia a la hora de atenuar las depresiones. El sándalo también se considera especialmente indicado para equilibrar la mente. El perfume de mandarina resulta eficaz en las personas sensibles, aquellas que se sienten heridas fácilmente.

● Para la sensualidad

Son conocidos ejemplos las fragancias de rosa, almizcle y canela. De forma individual o formando un trío pueden crear una atmósfera sensual.

Naturalmente, los lugares en los que uno habita y trabaja no suelen estar vacíos, pero en estos casos el orden se consigue situando las cosas en su lugar correspondiente.

Ver también: *Ordenar/desechar*.

Ordenador. Los ordenadores simbolizan vida y actividad, generan chi. En una oficina donde haya muchas pantallas de ordenador esta energía yang puede resultar excesiva. Esta energía se puede contrarrestar mediante objetos que creen un efecto relajante (energía yin) y se puede generar por medio de colores azules y con ayuda de formas suaves.

Según la Teoría de los Cinco Elementos, el ordenador estará asociado por lo general con el elemento agua, puesto que se trata de un aparato que sirve para la comunicación. Debido al fuerte componente eléctrico del ordenador, estará relacionado con el elemento fuego.

El ordenador no debe encontrarse directamente sobre el escritorio, sino que debe estar en una mesa prevista exclusivamente para él, salvo que tengas una mesa muy grande que te permita tener en un lado la pantalla y ocupar el resto con todas tus cosas; sin embargo, procura no colocar en la misma mesa el escáner y la impresora si los tienes. De otra

forma, le quitaría al escritorio demasiado sitio y resultaría imposible organizar allí las zonas Bagua de forma idónea.

Lamentablemente, los ordenadores generan electromagnetismo. Además, las partículas del aire cargadas negativamente —beneficiosas para nosotros- invierten su polaridad a través de la corriente, transformándose en partículas con carga positiva (ionización). Estas cualidades desfavorables hacen que nos sintamos fatigados y perdamos la concentración. Por ello, conviene no colocar el ordenador cerca de aquellas zonas destinadas al sueño o la relajación.

Según en qué zona Bagua de la habitación se encuentre el ordenador, será precisa algún tipo de compensación.

Ordenador y zonas Bagua de la casa:
- **Matrimonio**. En caso de que el ordenador se encuentre en esta zona no necesariamente repercutirá de un modo favorable en el matrimonio, excepto si lo que se busca es establecer contactos a través de Internet. Un matrimonio ya existente podría sufrir una crisis si la atención se viera demasiado concentrada en el ordenador.
- **Educación y conocimiento**. Esta casilla resulta favorable para el emplazamiento de un ordenador. De todos modos, ten en cuenta que actualmente, el ordeandor no se usa sólo para trabajar o aprender, siino que es una estupenda herramienta de juegos para los niños y además sirve

para que se comuniquen entre ellos, así que no te extrañe que prefieran sentarse en la cama con el portátil mientras se chatean con los amigos o echan una partida con el último juego de Harry Potter.

- **Creatividad e hijos**. Si se trabaja profesionalmente en el ramo creativo, el emplazamiento del ordenador en esta zona Bagua resultará absolutamente conveniente. Dado que esta casilla Bagua pertenece al elemento metal y el ordenador está asociado al elemento agua, según la Teoría de los Cinco Elementos ambos se encuentran en el ciclo creador.

- **Riqueza y prosperidad**. El emplazamiento de un ordenador en esta zona resulta aún más favorable que en la zona «Creatividad e hijos», ya que en esta casilla predomina el elemento madera, que se alimenta del elemento agua (ordenador).

- **Reputación y fama**: Si el emplazamiento del ordenador se encuentra en esta zona, el elemento agua extinguirá al elemento fuego, a menos que introduzca el elemento madera. Tal vez ya exista la madera bajo la forma de un suelo de madera o de una mesa, y de esta forma ya no sea necesaria ninguna compensación especial.

Ordenar/desechar. Ordenar y desechar son aspectos importantes del Feng Shui. El hecho de ordenar pone en marcha el chi y ayuda a poner nuevamente en movimiento todo aquello que estaba paralizado. Desechar y dejar ir aquello que ya

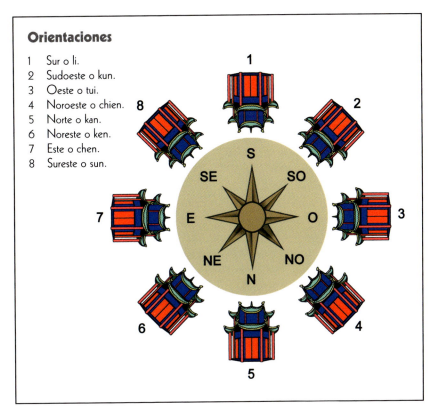

Orientaciones

1 Sur o li.
2 Sudoeste o kun.
3 Oeste o tui.
4 Noroeste o chien.
5 Norte o kan.
6 Noreste o ken.
7 Este o chen.
8 Sureste o sun.

no se necesita también resulta siempre un enfrentamiento crítico con una parte del pasado y deja lugar para lo nuevo.

Orientación. En Feng Shui, la orientación principal se refiere a la dirección hacia la que se desplaza la energía o chi al atravesar la puerta principal de un edificio. Según la Escuela de la Brújula, existen ocho orientaciones posibles con sus trigramas respectivos:

Según la orientación de un edificio, pueden determinarse los presagios de cada dirección, es decir, las zonas más beneficiosas y las más que deben evitarse. De esta forma, el Feng Shui recomienda que los espacios más habitados (dormitorio, sala de estar y estudio) ocupen los presagios favorables.

Se considera que la orientación ideal es la sur porque la casa recibe una dosis suficiente de luz solar.

Paisaje. Para la correcta configuración Feng Shui de un entorno paisajístico, es importante analizar la topografía de la zona y buscar los cuatro Animales Celestiales, es decir, las colinas, montañas y llanuras que simbolizan un determinado tipo de suerte o energía.

Es importante que la parte trasera de la vivienda quede protegida por una cadena de colinas (Tortuga), un edificio más alto o un terreno más elevado.

A la derecha de la Tortuga debe situarse la colina del Dragón, cuya fuerza eléctrica aporta abundancia y prosperidad; a la izquierda, el Tigre, una colina de menor tamaño que proporciona apoyo,

y delante, la vista despejada del Ave Fénix. Para completar el paisaje ideal, conviene que cerca de la casa discurra un río o pequeño arroyo serpenteante que activará la energía chi que se dirige hacia la casa.

Pararrayos. Se trata de un elemento Fuego y se considera amenazador cuando se divisa por una ventana o apunta directamente a nuestra puerta. Para contrarrestar sus efectos negativos basta con introducir un elemento agua frente a la ventana (por ejemplo, un acuario) o bien realizar una composición de elementos madera y tierra (una maceta con una planta).

También puede ocultarse la vista de la aguja plantando un seto de árboles

Parcela. La regla básica para un terreno o parcela con buen chi es que sea de forma regular o de superficie poco abrupta. Este equilibrio de formas propiciará que el chi fluya con más facilidad hacia el interior de la casa. Si el terreno tiene forma de «L» conviene contrarrestar las esquinas muertas y aplicar soluciones prácticas para lograr que la parcela parezca bien proporcionada y equilibrada.

Un buena solución, por ejemplo, será el plantar un seto que oculte la esquina.

El paisaje ideal

Según el Feng Shui, el paisaje ideal se basa en la hipótesis de que en la dirección de la salida del sol (este) se halla la fuerza electromagnética de la tierra, que se atribuye al Dragón. Así, la montaña o colina del este debe ser más elevada que la del otro lado, por donde se pone el sol (oeste). La espalda necesita una poderosa protección como la que proporciona la Tortuga, símbolo de la suerte que representa dicha defensa. Y hacia el frente (sur) los ocupantes de la casa disfrutan de una vista como la que posee el Ave Fénix. En medio de este paisaje anida la casa que nos promete una vida próspera y feliz.

También se puede colocar un pequeño estanque artificial para que se cree un flujo de chi favorable que compense la dificultad de una irregular.

Pared. Según el Feng Shui, es un buen aliado para protegernos del efecto del sha negativo. La pared maestra simboliza la seguridad de las colinas del Dragón y el Tigre.

Así, se recomienda colocar las sillas y sofás de una vivienda apoyadas contra las paredes maestras. Al decidir la orientación de la cama también se tiene en cuenta que su cabecero se apoye directamente sobre una pared para garantizar un descanso más placentero.

Parking. Ver *Garaje*.

Pasillo. Es el mejor aliado del sha o chi negativo y actúa como su principal portador, ya que el chi saludable nunca discurre en línea recta porque fluye con demasiada rapidez y se disipa enseguida. Es recomendable iluminarlo correctamente con varios puntos de luz ya que suelen ser espacios oscuros en los que se estanca y bloquea el chi.

El chi circula por los caminos que conducen hacia las diferentes estancias de la casa. Las habitaciones que se encuentran cerca de la entrada principal están mejor provistas de chi que las que se encuentran a más distancia. La corriente energética debe dirigirse de manera que todas las zonas de la vivienda puedan ser revitalizadas. Y esto se consigue de distintas maneras: o bien iluminando bien el pasillo hasta la puerta de la última habitación, o interrumpiendo el espacio recto por el que circula el Sha con baldosas o alfombras de colores.

Para trabajar y dormir deben usarse estancias bien abastecidas de chi. Normalmente, los pasillos se encuentran en el centro que da a las habitaciones y actúan como centros de transmisión.

Por esta razón, es importante hacerlos resaltar, siempre que el espacio lo permita. Esto puede hacerse mediante una alfombra redonda o bien elaborando una especie de mandala con las baldosas. También se puede resaltar la zona mediante un foco de luz. A menudo este centro se corresponde con la parte central del Bagua.

Patio. Un patio o jardín ayudará a distribuir un flujo suave de chi hacia e interior de la vivienda. Eso sí, se recomienda que su tamaño sea proporcionado porque de lo contrario podría originar mala fortuna.

El patio central corresponde al número 5 (que no da a ninguna dirección) y ocupa el centro del cuadrado Lo Shu.

Peces. En el Feng Shui, los peces son portadores de la buena suerte. Se contemplan como símbolos del bienestar y la fertilidad. En la literatura existente sobre

el Feng Shui se habla a menudo de los «nueve peces dorados portadores de la buena fortuna». Más concretamente, se trata de ocho peces rojos o dorados y uno negro. El pez negro del acuario es el que atrae sobre sí la mala suerte y de esta forma la desvía.

Parte del culto al acuario en China se debe al hecho de que el nombre coloquial para el dinero suena de forma muy parecida al término que designa el verbo «derramarse». Dado que el agua de acuario simboliza el dinero, el cual no puede derramarse, esto podría explicar la razón por la que poco a poco se hayan ido introduciendo los acuarios como símbolo de riqueza. Ver *Acuario*

Pendiente. Ver *Desnivel*.

Péndulo. Herramienta que se utiliza para detectar influencias ocultas en un lugar. Una influencia de este tipo puede ser por ejemplo una corriente subterránea de agua. Normalmente, el buscador se concentra mentalmente sobre una determinada oscilación del péndulo. Dependiendo del movimiento puede leer en qué lugar se encuentra la radiación buscada. A través de esta forma de consulta mental, una persona entrenada también puede buscar, además del lugar negativo, el mejor lugar en la sala.

Perros Fu. Los perros Fu son unas figuras muy apreciadas en China que representan un híbrido de perro con cabeza de león. Generalmente, hacen las veces de guardián junto a las puertas de entrada.

Personalidad. Ver *Trigrama personal*.

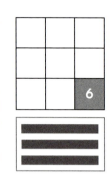

Personas útiles y viajes. Aspecto de la vida situado en el noroeste o trigrama chien, según el método del Bagua. Su símbolo es el metal y conviene activar su energía cuando se quiere contar con personas que nos ayuden, se desea

viajar, o se necesita sentir una conexión más estrecha con la persona a la que pedimos orientación.

Todos los asuntos relacionados con dar y recibir se mencionan en este aspecto Bagua. Su energía se corresponde con un tiempo para «dejar ir» las aspiraciones externas hacia la conciencia sobre nosotros mismos y nuestro origen espiritual.

Para reforzar esta zona:
Una mesa grande para sentarse con los amigos e intercambiar impresiones encaja muy bien en este lugar. La energía correspondiente es una fuerza dirigida hacia el interior, superficial y más bien pasiva y se relaciona con el elemento metal.

Aquí también pueden emplearse los elementos tierra y metal para apoyar este aspecto de la vida. En esta zona, por ejemplo, actúan intensamente los floreros de plata de forma abombada, los marcos de cuadros dorados, las formas redondas y esféricas, un tono de pared de un amarillo suave, un hermoso cristal u otra piedra.

Piedra. Las piedras forman parte de los recursos que utiliza el Feng Shui moderno. Según la enseñanza de los Cinco Elementos, se ordenan dentro de los elementos tierra y metal. Las piedras o minerales se usan para fomentar un tipo de cualidad en las estancias. Según el tipo y las propiedades de la piedra se pueden utilizar distintos modos de acción. Una vez conocidos los efectos de las piedras, éstas se convierten en un importante apoyo físico y psicológico.

En el momento de escoger una piedra personal uno puede decidirse por distintos métodos: consultando una lista con las cualidades de cada piedra y decidiendo cuál es la más conveniente o bien escogerla mediante la intuición.

Lamentablemente, existen muchas piedras en el mercado que son una imitación. Algunas incluso están tratadas radiactivamente para brillar más. Este método se aplica principalmente sobre el cuarzo, topacio y aguamarina. Lo mejor es obtener las piedras o minerales en tiendas especializadas.

Existen distintas maneras de llevar piedras. Las más efectivas son en forma de colgante o pulsera. También se pueden trasladar en los bolsillos de la chaqueta o pantalón.

Con las piedras se pueden llevar a cabo distintos rituales. Desde meditar (fijando la atención en el mineral) hasta rituales de purificación (dejando reposar la piedra en agua durante una noche y bebiéndola a la mañana siguiente a pequeños sorbos) y métodos energéticos en estancias debilitadas y en los que uno se siente desanimado y cansado. Puesto que los cristales emiten una radiación muy potente no deberían ser colocados en los dormitorios.

Pilar. Al igual que las vigas, estos elementos arquitectónicos bloquean el chi positivo. Su presencia crea un ambiente opresivo y hostil que puede dar a lugar a discusiones entre los habitantes de la casa. Sus aristas forman flechas secretas que son repartidas por toda la casa. Para contrarrestar sus efectos negativos se recomienda suavizarlo con la presencia de plantas en su base o bien ocultarlo con una cortina o biombo.

Pirita. Piedra que tiene como característica acelerar la curación, combatir el dolor y sanar las infecciones de las vías respiratorias.

Piscina. El agua de una piscina genera un chi favorable, sobre todo si la vivienda tiene vista a ella. Debe situarse en una zona despejada —mejor ajardinada— mirando al sur y es preferible que tenga una forma agradable y suave. Si es rectangular, procura que ninguna esquina mire a sus ventanas. Su tamaño debe ser proporcionado con las dimensiones de la casa y el jardín.

Piso. Al adquirir o alquilar un piso urbano es importante valorar su emplazamiento Feng Shui, así como su entorno. Éste debe estar protegido por un bloque más alto en la parte trasera (Tortuga) y de un espacio despejado al sur. También debe estar al abrigo de estructuras desproporcionadas y amenazantes, así como de flechas secretas, y calles que parezcan apuntar hacia la puerta principal.

Plano. Cada edificio se divide en un plano de ocho sectores o direcciones que nos permite analizar las habitaciones más favorables para cada persona y la orientación ideal del edificio, según los presagios de cada zona.

Una planta para cada elemento

Las plantas se pueden ordenar también dentro del grupo de los Cinco Elementos, según su forma de crecer y color:

Plantas madera. A este grupo pertenecen aquellas plantas que crecen hacia arriba. El color para este elemento es el verde. Las zonas Bagua como Familia y salud y Riqueza y prosperidad se encuentran en la zona madera. Las plantas que pertenecen a este elemento se encuentran bien en lugares soleados y con la tierra húmeda.

Plantas fuego. Las plantas que crecen hacia arriba como si sus hojas fuesen llamas se ordenan dentro del elemento fuego. Sus flores son rojas o naranjas. Este elemento se encuentra en la zona Bagua Fama y reputación. Les gusta estar ubicadas en un lugar soleado.

Plantas tierra. Pertenecen a este grupo las plantas que crecen a nivel de tierra. Sus flores son amarillas y sus zonas Bagua son «Amor y matrimonio» y «Educación y conocimiento». A estas plantas les gusta los lugares húmedos y cálidos.

Plantas metal. Las plantas que pertenecen a este elemento suelen tener forma redondeada y el color de sus flores es el blanco. Les gusta vivir en lugares alejados del sol y sus zonas Bagua son Hijos y creatividad y Personas útiles.

Plantas agua. Las plantas que pertenecen a este elemento tienen las flores de color azul. Este tipo de plantas tienen como característica que pueden almacenar agua y se contentan con pocos cuidados.

Planta. Es uno de los remedios más eficaces para combatir el mal chi. Se trata de seres vivientes capaces de corregir los desequilibrios entre yin y yang, así como de mejorar una localización o emplazamiento. Una planta resulta muy útil para realizar una composición de elementos madera y tierra y equilibrar así un elemento amenazante.

En el Feng Shui, las plantas se ordenan dentro de los Cinco Elementos dependiendo de la forma y el color de sus flores. Sirven para generar y energetizar el chi, no sólo en el exterior sino también en el interior. Siempre que estén sanas y bien cuidadas, las plantas despliegan sus características positivas.

Las plantas pueden existir sin el ser humano, pero el ser humano no puede vivir sin ellas, pues producen el oxígeno necesario para todos los seres vivos. El hombre puede leer el ciclo de la vida en las plantas. Puede observar cómo una planta brota de la tierra, como maduran sus frutos o cómo florecen sus capullos, y cómo en invierno contrae sus energías para empezar de nuevo el ciclo en primavera.

Las plantas atraen el chi y aumentan la energía del lugar. Si por ejemplo circula demasiado chi hacia la ventana y desde allí sale de la habitación, entonces es recomendable colocar plantas delante de la misma para que éstas paren la corriente de energía. De esta manera, el chi circula durante más tiempo en la sala.

Si por ejemplo la corriente energética chi debe ser desviada, para proteger un lugar de reposo de una flecha sha, entonces es aconsejable colocar una planta grande para que el chi no irrumpa en el lugar en línea recta.

A la hora de escoger el tipo de vegetal, conviene tener en cuenta que:

- En el salón, es mejor colocar plantas de hojas redondeadas.
- Evitar las plantas exuberantes en el dormitorio ya que durante la noche no producen oxígeno y afectan de forma negativa el aire de la estancia.
- En el momento de comprar una planta, es recomendable pedir consejo al florista e informarle de las costumbres que uno tiene y del lugar en el que se tiene pensado ubicar la planta.

Planta baja. Este espacio nunca debe permanecer vacío, ya que simbolizaría una vida vacía de contenido, insegura. Tampoco se recomienda utilizarla como garaje, siendo preferible instalarlo en una planta subterránea o en un edificio independiente.

Polaridad. Se refiere a la cualidad yin o yang del Número Natal o trigrama personal. La única excepción es el Número Natal 5, dado que éste no tiene en realidad un trigrama propio.

Posicionamiento. Cuando dos personas comparten el mismo espacio, como un dormitorio o la mesa de trabajo, el Feng Shui recomienda que se sitúen según la posición de sus Números Natales o trigramas personales.

Poste. Filo cortante y amenazador de energía, se recomienda que nunca estén cerca de una ventana o puerta principal. Es un elemento madera y puede contrarrestarse su mala influencia con un elemento destructor agua. Otra solución es ocultarlos con un seto.

Prana. Término hindú para chi, el aliento cósmico del universo.

Presagio. En todos los edificios existen ubicaciones positivas y negativas que pueden influir sobre aquellas personas que viven o trabajan en ellos. Los presagios son el resultado de las conjunciones de los trigramas para cada dirección del entorno con los del mismo edificio.

Una vez se han determinado los presagios para cada área del edificio, deben compararse con el trigrama personal o de la pareja para ver como la orientación del edificio afecta a cada persona.

Las cuatro ubicaciones positivas:

- Sheng Chi o «Aliento generador». Es la mejor ubicación para atraer la prosperidad. Aquí debe situarse la puerta principal o el dormitorio.
- Tien Yi o «Mónada celestial». La mejor ubicación para los miembros de la familia que estén enfermos o delicados de salud.
- Nien Yen o «Longevidad con gran descendencia». Permite mejorar las relaciones domésticas y familiares. Excelente para situar el dormitorio de la pareja.
- Fu Wei o «Armonía global». Ubicación para alcanzar la paz.

Las cuatro ubicaciones negativas:

- Ho Hai o «Accidentes y desgracias». Esta ubicación lleva a las pérdidas económicas.
- Wu Kwei o «Cinco fantasmas». Mala suerte y daños en el hogar y el trabajo.
- Lui Sha o «Seis maldiciones». Representa un terrible mal a nivel de enfermedades, pérdidas económicas, accidentes...
- Chueh Ming o «Pérdida total de descendencia». El peor de los presagios. La mala suerte aparece en forma de pérdida de los hijos, bancarrota, enfermedades muy graves... Nunca colocar la puerta principal en esta ubicación.

Puente. Si es pequeño, este elemento arquitectónico es un excelente canalizador que ayuda a que el chi fluya entre las diferentes áreas. Pero su forma, longitud y anchura puede variar la velocidad y flujo del chi. En el caso de un puente de gran tamaño y trazo recto, puede provocar el efecto contrario, canalizando energía sha. Tampoco debe estar nunca orientado hacia la casa, ya que podría causar nerviosismo e irritabilidad.

Cuanto más grande y amplio es un puente, mayor tráfico y movimiento sale de él y mayor agitación aporta a su alrededor. Una vivienda situada cerca de un gran puente comporta considerables inconvenientes, difíciles de compensar.

Puerta interior. Para un correcto flujo de chi por toda la vivienda, es recomendable tener en cuenta los siguientes puntos:

- Nunca deben estorbarse entre ellas al abrir. Es un signo de mal augurio.
- Si la puerta encara hacia una ventana, el chi se escapará hacia el exterior. Para evitar la fuga de chi, coloca una planta de interior delante de la ventana o una cortina.
- Deben abrirse siempre hacia el interior, en dirección a la entrada del chi.

Puerta principal. El punto más importante de una vivienda o despacho, puesto que por aquí entra el flujo de energía.

Ten en cuenta los siguientes puntos:

- La puerta principal debe abrir siempre a un espacio amplio, que simbolice la bienvenida al visitante.
- Si al abrir se encuentra uno de cara a la pared, se deberá instalar un espejo que devuelva nuestra imagen.
- Si la puerta principal da a un pasillo estrecho, deberás instalar una luz.
- Si da a otra puerta, será conveniente colgar un carrillón.
- Frente a la puerta principal no debe haber unas escaleras.
- Cuando la puerta principal está enfrentada con la trasera, el chi puede acelerarse demasiado en el interior de la vivienda y convertirse en sha negativo.
- Evitar que las flechas secretas amenacen la puerta principal.

Si la puerta principal da...

- Al estudio: los habitantes de la casa sólo vivirán para trabajar.
- Al dormitorio: se sentirán siempre cansados y poco activos.
- A la cocina: serán propensos a comer demasiado.
- Al salón de estar: será una familia unida. Nada de caminos rectos en dirección a la casa, árboles de gran tamaño, postes o farolas que proyecten su afilada sombra hacia la vivienda.

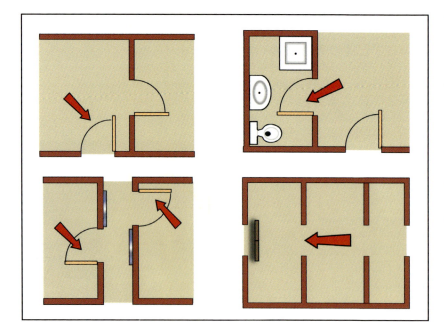

Puntos cardinales. Juegan un papel importante en el Feng Shui. A cada punto cardinal se le atribuye una cualidad energética distinta. Así que es significativo hacia que punto cardinal está orientado un edificio. Se examina desde qué dirección fluye la energía hacia la casa, hacia qué dirección está orientada la fachada o cómo las actividades en el hogar armonizan con las energías de los puntos cardinales.

Las distintas escuelas del Feng Shui tienen distintos baremos en relación al tratamiento con los puntos cardinales.

Purificación. A fin de no tener que renunciar, a pesar de sus vibraciones, a un objeto heredado que nos resulta querido, es recomendable purificar di-chos muebles antes de su utilización. Aparte de la conocida purificación de la limpieza, también debe llevarse a cabo una limpieza energética mediante purificaciones con humo, agua de rosas u otros rituales de purificación.

Al renovar un mueble, se anulan mediante este proceso las antiguas vibraciones que éste emitía. Por así decirlo, es una manera de «hacerse propio» un mueble. En caso de que después de haber llevado a cabo una limpieza minuciosa, todavía persista un presentimiento desagradable, es mejor deshacerse del mueble o asignarle un lugar de menor importancia dentro de la casa.

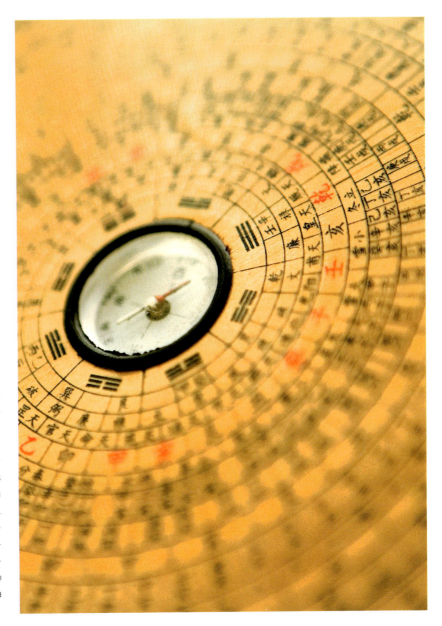

Rana. Es el símbolo de la fertilidad que nace y se renueva eternamente. Ya que la rana sufre un insólito desarrollo pasando de ser un renacuajo que nada en el agua a convertirse en un animal terrestre, se le atribuyen multitud de cualidades mágicas.

En China es frecuente encontrarse en los supermercados figuras de ranas con sólo tres patas que se cree que traen muy buena suerte.

Para atraer el dinero a la casa, las ranas de tres patas se sitúan en la entrada, mirando en dirección al centro de la casa. Si se coloca en otras habitaciones, la vista de la rana siempre ha de seguir dirigida hacia el interior de la habitación.

Rascacielos. Edificios de elemento madera que generan abundante energía sha en su entorno. Con su altura y afiladas aristas generan amenazadoras flechas secretas a su alrededor.

Rasgo amenazador. Cualquier elemento del entorno que pueda ser portador de sha negativo. Su efecto adverso puede neutralizarse mediante un elemento controlador o una composición de elementos.

Recepción. Según el Feng Shui, el chi vital y positivo entra siempre por la puerta principal, así que conviene que esté siempre bien iluminada y sea espaciosa, como símbolo de bienvenida a los visi-

tantes. Una iluminación escasa provocará que el chi se estanque y entre muy debilitado al resto de la oficina o empresa.

Recibidor. Al igual que la recepción de una empresa, el recibidor es el punto de entrada principal del chi, así que conviene que sea espacioso y esté bien iluminado, para que dicho caudal no se estanque antes de seguir su camino hacia el interior de la casa.

Por ello, debe estar lo más despejado posible y libre de obstáculos.

No debe ser demasiado estrecho; si es alargado canalizará el chi con demasiada rapidez.

También acústicamente el recibidor debe ser armónico. Un sonido desagradable, aunque uno ya se haya acostumbrado a él, puede desencadenar de forma inconsciente y cada vez que uno llega a casa cierto malestar. También impide la correcta circulación del chi.

Por esta razón, una puerta que se atranca o que chirría debe ser reparada inmediatamente. En algunos casos, justo enfrente de la puerta de entrada se encuentra otra puerta por la que se escapa la energía chi. Esto provoca que la energía no llegue al resto de la casa, sobre todo si esta puerta da a la cocina o al baño (zonas con desagües).

En estos casos, es aconsejable tener siempre la puerta de estas estancias cerrada para así frenar o desviar el flujo energético chi. (ver *Puerta principal*)

Recta. Ya sea un camino, un puente, una arista, un poste... cualquier elemento excesivamente rectilíneo tiende a acelerar el flujo de energía chi, convirtiéndose en sha adverso.

La mayoría de rasgos amenazadores del entorno son elementos rectilíneos: farolas, tejados puntiagudos, postes, agujas de iglesias, etc. y deben neutralizarse.

En el interior de la casa, las líneas rectas que forman las aristas de los muebles, esquinas y pilares salientes pueden suavizarse con plantas.

Recursos. En general, en el Feng Shui se entienden como recursos las cosas y los accesorios que se utilizan expresamente para armonizar el entorno. Para ello se tienen en cuenta distintos aspectos como por ejemplo la dirección de la corriente chi, la estimulación de la energía del espacio, la dispersión de sha o la acentuación precisa de la zona vital del Bagua.

Así se puede frenar el Chi mediante medios propios, ralentizar, cambiar la dirección, bloquear, estimular, reflejar, dispersar, repartir, o atraer.

Algunos recursos son: acuarios, espejos Bagua, cuadros, flores, budas, delfines, dragones, biombos, aromas, ángeles, colores, abanicos, peces, flautas, fotos, velas, móviles, cristales, luces, mandalas, monedas, música, plantas, incienso, piedras, símbolos, imágenes de cascadas y fuentes.

Regla del nueve. *Ver Numerología china.*

Rincón. Zonas muertas que deben evitarse en lo posible porque tienden a atraer y estancar la energía chi que circula por un edificio. Un remedio Feng Shui efectivo consiste colocar luces, plantas, objetos de arte, cerámica o esculturas en su área de influencia.

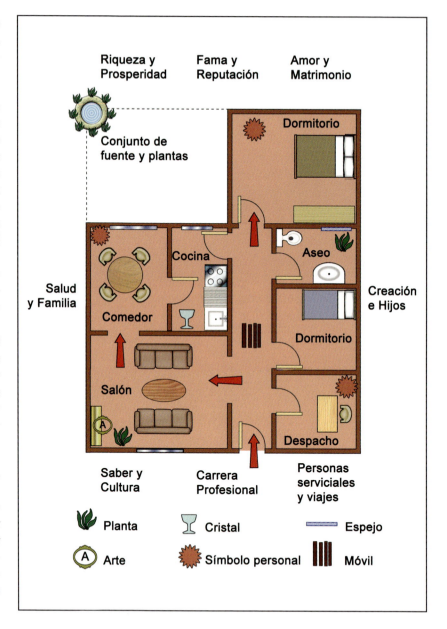

Riqueza y Prosperidad

Fama y Reputación

Amor y Matrimonio

Conjunto de fuente y plantas

Dormitorio

Aseo

Salud y Familia

Cocina

Creación e Hijos

Comedor

Dormitorio

Salón

Despacho

Saber y Cultura

Carrera Profesional

Personas serviciales y viajes

Planta   Cristal   Espejo

Arte   Símbolo personal   Móvil

Río. Se consideran beneficiosas las zonas cercanas a pequeños ríos serpenteantes y lagos. Por otra parte, los grandes ríos caudalosos y rectos no son favorables. Estos tienden a arrastrar el chi beneficioso y ser portadores del sha adverso.

Riqueza y prosperidad.

Según el Bagua, esta aspiración vital está orientada al sureste o trigrama sun. Le corresponde el elemento madera y su color es el verde. Simboliza la hija mayor y  debe activarse cuando se desee más prosperidad en la vida.

Este aspecto se refiere a diferentes niveles del crecimiento y el desarrollo. El crecimiento nos ayuda a alcanzar la riqueza interior y el desarrollo se refiere más bien al bienestar material.

Riqueza y prosperidad refleja por un lado, una energía muy activa y orientada a la voluntad, que con una suave y perseverante fuerza creadora trabaja para la realización de sus objetivos.

Por otro lado, a esta área se le atribuyen también las circunstancias afortunadas que el destino nos procura. Tiene mucho que ver además con la autoestima y todo lo que representa el éxito.

Para reforzar esta zona:

Se puede recurrir a todo lo relacionado con el elemento madera. La energía del crecimiento favorece el éxito y contribuye a que se desarrolle tanto la riqueza interior como la material. La abundancia necesita espacio.

Una habitación que ya está llena no ofrece ninguna posibilidad de aceptar algo nuevo. La acción de ordenar y desechar crea sitio libre para lo nuevo. Esto se puede acentuar también de manera simbólica mediante un cuenco vacío o un recipiente.

El elemento agua también sirve para reforzar el crecimiento. En China son muy apreciadas las fuentes, los cuadros de cascadas y los acuarios con peces dorados, pues sugieren el éxito de manera simbólica. Del mismo modo, las cosas relacionadas con la abundancia o que personalmente relacionamos con la idea de suerte y éxito se pueden colocar en esta área.

Por ejemplo, una foto de la casa de tus sueños o la imagen de un árbol con una inmensa copa o una representación del viento soplando sobre un prado florido, un cerdito de la suerte, monedas, plantas del dinero y símbolos similares que estén relacionados con el aspecto del crecimiento serán perfectos para revitalizar esta zona.

Manten el orden en tu casa para que la riqueza no se pueda escapar por ningún sitio.

Roca. Los terrenos irregulares y pedregosos no son nada recomendables.

Las rocas son portadoras de una energía extrema y suponen una interferencia continua en el flujo del resto de energías en su entorno.

Rojo. Color relacionado con el sector Bagua de la Fama y reputación. En Feng Shui le corresponde el elemento fuego, la ubicación sur, el verano y las formas afiladas y en punta.

Consejos de decoración:

Este color puede servir de ayuda cuando se quiere reactivar una habitación cargada con energía débil. Por ejemplo, será aconsejable para modificar una habitación de estudio o trabajo en la que te sientes continuamente cansado. No obstante, aquellas personas de por sí son muy activas o que tienden a un carácter nervioso, deben ser especialmente cuidadosas con este color.

Rosa. El tono rosa tiene en general un efecto relajante y tranquilizador. Es el color del amor universal y favorece la sensibilidad.

Rubí. Piedra preciosa que actúa frente a enfermedades víricas, ataques de gota y fiebre. El rubí activa la circulación sanguínea, crea amor y protección frente a las adversidades.

Sala de estar. Al pasar tanto tiempo en ella, se considera una de las habitaciones más importantes de la casa, junto al dormitorio. Por ello, es importante que ocupe un presagio beneficioso.

Su orientación más favorable es el sur y conviene que tenga buenas vistas, esté alejada de posibles flechas secretas y disponga de una correcta iluminación. Además, el mobiliario debe estar distribuido de manera equilibrada, evitando zonas muertas y bloqueos que faciliten el estancamiento del chi.

En las casas occidentales el salón está unido a la terraza o jardín y suele orientarse hacia el sur. Esta ubicación hace que a lo largo del día se almacene calor y por la noche se libere. El sur lleva consigo una energía yang que armoniza perfectamente con esta estancia.

Al igual que en el recibidor, es importante llevarse una buena impresión nada más entrar en la sala de estar. Si por ejemplo, al entrar la vista se topa con la parte trasera de un sofá, es posible que uno no se sienta bien recibido.

Para que la sala ejerza un efecto positivo, es importante que la disposición de los sofás o sillones anime a tomar asiento. Por otra parte, las esquinas de los muebles no deben estar dirigidas hacia lugares muy frecuentados.

Es aconsejable decorar con formas cuadradas, por ejemplo alfombras, marcos, cojines, ya que transmiten más tranquilidad que las formas rectangulares.

Conviene que el chi pueda circular libremente por toda la sala de estar. Así, es recomendable no ubicar el asiento entre una puerta y una ventana.

Si no existe otra alternativa y se quiere evitar la corriente directa de Chi lo más aconsejable es colocar una planta frente a ésta.

El salón debe decorarse según el estilo y la personalidad de cada persona. Antes de copiar modelos, será mejor decidirse por algo más personal que nos haga sentir cómodos y relajados. Algunas personas necesitan claridad, amplitud y frescura, otras suavidad, protección o recogimiento. Lo esencial es tener claro lo que uno busca.

También es importante la elección del color de las paredes y el suelo. En general, un entorno claro con algunos contrastes puntuales de color proporciona bienestar. El suelo de colores naturales hace que el entorno parezca más acogedor.

Para purificar el ambiente es aconsejable colocar maceteros con plantas a ser posible de hojas redondas.

También cabe prestar atención a los siguientes criterios del Feng Shui:

- Es mejor agrupar los muebles en forma de U y, si es posible, colocar los sofás en las zonas Bagua de Riqueza y prosperidad y Amor y matrimonio. Según los principios del Feng Shui, deben utilizarse muebles con formas redondeadas y orgánicas.
- Los sofás y los sillones siempre deben tener la espalda cubierta. Es decir, deben estar colocados frente a la pared.
- Las formas suaves son más agradables y transmiten sensación de protección. (ver también Mueble; Sofá; Chimenea).

Sala de reuniones. A la hora de ubicar este importante punto de encuentro, el Feng Shui recomienda tener en cuenta las direcciones más propicias del edificio. En estas salas, la energía fluye de forma inusual, rebotando en las paredes hasta que pierde fuerza y se escapa por la entrada.

Para evitarlo y conseguir que se vaya regenerando conforme se desarrolla la reunión de trabajo, conviene instalar un elemento que reactive el chi del negocio. Puede tratarse de un acuario o pequeña fuente si es una empresa agua; un carillón si es metal; varias plantas sanas y frondosas, si es madera...

Según la Escuela de la Forma, aplica las siguientes pautas si quieres mejorar tu creatividad y rendimiento durante una reunión de trabajo:

- Escoge la silla más alejada de la puerta.
- Evita sentarte de espaldas a la puerta.

- Escoge una silla con apoyabrazos y respaldo alto (simboliza la Tortuga) que te proteja durante la negociación.
- Trata de no sentarte de espaldas a la ventana, ya que te faltaría apoyo.
- Para sentarte, elige la dirección personal más favorable.
(ver *Oficina; Despacho; Empresa*).

Salud y familia. Aspiración vital situada en el trigrama chen, el este, según el método Bagua. Su elemento es la madera y representa principios de primavera. Se ha de activar el área de esta aspiración si se quiere mejorar la vida social y que la familia crezca sin problemas de salud.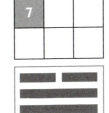

Sanitarios. Ver *Cuarto de baño*.

Secuencia del Cielo Anterior. Es una de las dos maneras de ordenar los trigramas según el Método del Bagua.

La disposición de los trigramas del Primer Cielo sigue una lógica y equilibrio perfectos donde cada elemento se sitúa enfrente de su antagonista.

Seis maldiciones (Lui Sha). Presagio adverso que representa las oportunidades perdidas en el trabajo y los negocios. El Lui Sha también ocasiona problemas legales, enfermedades, accidentes e incluso la muerte.

Se puede conseguir el equilibrio colocando en esta zona el cuarto de baño. La influencia negativa desparecerá por los desagües. Una chimenea también puede transformar lo negativo en positivo, gracias al efecto depurador del fuego.

Sepulcros. En la cultura china hay una larga tradición de ordenamiento de los sepulcros según las reglas del Feng Shui. Puesto que para la familia no existe ningún tipo de ruptura entre los vivos y los muertos, las casas de los muertos son igual de importantes que las de los vivos. La morada de las personas vivas se designa yang chai y la de los muertos yin chai.

Gran parte de las fuentes del Feng Shui se ocupan del emplazamiento y la ordenación correcta. Un sepulcro con buen Chi asegura una influencia positiva sobre los deudos. Si al difunto no le falta de nada y el alma puede llegar sin problema al paraíso, entonces se cree que el alma protegerá a la familia para que no le ocurra nada.

La creencia de que los antepasados influencian sobre la vida de los vivos hace que en muchos casos se preste más atención a la persona una vez muerta que cuando estaba viva.

Seto. Elemento natural protector, según el Feng Shui. También es un buen aliado contra el flujo de sha negativo que puede entrar en casa a través de un camino demasiado recto y directo hacia la puerta principal (ver también *Árbol; Arbusto; Jardín*).

Sha. Es el chi perjudicial y negativo que, según el Feng Shui, atrae la mala suerte y afecta la economía, profesión, familia, salud y vida personal de las personas afectadas. El sha se esconde tras las flechas secretas. Éstas incluyen cualquier forma en línea recta que se dirija hacia nosotros. Pueden ser conjuntos rocosos, laderas empinadas, árboles aislados, aristas de edificios, vías férreas, carreteras, postes eléctricos, farolas… En el interior de la casa también puede formarse sha: un pasillo central, dos puertas o dos ventanas enfrentadas, una escalera frente a una puerta (especialmente si está frente a la entrada), las esquinas y los pilares salientes.

La energía cósmica al igual que el agua, quiere fluir, bailar, estar en continuo movimiento. Si se queda estancada empieza a deteriorarse y muere. Demasiado desorden, zonas repletas de objetos y espacios cerrados son lugares en los que el chi puede quedar paralizado y generar sha.

El pasado de un lugar a menudo también otorga un determinado tipo de energía. Lo que ha ocurrido anteriormente en una casa o piso y la forma en la que se ha vivido en ella deja finas huellas en las estancias cuya influencia sigue afectando en el presente. Para evitar el Sha en estos lugares es aconsejable purificar el lugar antes del traslado.

Sheng Chi. Ver *Aliento generador*.

Silla. Al igual que el resto de la casa, una silla es el lugar que nos servirá de apoyo durante el rato que la ocupemos. Una protección que dependerá directamente de la forma de la silla.

Así pues, si nos sentamos en un taburete estaremos expuestos por todos lados y sólo tendremos la protección frontal del Ave Fénix. Si usamos una silla con respaldo alto, pero sin reposabrazos estaremos fuertemente protegidos por la espalda (con la figura de la Tortuga), pero sin la defensa lateral del Tigre y el Dragón. En las sillas y sillones con respaldo y reposabrazos estaremos totalmente protegidos por los cuatro Animales Sagrados.

Según los maestros de Feng Shui, las sillas no deben colocarse de espaldas a las puertas o las ventanas. Es preferible que tengan el apoyo de una pared por detrás.

Sillón. Es el asiento más favorable porque cuenta con la protección los cuatro Animales Celestiales. El respaldo representa el caparazón de la Tortuga que nos protege y los brazos el Dragón y el Tigre, que nos proporcionan fuerza y seguridad. Por delante tendremos la protección espaciosa del Ave Fénix.

El asiento ideal

En un sillón tendemos a sentirnos mucho más seguros y relajados. Si acomodamos los brazos, nos desprendemos de la presión que los hombros ejercen sobre el torso: el pecho tiene más libertad de movimientos y se respira mejor. Además, nos sentiremos protegidos por los tres lados y seremos capaces de concentrar nuestra energía hacia delante. El aspecto creativo se manifestará libremente (en Feng Shui se representa con el Ave Fénix.

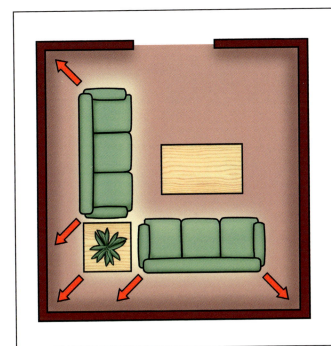

Sofá. Simboliza la vida social y familiar, por lo que conviene ubicarlos en un sector de buenos presagios

Se desaconseja la típica disposición del sofá, sillones y mesilla en forma de «L» (forma una flecha secreta conductora de sha), excepto si los sofás quedan protegidos contra un rincón de la sala.

Ningún sofá ni sillón debe tener el respaldo mirando hacia la puerta o hacia una ventana. El respaldo debe estar junto a una pared o estantería que represente el caparazón protector de la Tortuga. Tampoco deben estar frente a la puerta, ya que la persona sentada recibiría el impacto del flujo de chi.

Sur (Li). El sur viene representado por el trigrama Li, «el poco independiente». Simboliza un chi triunfador, brillante y cálido. Es el sector más beneficioso para la hija mediana y su elemento es fuego. Su número ki es el nueve.

En el método del Bagua, el sur se relaciona con Fama y reputación.

Sureste (Sun). Esta dirección se representa con el trigrama Sun, «el suave». Simboliza la totalidad, una mente sana y estable y gran fuerza interior. Su elemento es madera y su número el 4.

En el método del Bagua, el sureste se asocia con la riqueza y la prosperidad.

Suroeste (Kun). Esta dirección se representa con el trigrama Kun, también conocido como «el receptor».

Es el sector más beneficioso para la madre y para la persona de más edad de la casa y su elemento es tierra.

Su número es el 2. Se asocia con finales de verano.

Tabique. Ver *Pared*.

Taburete. Ver *Asiento*.

Talismán. Elemento que sirve para reforzar y reactivar el flujo del chi en un edificio. Para optimizar su efecto conviene tener en cuenta el sector donde debe colocarse y el elemento más beneficioso de dicha área. Así, pueden ser inscripciones, sortilegios para destruir maleficios y artículos de la buena suerte cotidianos: colgantes de cristal, móviles, gongs, abanicos, y espejos.

Los cuadros y estatuas de deidades también se consideran protectoras. Entre las más populares están el Buda y una serie de santos taoístas y deidades, como

Kiang-Tsé-Ya, que se asocia con los principios del yin y el yang.

Taller. El sector ideal para situarlo es el norte, representado por el trigrama kan, que simboliza el movimiento circular. Junto a la cocina, es la dirección con más riesgo de la casa, así que se recomienda no situarlo en un sector con mal presagio (por ejemplo, «Accidente y desgracia» o «Doloroso destino»).

Tao Te King. Obra sobre autotransformación y meditación escrita por Lao-Tsé y pilar básico de la filosofía taoísta. El Feng Shui participa de la filosofía de este antiguo libro, tomando a la naturaleza como el máximo poder, y a los seres humanos como parte de la naturaleza, que se benefician a través de las leyes naturales.

Taoísmo. La mística esencial de la sabiduría china, atribuida al filósofo Lao-Tsé en el siglo VI a.C, considerada como la primera doctrina en incorporar la teoría del Feng Shui. Sus enseñanzas están escritas en el *Libro del Camino y la Virtud*, o Tao Te Ching.

Tapia. Ver *Verja*.

Techo. Según el Feng Shui, para que el flujo de energía discurra sin problemas, los techos del edificio deben tener una altura ni demasiado baja, ni demasiado

alta (entre 2,5 y 3 metros). En el caso de techos más altos se acumulará un exceso de yang en la habitación que puede acelerar el chi del interior. Para contrarrestarlo, conviene equilibrar la altura con un elemento yin que rompa la línea vertical del techo. Puede hacerse con una moldura o cenefas de papel.

Por otra parte, un techo bajo (demasiado yin) comprime el flujo del chi y produce una sensación de agobio y opresión. Un buen remedio Feng Shui será incorporar elementos yang, como luces, espejos, plantas y colores claros.

La iluminación debe dirigirse hacia el techo, lo que sugerirá una línea vertical y estimulante. También deben evitarse las vigas a la vista, aunque puede minimizarse su influencia negativa colgando una flauta con la boca hacia abajo.

Tejado. Puede convertirse en un amenazador portador de flechas secretas en el caso de apuntar con sus aristas hacia nuestra puerta principal o ventana. También se recomienda tapar su vista plantando un seto alto, o bien colocando cortinas que nos impidan verlo desde el interior.

Teoría de los Cinco Elementos. Una de las herramientas esenciales del maestro o asesor de Feng Shui. Los cinco movimientos de la energía (ascenso, expansión, descenso, contracción y fluctuación) están representados por los nom-

Terrenos y solares

- **Solares cuadrados o rectangulares**. Según las reglas del Feng Shui son formas muy idóneas. Si el edificio no se encuentra en medio del solar, se puede conseguir el equilibrio mediante una iluminación adecuada.
- **Redondos**. Esta forma se da en muy pocos casos. El que viva en un terreno redondo puede considerarse afortunado.
- **Con forma de semicírculo**: Esta forma se da más a menudo que la anterior. Si el edificio se encuentra en el centro la ubicación es idónea.
- **Triangulares**. Según el Feng Shui, esta forma es desaconsejable. Sólo se debería construir sobre este terreno en el caso de que no haya otras condiciones ventajosas. La puerta principal de la casa no debería apuntar hacia una esquina. Lo más adecuado es que el edificio se encuentre ubicado en la parte delantera o en el centro del terreno.
- **Con forma de rombo**. En un terreno con forma de rombo, los muros principales deben colocarse paralelamente a los límites del solar y la entrada principal no debería orientarse hacia una esquina. Se puede conseguir un equilibrio colocando en la esquina un árbol, una planta grande o la iluminación adecuada.
- **Irregulares**. En estos terrenos se pueden equilibrar las esquinas plantando o colocando puntos de luz adecuados. (ver también *Roca*).

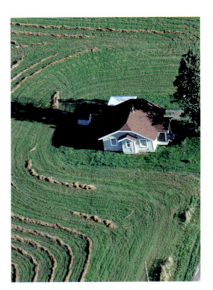

bres de los cinco fenómenos que los simbolizan: madera, fuego, tierra, metal y agua.

Estas energías se van transformando en varios movimientos cíclicos (ciclo creador y ciclo destructor) que nos dan pistas para entender la interrelación entre cada elemento o energía.

Así, en el ciclo creador, la madera da combustible para que pueda arder el chi del fuego. El fuego genera el chi de la tierra. La tierra gira alrededor de sí misma y produce el chi de contracción del metal. El metal se contrae en líquido, generando el chi del agua. Y finalmente, el agua nutre el crecimiento del chi de la madera.

En el ciclo de control o destructor, la madera consume o agota la tierra. La tierra estanca el flujo del agua. El agua apaga el fuego y el fuego funde el metal, que a su vez destruye la madera.

Terreno. La orografía ideal según el Feng Shui es la de un terreno ligeramente ondulado. Los terrenos excesivamente rocosos, irregulares y con excesiva pendiente son portadores de malos augurios. Si son llanos y desprovistos de accidentes tampoco son adecuados, ya que no tienen la protección de la Tortuga, ni ofrecen refugio seguro para el Dragón y el Tigre.

Suelen estar azotados por vientos fuertes que disipan el chi.

A cada terreno se le atribuye determinada característica y acción sobre las personas que habitan en él. Pero no sólo la situación, sino también su forma son importantes. Para ver las formas de los terrenos, véase el cuadro superior de esta misma página.

Tien I. Ver «*Mónada Celestial*».

Tienda. A la hora de instalar un comercio o restaurante, rigen los mismos preceptos Feng Shui que en la vivienda. Así, una buena ubicación para el éxito deberá contar con un espacio abierto enfrente (simbolizado por el Ave Fénix), de fácil acceso y mucha afluencia de posibles clientes. La esquina de un cruce de calles (desfavorable para una vivienda) será un sitio adecuado para una tienda. Pero conviene neutralizar las flechas secretas con remedios Feng Shui. Una plaza también es un lugar muy favorable. Es importante situar el comercio en un sector con buenos presagios o, como mínimo, orientar la entrada principal y el escaparate hacia él. Y conviene que la caja registra-

dora esté en un lugar propicio, en una zona Bagua de abundancia. Las zonas ausentes se compensan con espejos o luces (ver también *Empresa, Negocio*).

Tierra (Kun). Es la energía nutritiva del yin por excelencia. Dentro de los Cinco Elementos, simboliza la fuerza que sustenta

el planeta y que genera y abraza todas las formas de vida. Se asocian a este elemento los aspectos Amor y matrimonio, Educación y conocimiento y Centro interior. La tierra se relaciona con el área Bagua Conocimiento y Sabiduría por medio de su tranquilidad y equilibrio. Si estamos equilibrados y contamos con

paz interior aprender nos resulta más sencillo.

En el ciclo creador, la tierra genera el metal por contracción. En el ciclo destructor, la tierra controla el agua.

En el entorno, la energía de la tierra se revela en las mesetas y edificios aterrazados; también en los edificios con forma cuadrada, bajos y con techos planos. La tierra es también el elemento de los edificios construidos con arcilla y ladrillo.

En los Ocho Trigramas, la tierra está relacionada con el Kun, que representa el suroeste. La figura de la madre y la persona más vieja de la casa simbolizan esta energía.

Los colores que mejor se adaptan a la energía interna de una persona tierra son los amarillos y los marrones, expresiones de la energía de la tierra. En cambio, los verdes y azules harán disminuir su energía puesto que la madera y el agua en exceso tienden a entrar en conflicto con la tierra. Sus números son el 2, el 5 y el 8.

Tigre. Uno de los cuatro Animales Celestiales que simbolizan la configuración del paisaje ideal para un buen emplazamiento Feng Shui. Representa la colina al oeste, algo más baja que la del Dragón al este. Se asocia a la energía del metal, el otoño y el color blanco, gris, metálico... En la ciudad, el Tigre lo representa un edificio situado al oeste.

Topacio. Piedra que ayuda a aliviar los dolores cardíacos, de cabeza, estomacales y de columna vertebral. Disminuye los estados depresivos y promueve la concentración.

Tortuga. Es uno de los cuatro Animales Celestiales y representa la cadena montañosa del norte que protege y da respaldo a la casa. La Tortuga simboliza la energía en descenso del agua, el norte, el invierno y el color negro.
En el día a día siempre conviene tener la Tortuga a nuestra espalda (ya sea en forma de pared, mueble...) para así sentirnos más seguros y protegidos.

Trabajo. Ver *Áreas de trabajo; Empresa; Negocio.*

Trama. La trama de un trigrama se utiliza para determinar si éste se inclina hacia el este o el oeste. Es un dato a tener en cuenta para saber cuál es el posicionamiento más favorable de dos personas que deban compartir un mismo lugar (un dormitorio o un despacho).

Trastero. Generalmente, aquí se acumulan trastos y no suele tenerse en cuenta en el momento de decorar la casa. Pero su influencia en el estado de ánimo es considerable.
El orden exterior aporta claridad interior, pero tener un «rincón caótico», que sólo tenga que ordenarse de vez en cuando,

proporciona libertad. Ya que los espacios repletos de objetos frenan el flujo energético chi y provocan que éste quede estancado, es aconsejable también de vez en cuando airear y ordenar estas estancias. También cada cierto tiempo deberían liberarse de objetos innecesarios que lo único que hacen es ocupar espacio y acumular polvo.

Triángulo. En el Feng Shui, las formas triangulares simbolizan el elemento fuego. El triángulo se considera una forma más bien desfavorable, ya que envía flechas secretas desde sus esquinas y está considerada una forma desequilibrada.
También en la tradición occidental se representa el elemento fuego mediante un triángulo con las aristas apuntando hacia arriba.
El triángulo adquiere un significado distinto dependiendo hacia donde apunte. Si el extremo está dirigido hacia arriba representa la masculinidad, el fuego y el yang, y si está dirigido

hacia abajo la feminidad, la fertilidad, el agua y el yin.

Trigrama. Ver *Ocho Trigramas.*

Trigrama personal. El trigrama representa cuál de las Cinco Energías manifiesta nuestro carácter, comportamiento y personalidad.
Nos muestra la relación de cada uno con las direcciones, las Cinco Energías o elementos, los colores, etc. Algunos colores y direcciones complementan y apoyan nuestra energía interna, otros pueden tener efectos contrarios y agotarla.

Tui. Ver *Lago; Sureste.*

Trueno (Chen).
La energía del trueno está comprimida y explota  de golpe. En su trigrama se da la fuerza de una línea yang en la parte inferior, que empuja hacia arriba las dos líneas yin superiores.
Simboliza la fuerza de los elementos y es capaz de dar soporte a todos aquellos que dependen de él. Su energía está simbolizada por la figura del hijo mayor. De las Cinco Energías, la que corresponde al trueno es la de la madera.
La dirección es el este. Los colores que estimulan la energía interna de una persona trueno son el turquesa y verde. Los números más favorables son el 3 y el 4.

Vecinos. Sin ninguna duda ejercen influencia sobre nuestra calidad de vida. Y no sólo cuando no nos entendemos bien con ellos, estamos peleados o simplemente el vecino se ha convertido en una molestia ruidosa, sino también cuando sus circunstancias arquitectónicas molestan.

Para evitar las mayores divergencias arquitectónicas con el vecino existen distintas reglas, como por ejemplo la delimitación de zonas. Si la casa queda a la sombra de un gran edificio entonces se pueden utilizar árboles o bien un camino sinuoso para reducir la sensación de desequilibrio energético.

A veces existen factores perturbadores que pasan desapercibidos. Si la casa del vecino por ejemplo está construida de manera que una de sus esquinas está orientada hacia la propia casa, entonces

podría producirse a causa de una flecha oculta una separación energética dentro del hogar. Esto puede conducir en comunidades inestables a tensiones o incluso a separaciones. En este caso, lo mejor es poner remedio mediante espejos o barreras, como por ejemplo una planta o escultura.

Velas. Pertenecen al elemento fuego. En el uso religioso la luz de las velas designa la eternidad y la luz espiritual.

Ventana. El chi agradece la luz del sol que puede entrar a través de las ventanas de una vivienda o negocio. Pero también son puntos de acceso del sha negativo y por ello hay que evitar que desde una ventana pueda divisarse algún elemento amenazador o flecha secreta. Conviene neutralizar o dispersar su efec-

to adverso mediante un remedio Feng Shui (un elemento destructor, una composición de elementos…).

Ventilación. Un factor importante en el Feng Shui es que en la vivienda siempre haya buena ventilación. En las estancias en las que se estanca el chi suele haber mala circulación de aire. Las estancias con aire fresco mejoran el chi, actúan favorablemente sobre las personas y las plantas. Cada casa adquiere el olor de sus habitantes aunque estos no se den cuenta, por esta razón es importante ventilarla al menos tres o cuatro veces al día. Lo mejor es abrir las ventanas al menos durante diez minutos. Si la estancia no tiene ventanas, entonces puede abrirse la puerta.

Verde. Es el color del elemento madera, simboliza la dirección este, la primavera y, según el Método del Bagua, activa el área relacionada con Salud y familia y Riqueza y prosperidad.

El verde es el color de la esperanza y del mismo modo las estaciones tienen también un carácter simbólico en relación con el verde: el duro invierno ha terminado y una nueva esperanza nace gracias al despertar —de un verde intenso y abundante- de la naturaleza. El verde representa además la salud, la naturaleza, la frescura, el restablecimiento y el crecimiento. Es fácil percibir uno mismo estas propiedades mientras se pasea por un paisaje.

Consejos de decoración:

El uso del color verde se recomienda para representar la energía madera de una estancia.

Desafortunadamente, la combinación de tonos verdes resulta algo complicada, ya que es fácil que enseguida desentonen entre ellos.

Verja. Elemento protector ideal para bloquear los efectos de elementos amenazadores en el entorno de un edificio o una flecha secreta (por ejemplo, un camino excesivamente recto hacia la entrada principal).

Si la verja es de hierro forjado no debe tener las puntas dobladas mirando hacia abajo, porque esto sugiere decadencia, ni hacia dentro, porque entonces apuntarían hacia la casa como si fueran flechas secretas.

Tampoco conviene que la verja de entrada esté alineada con la puerta principal de la casa, ya que el flujo de chi se aceleraría y entraría en la vivienda transformado en sha negativo.

Vestíbulo. Ver *Recibidor*.

Vía pública. Cualquiera de ellas, ya sea en forma de avenida, calle, carretera, rotonda… es un poderoso canal de energía.

Su relación con la casa es muy importante ya en la mayoría de los casos se hallan justo enfrente o representan el acceso a ella.

Pero hay que evitar determinadas situaciones:

- Cuando la vía pública presenta una curva (ocurre en las rotondas), la energía que circula en cualquier dirección forma una flecha secreta que apuntará hacia las casas emplazadas a su alrededor.
- Si la vía se dirige en línea recta hacia la casa y de repente se desvía en ángulo recto (formando una «T»), también forma una potente y peligrosa flecha.
- Si la casa está situada al final de un callejón sin salida, el chi quedará atrapado, facilitando el flujo de sha negativo.

Viento. Cuando sopla de forma enérgica y sostenida es un devastador elemento que dispersa el chi. Por ello, es importante que la casa esté bien protegida con la presencia en el norte de una montaña o edificio más alto (Tortuga).

Viga. Conviene evitar que las vigas queden a la vista o excesivamente bajas. Consideradas potentes flechas envenenadas, se recomienda neutralizarlas con algún remedio Feng Shui. Para evitar que hieran el chi de la familia y representen un obstáculo para la prosperidad y la riqueza, un buen antídoto consiste en colgar en la viga un par de flautas atadas con un hilo rojo y con la boquilla hacia abajo.

También es eficaz colgar un carillón con las varillas huecas.

Violeta. Este color refresca, calma y purifica. Dado que proviene de la mezcla entre los colores rojo y azul, une polaridades según el Ciclo de los Cinco Elementos.

El rojo se corresponde con el elemento fuego y apaga al agua, representada por el azul. Ambas polaridades están vinculadas positivamente en el violeta y por eso este color resulta ideal para mediar entre opuestos y transformar conductas de rol que se hallan estancadas.

Consejos de decoración:

Este color sólo debe utilizarse en el diseño de una habitación de manera extraordinaria, aunque sus variaciones provocan unos efectos determinados: por ejemplo, el lila es más claro que el violeta e irradia calma.

Wu Chi. Es el círculo perfecto del Tao que representa tanto la totalidad como la vacuidad. A partir de él nacen el yin (femenino) y el yang (masculino) que interactúan entre sí.

Ambas fuerzas se representan con una línea discontinua y una línea continua respectivamente y sus posibles combinaciones en grupos de tres líneas dan lugar a los Ocho Trigramas fundamentales.

Wu Hsing. La energía de los cinco movimientos. Ver *Cinco Energías*.

Wu Kuei. El de los cinco espíritus. Ver *Cinco fantasmas*.

Y

Yin-yang. Son los dos principios cosmológicos fundamentales del Tao, que dan lugar a todas las cosas.

Yin es la fuerza de la oscuridad, lo femenino, lo pasivo. Simboliza la tierra, la Luna y rige lo frío, lo blando, lo letal, los números impares. Los valles, arroyos y ríos tienen cualidades yin.

Yang es la energía de la luz, lo masculino, lo activo. Simboliza el Cielo, el Sol y rige lo ardiente, lo duro, lo audaz, los números pares, el movimiento y la vida. Ambas fuerzas confluyen en el Tao, el principio eterno del universo, cuya vida y aliento es el chi. Se representan con una línea discontinua (yin) y una línea continua (yang) y sus posibles combinaciones en grupos de tres dan lugar a los Ocho Trigramas.

El Feng Shui se basa en el equilibrio de estas dos fuerzas. Por ello nos enseña a crear ambientes armónicos equilibrando las cualidades yin y yang mediante la iluminación y los colores. Son yin los colores verde, azul y gris; son yang rojo, amarillo, púrpura y naranja.

El yin y el yang simbolizan la dualidad. Este principio describe que todo puede manifestarse a partir de la polaridad. Existen distintas posibilidades de representar esta dualidad.

La dualidad del yin y el yang describe el principio que hace al mundo. La clari-

dad sólo puede existir a través de la oscuridad.

Sólo a través del yin absoluto y la creación o la llegada del yang es posible que se produzca una transformación, un proceso o movimiento expresado mediante ciclos y un cambio constante de yin a yang. Estos ciclos pueden observarse, por ejemplo en los pasos del día hacia la noche, así como en las estaciones anuales. Si las dos fuerzas se encuentran en equilibrio, reina la armonía.

Una de las metas del Feng Shui es conseguir esta armonía, expresada a través de colores, materiales, formas, etc., es decir, todo lo que rodea a los seres humanos. Se trata de un equilibrio dinámico.

El yin y el yang siempre deben ser considerados en relación el uno con el otro y no de forma absoluta. Así el agua se corresponde por ejemplo con las propiedades del yin, pero una tormenta con chaparrones intensos se ordenará dentro de las características del yang.

Zafiro. Piedra que tranquiliza el espíritu, ayuda a eliminar los ataques de cólera, el dolor y las molestias oculares. Promueve la transformación interior, la confianza en uno mismo, la esperanza y la toma de conciencia de la belleza.

Zodíaco chino. Parte de la sabiduría tradicional del Feng Shui se basa en el zodíaco chino, según el cual cada persona está representada en un ciclo de 12 animales que empieza con el año de la Rata y termina con el año del Cerdo. Nuestro lugar en el zodíaco está determinado por nuestra fecha de nacimiento. El zodíaco chino se corresponde con el año lunar que empieza entre enero y febrero (ver también *Calendario chino*).

Zona ausente. Ocurre cuando colocamos el mapa del Bagua sobre el plano de una vivienda de forma irregular y un sector vital queda fuera de la estructura del edificio.

Hay maneras de completar una zona ausente y representarla en el Bagua, como construir una estructura que complete la zona ausente, como un porche cubierto o una habitación adicional.

Zona Bagua. Es cada una de las nueve áreas o sectores en que puede dividirse el plano de una casa según los puntos cardinales, que conlleva un tipo de energía diferente y representa una aspiración vital del ser humano.

El método de determinación de las zonas y direcciones favorables y desfavorables del Bagua ofrece un aspecto interesante en el gran puzzle de los factores influyentes del entorno de los seres humanos.

Para obtener una impresión correcta deben tenerse en cuenta diversos aspectos. Así por ejemplo, un lugar favorable puede dejar de serlo a causa de un influyente cruce de corrientes de agua, o porque se encuentra atiborrado de objetos. Por otro lado, una zona Bagua desfavorable puede tener una atmósfera agradable si en el lugar se encuentra un punto potente que equilibre lo negativo con lo positivo. Además de todo esto, interviene otro factor importante como es la influencia de la persona que habita en el lugar.

La ley de la dualidad domina siempre en el gran margen de fluctuación de posibilidades. La pregunta es entonces cómo hacer frente a esto. En las zonas desfavorables no deberían ubicarse estancias en las que tengan lugar funciones importantes. En el caso de que no haya otra opción puede respaldarse la dirección colocando los muebles y decorando la habitación de una forma determinada. Es muy importante mantener el orden en las zonas o direcciones desfavorables. También mantenerlas limpias.

El uso de un lugar puede transformar su oscilación. Si por ejemplo se medita, reza, o se lleva a cabo una actividad sanadora entonces tiene lugar un efecto positivo sobre la energía de la sala.

Zona muerta. Son aquellas zonas de un edificio donde el flujo de chi no puede fluir, quedándose estancado. Suele ocurrir en las áreas de la casa que quedan oscuras, las estancias que no tienen ventanas y los rincones y las esquinas o recodos.